江苏第二师范学院重点教材

语文教学新论

YUWEN JIAOXUE XINLUN

贡如云 ◎ 主编

河海大学出版社
HOHAI UNIVERSITY PRESS
·南京·

内容提要

本书依据语文新手教师掌握、发展语文教学的理论认识和实践能力来建构，按照课前准备—课堂教学—课外拓展三篇展开。第一章至第四章为第一篇，包括学习语文课程标准与教科书、研究教学对象、设计教学方案、编写教案与学案并进行试讲等内容。第五章至第八章为第二篇，它由引入新课、展开新课、巩固新课、评价教学等部分组成。第九章至第十一章为第三篇，包括开展课外活动和教研活动以及促进教师个体的专业发展等内容。本书力求说理简洁明了，语言通俗易懂，借助丰富而鲜活的教学案例阐明语文教学原理和方法，突出适切与为用的价值取向，激发学生的学习兴趣。本书适合汉语言文学师范专业本科生、学科语文专业硕士研究生、语文课程与教学论专业学术型硕士研究生使用，也可为中学语文教师提供参考。

图书在版编目(CIP)数据

语文教学新论 / 贡如云主编. -- 南京：河海大学出版社，2024.9. -- ISBN 978-7-5630-9113-3

Ⅰ. G633.302

中国国家版本馆 CIP 数据核字第 2024Q5B776 号

书　　名	语文教学新论
书　　号	ISBN 978-7-5630-9113-3
责任编辑	杜文渊
文字编辑	顾跃轩
特约校对	李　浪　杜彩平
装帧设计	徐娟娟
出版发行	河海大学出版社
地　　址	南京市西康路1号（邮编：210098）
电　　话	(025)83787763(编辑室)　(025)83722833(营销部)
经　　销	江苏省新华发行集团有限公司
排　　版	南京月叶图文制作有限公司
印　　刷	广东虎彩云印刷有限公司
开　　本	718mm×1000mm　1/16
印　　张	16.75
字　　数	320千字
版　　次	2024年9月第1版
印　　次	2024年9月第1次印刷
定　　价	78.00元

目 录

绪论 ··· 1

第一篇　课前准备

第一章　学习课程标准与教科书 ································ 7
　第一节　学习课程标准 ·· 7
　第二节　现行中学语文教科书 ···································· 19
　第三节　中学语文课程改革历程 ·································· 27

第二章　研究教学对象 ·· 32
　第一节　语文学习的影响因素 ···································· 32
　第二节　语文学习方式 ·· 38
　第三节　语文学习策略 ·· 50

第三章　设计教学方案 ·· 57
　第一节　明确教学原则 ·· 57
　第二节　确定教学目标 ·· 62
　第三节　筛选教学内容 ·· 68
　第四节　选择教学模式和方法 ···································· 72

第四章　编写教案与学案 ·· 81
　第一节　编写教案 ·· 81
　第二节　编写学案 ·· 88
　第三节　试讲 ··· 95

第二篇　课堂教学

第五章　引入新课 ··· 107
　第一节　引入新课的作用 ·· 107

第二节　引入新课的方法 …………………………………… 110
　　第三节　引入新课的要求 …………………………………… 115
第六章　展开新课 ………………………………………………… 119
　　第一节　讲解与提问 ………………………………………… 119
　　第二节　反馈与强化 ………………………………………… 125
　　第三节　演示与板书 ………………………………………… 130
　　第四节　变化与管理 ………………………………………… 135
第七章　巩固新课 ………………………………………………… 144
　　第一节　结课技能 …………………………………………… 144
　　第二节　作业批改与辅导 …………………………………… 149
　　第三节　练习课与复习课 …………………………………… 155
　　第四节　测验及试卷讲评 …………………………………… 161
第八章　评价教学 ………………………………………………… 171
　　第一节　语文教学评价 ……………………………………… 171
　　第二节　学生语文学习评价 ………………………………… 177
　　第三节　语文教师教学评价 ………………………………… 183

第三篇　课外拓展

第九章　开展课外活动 …………………………………………… 197
　　第一节　课外阅读、写作和口语交际 ……………………… 197
　　第二节　语文综合实践活动 ………………………………… 202
第十章　参加教研活动 …………………………………………… 216
　　第一节　语文教研活动 ……………………………………… 216
　　第二节　说课 ………………………………………………… 222
　　第三节　观课与评课 ………………………………………… 229
第十一章　规划专业发展 ………………………………………… 239
　　第一节　明确专业发展目标 ………………………………… 239
　　第二节　进行语文教育科研 ………………………………… 246
　　第三节　开发语文校本课程 ………………………………… 254

参考文献 …………………………………………………………… 261

后记 ………………………………………………………………… 263

绪 论

语文教学论是高等师范院校汉语言文学专业本科师范生的必修课程。学习语文教学论，首先要了解其研究对象和任务，在此基础上，了解研究的意义，掌握学习的基本方法，认识它对语文教学实践的指导作用，从而增强学好语文教学论的自觉性。

一、语文教学论的研究对象和任务

（一）语文教学论的研究对象

语文教学论是研究语文教学规律及其应用的一门学科。语文教学规律不仅体现于语文教学的要素，更体现于语文教学的整体。因此，语文教学论既要研究语文教学的性质、目标和内容，研究语文教学的原则、过程和方法，研究语文教学的环境、反馈与评价等，更要从整体上揭示和说明语文教学的本质、职能和一般规律。这就要求语文教学论不但要从纵向上研究终身教育过程中基础教育阶段的语文教学规律，而且要从横向上研究大语文教育中学校语文教学与家庭、社会语文教学的关系。语文教学规律不仅体现于语文教学的现在，当然也适用于语文教学的未来。因此，语文教学论既要从现实的语文教学，尤其是语文教学改革的实践中总结出科学的规律，也要引导学生把握语文教学的发展趋势，明确未来语文教学的特点。此外，与其他的基础学科、理论学科不同，语文教学论不是从概念到概念，从理论到理论。语文教学论具有独特的实践品质与应用价值，理解语文教学规律应结合实例或课例，掌握语文教学规律应借助训练或实践体验。所以语文教学论是一门应用性学科，它的学科特性决定了它的研究对象。

（二）语文教学论的任务

语文教学论是一般教学论的基本原理在语文教学中的具体体现。它的基本任务是：让学生认识语文教学现象，揭示语文教学规律，学习语文教学理论，奠定执教语文的基础。

1. 认识语文教学现象

语文教学现象专指语文教学活动所表现出来的外部形态和联系。语文教学现象表现为三个方面：一是资源性的，如社会环境、家庭环境、校园环境，教学媒体，方式方法，技术策略等；二是活动性的，如文本的阅读、教学手段的使用、教学方式的选择、教学设计、教学评价、课外活动、教研活动、课程开发等；三是关系性的，如教师与学生的关系，课程、教材与教学之间的关系，课内与课外的关系，学科内外的关系，读写听说的关系，传统与现代的关系等。

2. 揭示语文教学规律

语文教学规律是语文教学及其组成成分发展变化过程中的本质联系和必然趋势。人们已经把握和正在努力掌握的语文教学规律包括：教学与社会发展、学生发展之间的本质关系；教学内在成分和要素之间的本质联系，这主要是教师、学生、语文内容、环境、方法、组织形式、语文教学目的与结果之间的本质联系；语文教学内在联系中的科学性和艺术性之间的本质联系，等等。

3. 学习语文教学理论

语文教学理论是从语文教学实践中抽象出来的，反过来指导着语文教学实践。师范生没有语文教学的直接经验，但是这不影响他们在入职之前接受间接经验的影响，其中就包括对语文教学理论的继承与吸收。当然，学习语文教学理论，要做到学思结合，知行合一。有条件的学校，可以加强与实习基地的联系，让学生利用跟师、见习、小实习、大实习等机会，运用理论，反思理论。

4. 奠定执教语文的基础

理论有两种，一种是学术理论，一种是实践理论。语文教学论教给学生的主要是实践理论，而不是学术理论。实践理论的掌握离不开语文教学论教师的传授，也离不开师范生自身的运用与体悟。实践理论是种子，种子播撒到学生的心间不可能马上开花、结果，待到他们将来教师入职了，这些种子才会绽放，才会结果。学生学习语文教学论就是为他们将来从事语文教学打下底子，奠定基础。

二、研究语文教学论的意义

语文教学论是高等师范院校汉语言文学师范专业培养中小学语文教师的一门重要的专业必修课程，为什么要开设这门课程？这主要取决于这门课程多方面的社会价值。

1. 教育导向价值

我国当代高等师范院校的汉语言文学专业，培养的是适应21世纪我国中小学语文教育需要的，尤其是适应广大农村素质教育需要的全面发展的中小学语文教师。理所当然，这样的语文教师必须懂得语文教学的规律和方法。而语文教学论正是指示语文教学规律、研究语文教学方法的一门课程，它对于高等师范院校汉语言文学师范专业的授课和师范生培养具有导向意义。离开了这门课程的引导，即使学好语言学、文学、文艺学等各门学科，汉语言文学师范专业的培养目标仍将难以实现。

2. 综合应用价值

语文教学论这门课程具有很强的综合性。首先它是教学论的一个分支，教学论课程涉及的概念与问题它也要涉及。其次它是专门研究语文学科的教学论，语文学科具有综合性与开放性，这就决定了语文教学论的学习也带有极强的综合性与开放性。语文教学论这门课程还具有很强的应用性。因为这门课程研究的客体不单纯是语文，而是语文教学。教学不是静止的概念，而是动态性、情境性很强的活动过程。语文教学论就是引领我们去关注这种活动过程，并形成自己的认识，逐步提高自己"教"的能力。所以语文教学论又具有较强的应用价值。

3. 专业发展价值

近年来，无论是发展素质教育，还是发展教师教育，都对语文教师提出了新要求、高要求。语文教师既要养成高尚的师德，掌握扎实的专业知识，又要形成科学的教育观念，提高综合的学科素养。在提高语文教师自身的专业素质上，这门课程可以发挥很大的作用。

三、学习语文教学论的方法

鉴于语文教学论课程的特点与任务，我们在学习与研究这门课程时，应做到三个"结合"。

1. 虚实结合

作为一门应用性课程，语文教学论具有很强的理论性和实践性。语文教学论的学习首先要务虚，所谓务虚就是掌握理论知识。其次还要务实，所谓务实就是加强实践训练。高等师范院校师范生要成为一名中学语文教师，成为新一代有发展前途的语文教育工作者，必须先具备基本的语文教学理论知识。要认真钻研语文课程标准和中学语文教科书，要联系大量的语文教学现象，在教师的引导下结合每阶段的学习内容去研究教例。另外，要尽可能多地接触和参加中学语文教学及改革的实践，参与中学语文教学活动，了解中学语文教师的教和中学生的学的情况，并在见习、观摩、评课、实习、调查等过程中努力运用语文教学的科学观念、基本原理和原则，使书本的理论成为活的知识。师范生学习语文教学论的过程，还应当成为其掌握教师职业技能的过程。这就需要他们边学习，边训练，努力提高自身的执教能力。例如，学习"反思教学"这一节，就要在见习、实习中学会分析中学语文教师贯彻教学原则的情况，并通过试讲实践学习贯彻这些教学原则；学习"编写教案"这一节,就应当学会如何钻研和处理教材、如何编写教案,乃至怎样导入、怎样提问、怎样设计练习、怎样总结,等等。要使语文教学论的学习过程成为训练教学技能、提高教学能力和研究能力的过程。

2. 内外结合

学习语文教学论首先要掌握一些学科内的基本范畴,诸如课程、教材、教学。具体来说,课程方面包括课程标准、校本课程、课程评价、课程改革等内容。教学方面包括教学思想、教学理念、教学原则、教学目标、教学内容、教学模式、教学方法、教学方式、教学策略等内容。其次,语文的外延很宽泛,这就决定了学习语文教学论必须打开视野,需要向外延伸,需要吸收哲学、教育学、教育心理学、课程与教学论、语言学、文章学、文学、文艺学等学科理论,进而观照和解释语文教学现象,揭示语文教学的本质,使语文教学规律的研究真正成为全方位的科学研究与实践研究。当然语文教学论的学习不仅限于理论知识的理解和掌握,还应加强技能的训练与养成。比如解读教材、设计教学方案、编写教案、应用教育技术、组织教学、评价教学、开展课外活动、参加语文教研活动等都需要学中做,做中学,都需要从课内到课外,再由课外到课内。

3. 古今结合

这里的"古"就是历史,"今"就是现状。为了研究和揭示语文教学的规律,必须研究历史,又必须研究现状。要深刻了解今天的语文教育现状,要预见未来语文教育的发展趋势,就必须研究语文教育史。研究历史,主要是采用文献研究法,以便发掘和整理我国语文教学丰富的历史遗产。比如,无论是教学模式,还是教学方法,无论是教学媒体,还是教学评价,我们在选择或运用的时候,都要有了解过去与继承传统的意识。研究现状,可以采用观察法、调查法,有计划地了解当前语文教学的成绩和问题、经验和教训,了解国外与本学科相关的教育科学理论新成果,把握语文教学改革的趋势和发展前景,从大量事实中概括出规律性的认识。古今结合,可以使我们获得的语文教学理论更具客观性和科学性。

第一篇

课前准备

　　课前准备，简单地说就是备课。这里的课前准备不仅是指写教案，而且是指教师要学习语文课程标准和教科书，研究语文学习，探讨学习规律，设计教学方案，根据方案应用教学技术，编写教案或学案，并进行试讲。这是教师创造性劳动的结果，是智慧的结晶，是有效教学的关键环节。因为课前准备是教师全部教学工作的基础，是其完成教学任务的前提条件，也是教师最重要的基本功，体现了教师的高度责任感和事业心。因此，每一位合格的语文教师都应十分重视课前准备这一重要环节。

第一章

学习课程标准与教科书

> **学习目标**
> - 了解语文课程标准的框架结构、设计思路、实施建议以及教科书的特点，了解语文课程改革历程。
> - 理解中学语文课程的性质、目标和课程标准的基本理念。
> - 学会使用教科书。

研究语文教学论，深入理解它的研究对象，首先须了解中学语文课程的性质、目标和基本理念，并对课程标准的框架结构、设计思路、内容标准的实施建议以及教科书的特点、选择与使用有初步的认识。通过本章的学习，我们可以了解《义务教育语文课程标准（2022年版）》和《普通高中语文课程标准（2017年版 2020年修订）》的主要内容，可以了解统编版初高中语文教科书的编制理念、结构体例及选文特点，还可以了解中学语文课程改革的探索历程。

第一节 学习课程标准

课程标准，是国家制订的指导学科教学的纲领性文件，体现了国家对基础教育课程的基本规范和质量要求，是教材编写、教学评价和考试命题的依据，是国家对不同阶段的学生在知识与能力、过程与方法、情感态度与价值观等方面的基本要求。

一、学习《义务教育语文课程标准（2022年版）》

在新一轮基础教育课程改革（俗称新课改）的理论指引下，新版《义务教育语文课程标准》于2022年秋季学期正式启用。《义务教育语文课程标准（2022年版)》作为新一轮语文课程改革的指导性文件,旨在追求一种全新的语文教育观,这是每一位教育工作者都必须认真学习的。这里,首先要搞清的就是语文课程的性质和基本理念。

(一) 课程的性质和基本理念
1. 课程的性质

对于中学语文课程的性质,人们长期争论不休。概括起来,主要有工具性、思想性、民族性、实践性、言语性、人文性等主张。《义务教育语文课程标准(2022年版)》的颁行,为语文课程的性质指明了方向。它明确规定:"语文课程是一门学习国家通用语言文字运用的综合性、实践性课程。""工具性与人文性的统一,是语文课程的基本特点。"[①]

"工具性",是语文的本质属性,这是由语言的本质属性决定的。语言是交际的工具,是表达思想、交流感情、传递文化的工具。它是整个语文教学活动的根本出发点,是整个语文教学理论体系的重要基础。要让学生掌握语言这个工具,就要教会学生识字、阅读,学习各家的思想和人类文化,学会理解书面语言,学会阅读;学会运用口头和书面语言来表达自己的思想感情,学会作文。

"人文性"这一提法远比过去提到的"思想性"的内涵要宽泛得多。所谓"人文性",就是强调培养学生具有现代人的高度文明,《义务教育语文课程标准(2022年版)》指出:"发展思维能力,提升思维品质,形成自觉的审美意识,培养高雅的审美情趣,积淀丰厚的文化底蕴,继承和弘扬中华优秀传统文化、革命文化、社会主义先进文化……为学生形成正确的世界观、人生观、价值观,形成良好个性和健全人格打下基础;为培养学生求真创新的精神、实践能力和合作交流能力,促进德智体美劳全面发展及学生的终身发展打下基础。"[②]这就是在强调,要培养学生具有现代主体意识,即健康而全面的、由自然需要向社会需要逐步实现的需要意识。过去单纯强调工具性,进行大量的机械训练,严重扼杀了学生的想象力和创造力,日久天长,确实产生了铸造"平面人"的趋势。确认语文的人文性,就意味着语文学习除了要不断提高正确理解和运用祖国语文的能力之外,还应广泛吸收人类的文化,为学生的终身发展打下坚实的基础。

工具性与人文性是统一的。一般说来,工具性告诉我们"是什么",人文性则告诉我们"应该怎样",前者是逻辑判断,后者是价值判断。讲语文的工具性是着

---

① 中华人民共和国教育部:《义务教育语文课程标准(2022年版)》,北京师范大学出版社,2022,第1页。

② 同上。

眼于它的形式,讲语文的人文性则侧重于它的内容,语文的工具性与人文性是不可分割的。语文的工具性,只有与人文性统一,它才能焕发强大的生命力;语文的人文性,只有以工具性为基础,它才能成为有源之水,源远流长,发挥语文育人的功能。在语文课程标准中,工具性与人文性的统一贯穿始终。在课程的实施过程中,既要打好语文学习的基础,又要重视语文的熏陶感染作用,在培养语文能力、使学生逐渐掌握语文工具的过程中,让其受到文学、文化、思想、情感的熏陶。

2. 课程的基本理念

理念是隐藏在教育行为背后的指导思想。实践证明,任何变革都首先是理念的变革。相较于2011年版课标,此次《义务教育语文课程标准(2022年版)》在原有基础上进行了大幅度变动,提出了五大基本理念,立意深远,更具系统性和完整性。[1]

(1) 立足学生核心素养发展,充分发挥语文课程育人功能

义务教育语文课程围绕立德树人根本任务,充分发挥其独特的育人功能和奠基作用,以促进学生核心素养发展为目的,以识字与写字、阅读与鉴赏、表达与交流、梳理与探究等语文实践活动为主线,综合构建素养型课程目标体系;面向全体学生,突出基础性,使学生初步学会运用国家通用语言文字进行交流沟通,吸收古今中外优秀文化成果,提升思想文化修养,建立文化自信,德智体美劳得到全面发展。

(2) 构建语文学习任务群,注重课程的阶段性与发展性

义务教育语文课程结构遵循学生身心发展规律和核心素养形成的内在逻辑,以生活为基础,以语文实践活动为主线,以学习主题为引领,以学习任务为载体,整合学习内容、情境、方法和资源等要素,设计语文学习任务群。学习任务群的安排注重整体规划,根据学段特征,突出不同学段学生核心素养发展的需求,体现连贯性和适应性。

(3) 突出课程内容的时代性和典范性,加强课程内容整合

义务教育语文课程突出内容的时代性,充分吸收语言、文学研究新成果,关注数字时代语言生活的新发展,体现学习资源的新变化。强调内容的典范性,精选文质兼美的作品,重视对学生思想情感的熏陶感染,重视价值取向,突出社会主义先进文化、革命文化、中华优秀传统文化。注重课程内容与生活、与其他学科的联系,注重听说读写的整合,促进知识与能力、过程与方法、情感态度与

---

[1] 中华人民共和国教育部:《义务教育语文课程标准(2022年版)》,北京师范大学出版社,2022,第2-3页。

价值观的整体发展。根据"六三"学制和"五四"学制各自特点,合理组织与安排课程内容。

(4) 增强课程实施的情境性和实践性,促进学习方式变革

义务教育语文课程实施从学生语文生活实际出发,创设丰富多样的学习情境,设计富有挑战性的学习任务,激发学生的好奇心、想象力、求知欲,促进学生自主、合作、探究学习;引导学生注重积累,勤于思考,乐于实践,勇于探索,养成良好的学习习惯;关注个体差异和不同的学习需求,鼓励自主阅读、自由表达;倡导少做题、多读书、好读书、读好书、读整本书,注重阅读引导,培养读书兴趣,提高读书品位;充分发挥现代信息技术的支持作用,拓展语文学习空间,提高语文学习能力。

(5) 倡导课程评价的过程性和整体性,重视评价的导向作用

义务教育语文课程评价要有利于促进学生学习,改进教师教学,全面落实语文课程目标。课程评价应准确反映学生的语文学习水平和学习状况,注重考察学生的语言文字运用能力、思维过程、审美情趣和价值立场,关注学生学习过程和学习进步。根据不同年龄学生的学习特点和不同学段的学习目标,选用恰当的评价方式,抓住关键,突出重点,加强语文课程评价的整体性和综合性。注重评价主体的多元与互动,以及多种评价方式的综合运用,充分利用现代信息技术促进评价方式的变革。

(二) 课程目标

课程目标体现了语文课程在培养人方面达到的目的、提出的要求。《义务教育语文课程标准(2022年版)》明确了课程目标的"核心素养""总目标"和"学段要求"三个层次,其中"总目标"和"学段要求"都统一于语文课程核心素养这一根本教学目的。

1. 核心素养

核心素养是课程的育人方向,是多学科课程的共同指向,在语文课程目标体系中主要起理念引领作用。《义务教育课程方案(2022年版)》对核心素养的完整表述是:"核心素养是学生通过课程学习逐步形成的正确价值观、必备品格和关键能力,是课程育人价值的集中体现。义务教育语文课程培养的核心素养,是学生在积极的语文实践活动中积累、建构并在真实的语言运用情境中表现出来的,是文化自信和语言运用、思维能力、审美创造的综合体现。"[①]凡称核心素养者,都是

[①] 中华人民共和国教育部:《义务教育语文课程标准(2022年版)》,北京师范大学出版社,2022,第4页。

指人的核心素养,在语文学科话语中,有时不妨用"语文核心素养"来指代,意为"语文课程话语中所言之核心素养"或"语文学习可以促进其发展的核心素养"。基于此,建议在日常表达中,不要把培养核心素养作为一个具体学习单位、一项具体学习活动的直接目标,例如,不宜用"某一单元阅读如何培养核心素养""某一项学习活动如何培养核心素养"的说法,只宜用"基于核心素养的单元教学如何实施"或"指向核心素养的写作教学"之类的表达,意为"按照核心素养培养理念来设计教学方案、组织教学活动"。

2. 总目标

义务教育语文课程总目标,紧紧围绕语文课程核心素养制定,是对核心素养的具体化、类别化。

第 1 项对应立德树人这一语文课程根本任务,凸显正确价值观的灵魂地位。

第 2～3 项侧重于语文课程核心素养的"文化自信"目标,强调学生在感受语言文字及作品时,学习并弘扬社会主义先进文化、革命文化、中华优秀传统文化,建立起文化自信;能够在社区、校园的文化活动中,感受多样文化,吸收人类优秀文化的精华,强调文化参与。

第 4～5 项侧重于语文课程核心素养的"语言运用"目标,强调语言运用的必备知识和关键能力,要求学生初步领悟语言文字的运用规律,运用多种媒介学习语文,掌握语文学习的方法并且养成良好的学习习惯;在阅读与交流方面,要求学会运用多种阅读方法,初步鉴赏文学作品,初步学会用口头语言文明地进行人际沟通和社会交往,能根据需要用的书面语言具体明确、文从字顺地表达自己的见闻、体验和想法。

第 6～7 项侧重于语文课程核心素养的"思维能力"目标,强调感性思维的培养,要求发展联想和想象,激发创造潜能,丰富语言经验,培养语言直觉,提高语言表现力和创造力,提高形象思维能力;强调理性思维的培养,初步掌握比较、分析、概括、推理等思维方法,能够有理有据、负责任地表达自己的观点,养成实事求是、崇尚真知的态度,其核心是提升逻辑思维能力。

第 8～9 项侧重于语文课程核心素养的"审美创造"目标,强调语言实践活动中促进审美鉴赏能力的发展,要求感受语言文字的美,丰富自己的情感体验和精神世界;强调促进审美创造能力的发展,要求能够借助不同媒介表达自己的见闻和感受,学习注重多种形式的审美表达与表现,形成健康的审美情趣,其核心是创造美感对象。

《义务教育语文课程标准(2022 年版)》的总目标,每一条都有相对明确的指向,但它们并不是各自孤立的,而是由一定的内在逻辑编排组织的。总目标明确以核心素养为核心,与其他四个方面相互对应,同时也体现了语文课程的工具性和人文性相统一的课程性质。

3. 学段要求

新课标依据"六三"学制设定了义务教育阶段语文课程的四个学段要求,学段要求是对课程总目标的进一步具体化、体系化。与总目标的分类标准有所不同,新课标对每个学段具体要求的表述,不再依照语文课程核心素养的四个方面分类设定,而是参考了语文学习任务群的分类标准,并将每学段要求分成四个板块加以表述,包括"识字与写字""阅读与鉴赏""表达与交流""梳理与探究"。在分块表述的基础上,最后提出每个学段在立德树人、文化上的总体要求,凸显学段任务的育人功能。

例如,在阅读与鉴赏教学目标中,不仅规定了让学生喜欢阅读,感受阅读的乐趣,学习用普通话正确、流利、有感情地朗读课文,还对默读、诵读、朗读、略读、浏览、搜集信息和资料分别提出了要求。对文章的理解、体会、推敲、欣赏以及体验、领悟,也都作了由低段到高段、由浅入深的具体要求。特别规定了每个学段的背诵与阅读总量,如:7~9年级学生阅读现代文速度每分钟不少于500字;背诵优秀诗文80篇;课外读物总量不少于260万字,每学年阅读两三部名著。

(三) 课程标准实施建议

1. 教材编写建议

教材编写要以马克思主义为指导,坚持立德树人,体现社会主义核心价值观;坚持面向现代化、面向世界、面向未来;贯彻国家课程改革的精神,全面落实义务教育语文课程标准要求。

教材编写要高度重视继承和弘扬中华优秀传统文化、革命文化、社会主义先进文化,赓续红色血脉,自觉维护国家统一和民族团结,理解和尊重多样文化;要有助于学生铸牢中华民族共同体意识,增强中华民族自尊心、爱国情感、集体意识和文化自信,形成正确的世界观、人生观、价值观。教材要体现时代特点和现代意识,要适应学生的认知特点和身心发展水平,密切联系学生的经验世界和想象世界;要有助于激发学生学习兴趣,培养创新精神,发展实践能力,形成健全人格。

教材编写要充分体现义务教育语文学习的基础性、阶段性特征,做好各学段之间的衔接。要落实学习任务群要求,致力于学生核心素养的整体提升,以学生生活为基础,以语文实践活动为主线,创设丰富多样的学习情境,设计有意义的学习任务,引导学生自主学习、主动积累和积极探究。

教材编写要系统规划和整体安排。要通过学习任务的综合性、挑战性以及学习过程的探究性,体现同一个学习任务群在不同学段的纵向发展过程与进阶。要根据六个学习任务群的特点,通过目标取向、文本选择、学习实践活动方式等体现不同学习任务群的特色;也可设置关联性的学习内容,实现同一学段不同学习任务群内容的整合。教材选文要体现正确的政治导向和价值取向,文质兼美,具有典范性,富有文化内涵和时代气息。题材、体裁、风格要丰富多样,各种类别配置适当,难易适度,适合学生学习。要把整本书阅读作为教材的重要有机组成部分,精选兼具思想性、艺术性和学段适应性的典范作品,以整本书阅读兴趣、阅读习惯的培养为基础,让学生逐渐建构不同类型整本书阅读经验;教材要组织和选取原著部分文本和辅助性阅读材料,创设综合型、阶梯式的学习问题和交流活动,提高学生理解和评价能力。此外,其他学习任务群阅读材料的选择也要适当兼顾整本书。

教材编写体例和呈现方式,要围绕学生生活实际和认知需求创设学习情境,以问题探究为导向,有机组合选文及选取辅助性学习资源,循序渐进地设计支架式的学习任务和活动,体现过程性评价,以促进学生自主、合作、探究学习。教材应具有开放性和选择性。在合理安排基本课程内容的基础上,关注不同区域教育实际,给地方、学校和教师留有调整、开发的空间,也给学生留出选择和拓展的空间,满足不同学生学习和发展的需要。

教材编写分为"六三"学制和"五四"学制两种版本。"五四"学制六年级教材体例、要求等应符合初中学生学习、生活特点。

教材编写要有利于师生运用多种媒介和信息技术呈现学习内容,积极探索信息化环境下的教学变革,发挥传统纸质教材和线上学习资源各自的优势;创设线上与线下学习相结合的机会,引导教师积极调动各种资源创造性地开展教学活动。[①]

2. 课程资源开发与利用

(1)坚持目标导向,精选优质课程资源。课程资源的开发与利用应坚持正确的政治导向,把贯彻落实社会主义核心价值观、促进学生身心健康发展作为首要原则;要从核心素养形成和发展的内在规律出发,紧密结合语文教材内容,选择有利于组织和实施综合性语文实践活动的优质资源,构建开放多元的教学资源体系;要立足学生实际,注重遴选典范的现代白话文和古代文言文经典作品,以文质兼美为选择标准,体现课程资源在文化传承方面的作用,充分发挥其促进学生发展的价值。

(2)调动多元主体,丰富课程资源类型。语文课程资源既包括纸质资源,也包括数字资源;既包括日常生活资源,也包括地域特色文化资源;既包括语文学习

---

① 中华人民共和国教育部:《义务教育语文课程标准(2022年版)》,北京师范大学出版社,2022,第52-53页。

过程中生成的重要问题、学业成果等显性资源,也包括师生在语文学习方面的兴趣、爱好和特长等隐性资源。教师要充分发挥自身优势与潜力,积极利用和开发各类课程资源,不断增强课程资源意识。学校应积极争取社会各方面的支持,拓展资源领域、丰富资源类型;应重视信息化环境下的资源建设,关注语文学习过程中生成性资源的整理和加工,运用课程资源促进学习方式的转变。

(3) 建立合作开发机制,实现课程资源的共建和共享。各地区、各学校应增强课程资源共建共享的意识,树立动态发展的资源观念,有计划地建设课程资源开发系统;应重视利用现代信息技术推进资源建设,通过开发阅读资源库、跨媒介阅读平台等数字资源,逐步建立地区、学校之间资源互补、共建与共享的机制;还可创造条件,建立中小学、高等院校和研究机构的资源建设共同体,建设、整理、优化课程资源库,持续更新课程资源,通过资源开发促进教师的专业发展。

(4) 充分发挥课程资源的育人功能,优化教与学活动。课程资源的使用要以促进学生核心素养发展为目的,多角度挖掘其育人价值,与课程内容形成有机联系,促进课程目标全面达成。教师要多角度分析、使用课程资源,善于筛选、组合课程资源,利用课程资源创设学习情境,优化教与学活动,提高教学效益;学校要整合区域和地方特色资源,设计具有学校特色、区域特色的语文实践活动,落实学习任务群的目标要求,增强语文课程内容的丰富性和课程实施的开放性。[①]

信息栏 1-1
课程实施范式的转型

从 20 世纪 20 年代末到 50 年代中后期,人们一直致力于构建语文学科知识体系,这一时期的课程范式可称之为"知识—传授"式。之后,为了切实提高学生的阅读能力和写作能力,强调要在知识教学的基础上加强基本训练,使知识转化为能力,20 世纪 80 年代中后期形成了"能力—训练"的课程范式。20 世纪 90 年代末,语文教育受到全社会关注,人文性问题进一步凸显,人的全面发展成为焦点话题,新的语文课程标准强调,语文课程应致力于学生语文素养的形成与发展,形成了"素养—养成"型的语文课程。

【资料来源】钱加清著:《理解语文课程范式转型的另一种思路》,《课程·教材·教法》,2007 年第 7 期。

[①] 中华人民共和国教育部:《义务教育语文课程标准(2022 年版)》,北京师范大学出版社,2022,第 53—55 页。

二、学习《普通高中语文课程标准(2017年版2020年修订)》

学习《普通高中语文课程标准(2017年版2020年修订)》,同学习《义务教育语文课程标准(2022年版)》一样,首先应把握它的性质和理念,明确其目标。

(一) 课程的性质、基本理念和目标

1. 课程的性质

关于高中语文课程性质的表述,与初中语文课程性质的表述是一致的。在《普通高中语文课程标准(2017年版2020年修订)》中,揭示语文课程"工具性与人文性的统一"这一基本特点,体现了我国高中语文课程改革的精神,反映了当今世界"科学主义"与"人文主义"两种教育思潮渐渐靠拢的大势,表达了社会各界对语文教育的共同愿望。

语文课程是一门学习祖国语言文字运用的综合性、实践性课程。工具性与人文性的统一,是语文课程的基本特点。语文课程应引导学生在真实的语言运用情境中,通过自主的语言实践活动,积累言语经验,把握祖国语言文字的特点和运用规律,加深对祖国语言文字的理解与热爱,培养运用祖国语言文字的能力;同时,发展思辨能力,提升思维品质,培育社会主义核心价值观,培养高尚的审美情趣,积累丰厚的文化底蕴,理解文化多样性。

普通高中语文课程,应使全体学生在义务教育的基础上,进一步提高语文素养,形成良好的思想道德修养和科学人文修养,为终身学习和全面而有个性的发展奠定基础,为传承和发展中华文化、增强民族凝聚力和创造力发挥应有的作用。

2. 课程的基本理念

(1) 坚持立德树人,增强文化自信,充分发挥语文课程的育人功能

祖国语文是中华儿女的精神家园,语文课程对继承和弘扬中华优秀传统文化、革命文化、社会主义先进文化,培养文化自信,推动文化的创新发展,具有不可替代的优势。

普通高中语文课程,必须以习近平新时代中国特色社会主义思想为指导,坚持立德树人,弘扬民族精神,融入社会主义核心价值观教育,培养热爱中华文明、热爱祖国、热爱人民、热爱中国共产党的深厚感情,以及热爱美好生活和奋发向上的人生态度,使学生逐步形成自己的思想、行为准则,增强为中华民族伟大复兴而努力的历史使命感和社会责任感。坚持加强语文课程内容与学生成长的联系,引导学生积极参与实践活动,学习认识自然、认识社会、认识自我、规划人生,在促进人的全面发展方面发挥应有的功能。

(2) 以核心素养为本,推进语文课程深层次的改革

随着社会和教育事业的发展,语文课程更加强调以核心素养为本。要进一步改革语文课程的目标和内容,既要关注知识技能的外显功能,更要重视课程的隐形价值,还要关注语文课程在社会信息化过程中新的内涵变化;通过改革,让学生多经历、体验各类启示性、陶冶性的语文学习活动,逐渐实现多方面要素的综合和内化,养成现代社会所需要的思维品质、精神面貌和行为方式。

普通高中语文课程应继续引导学生丰富语言积累,培养良好语感,掌握学习语文的基本方法,养成良好的学习习惯,提高运用祖国语言文字的能力;语言文字运用和思维密切相关,语文教育必须同时促进学生思维能力的发展与思维品质的提升;语文教育也是提高审美素养的重要途径,要让学生在语言文字运用的学习中受到美的熏陶,培养自觉的审美意识和高尚的审美情趣,培养审美感知和创造表现的能力;语言文字的运用体现时代的发展状况和人的文化修养,语文课程应该引导学生自觉继承中华优秀传统文化和革命文化,吸收世界各民族文化精华,积极参与中国特色社会主义先进文化的建设与传播。

(3) 加强实践性,促进学生语文学习方式的转变

语文课程作为一门实践性课程,应着力在语文实践中培养学生的语言文字运用能力。学习运用祖国语言文字的资源和实践机会无处不在,应增强学生学语文、用语文的自觉意识,积极利用信息技术以及身边的各种资源和机会,通过阅读与鉴赏、表达与交流、梳理与探究等语文实践,积累言语经验,把握语文运用的规律,学会语文运用方法,有效地提高语文能力,并在学习语言文字运用的过程中促进方法、习惯及情感、态度与价值观的综合发展。

语文课程还应当适应当代社会发展的需要,为培养创新人才发挥重要作用。要引导学生在语言文字运用过程中发现问题,培养探究意识和发现问题的敏感性,探求解决问题和语言表达的创新途径。

(4) 注重时代性,构建开放、多样、有序的语文课程

普通高中语文课程应适应社会对人才的多样化需求和学生对语文教育的不同期待,精选学习内容,变革学习方式,确保全体学生都获得必备的语文素养;帮助学生认识自己语文学习的已有基础、发展需求和方向,激发学习兴趣和潜能,在跨文化、跨媒介的语文实践中开阔视野,在更宽广的选择空间发展各自的语文特长和个性。

普通高中语文课程应具有相对稳定的结构和富有弹性的实施机制。应在课程标准的指导下,提高教师水平,发展教师特长,引导教师开发语文课程资源,有选择地、创造性地实施课程;把握信息时代新特点,积极利用新技术、新手段,建设

开放、多样、有序的语文课程体系,使学生语文素养的发展与提升能适应社会进步新形势的需要。

3. 课程目标

学生通过阅读与鉴赏、表达与交流、梳理与探究等语文学习活动,在语言建构与运用、思维发展与提升、审美鉴赏与创造、文化传承与理解等方面都获得进一步的发展;坚定文化自信,自觉弘扬社会主义核心价值观,树立积极向上的人生理想,为全面发展和终身发展奠定基础。

(1)语言积累与建构。积累较为丰富的语言材料和言语活动经验,形成良好的语感;在已经积累的语言材料间建立起有机的联系,在探究中理解、掌握祖国语言文字运用的基本规律。

(2)语言表达与交流。能凭借语感和对语言运用规律的把握,根据具体的语言情境和不同的对象,运用口头和书面语言文明得体地进行表达与交流;能将具体的语言文字作品置于特定的交际情境和历史文化情境中理解、分析和评价。

(3)语言梳理与整合。通过梳理和整合,将积累的语言材料和学习的语文知识结构化,将言语活动经验逐渐转化为具体的学习方法和策略,并能在语言实践中自觉地运用。

(4)增强形象思维能力。获得对语言和文学形象的直觉体验;在阅读与鉴赏、表达与交流、梳理与探究活动中运用联想和想象,丰富自己对现实生活和文学形象的感受与理解,丰富自己的经验与语言表达。

(5)发展逻辑思维。能够辨识、分析、比较、归纳和概括基本的语言现象和文学现象,并能有理有据地表达自己的观点和阐述自己的发现;运用基本的语言规律和逻辑规则,判别语言运用的正误,准确、生动、有逻辑地表达自己的认识;运用批判性思维审视语言文字作品,探究和发现语言现象和文学现象,形成自己对语言和文学的认识。

(6)提升思维品质。自觉分析和反思自己的语文实践活动经验,提高语言运用的能力,增强思维的深刻性、敏捷性、灵活性、批判性和独创性。

(7)增进对祖国语言文字的美感体验。感受祖国语言文字独特的美,增强热爱祖国语言文字的感情。

(8)鉴赏文学作品。感受和体验文学作品的语言、形象和情感之美,能欣赏、鉴别和评价不同时代、不同风格的作品,具有正确的价值观、高尚的审美情趣和审美品位。

(9)美的表达与创造。能运用祖国语言文字表达自己的审美体验,表达自己的情感、态度和观念,表现和创造自己心中的美好形象;讲究语言文字表达的效果及美感,具有创新意识。

（10）传承中华文化。通过学习运用祖国语言文字,体会中华文化的博大精深、源远流长,体会中华文化的核心思想理念和人文精神,增强文化自信,理解、认同、热爱中华文化,继承、弘扬中华优秀传统文化和革命文化。

（11）理解多样文化。通过学习语言文字作品,懂得尊重和包容,初步理解和借鉴不同民族、不同区域、不同国家的优秀文化,吸收人类文化的精华。

（12）关注、参与当代文化。关注并积极参与当代文化传播与交流,在运用祖国语言文字的过程中,坚持文化自信,提高社会责任感,增强为中华民族伟大复兴而奋斗的使命感。

(二) 课程的设计依据和结构

1. 设计依据

（1）以中国特色社会主义理论体系为指导,落实立德树人根本任务,遵循教育规律,着力发展学生的核心素养,促进学生全面而有个性发展,设计基础性与选择性相结合的课程。

（2）从祖国语文的特点和高中生学习语文的规律出发,以语文学科核心素养为纲,以学生的语文实践为主线,设计"语文学习任务群"。"语文学习任务群"以任务为导向,以学习项目为载体,整合学习情境、学习内容、学习方法和学习资源,引导学生在运用语言的过程中提升语文素养。若干学习项目组成学习任务群,学习任务所涉及的语言学习素材与运用范例、语文实践的话题与情境、语体与文体等,覆盖历来语文课程所包含的古今"实用类""文学类""论述类"等基本语篇类型。学习任务群的设计着眼于培养语言文字运用基础能力,充分顾及问题导向、跨文化、自主合作、个性化、创造性等因素,并关注语言文字运用的新现象和跨媒介运用的新特点。

（3）学习任务群以自主、合作、探究性学习为主要学习方式,凸显学生学习语文的根本途径。这些学习任务群追求语言、知识、技能和思想情感、文化修养等多方面、多层次目标发展的综合效应,而不是学科知识逐点解析、学科技能逐项训练的简单线性排列和连接。学习任务群的设计,旨在引领高中语文教学的改革,力求改变教师大量讲解分析的教学模式。

（4）整体设计,统筹安排,体现层次性与差异性。必修课程和选修课程均由若干学习任务群构成。不同学习任务群具体的学习内容有所区别,体现不同的学习要求;必修的学习任务群构成普通高中语文课程目标、内容的基本框架,体现高中阶段对每个学生基本、共同的语文素养要求;选修的学习任务群则是在此基础上的逐步延伸、拓展、提高和深化,以满足学生对不同发展方向、不同发展水平语文素养的追求。

2. 设计依据

普通高中语文课程由必修、选择性必修、选修三类课程构成。三类课程分别安排 7~9 个学习任务群。中华优秀传统文化、革命文化和社会主义先进文化方面的内容始终贯串必修、选择性必修、选修。

必修课程 7 个:"整本书阅读与研讨""当代文化参与""跨媒介阅读与交流""语言积累、梳理与探究""文学阅读与写作""思辨性阅读与表达""实用性阅读与交流"。

选择性必修课程 9 个:"整本书阅读与研讨""当代文化参与""跨媒介阅读与交流""语言积累、梳理与探究""中华传统文化经典研习""中国革命传统作品研习""中国现当代作家作品研习""外国作家作品研习""科学与文化论著研习"。

选修课程 9 个:"整本书阅读与研讨""当代文化参与""跨媒介阅读与交流""汉字汉语专题研讨""中华传统文化专题研讨""中国革命传统作品专题研讨""中国现当代作家作品专题研讨""跨文化专题研讨""学术论著专题研讨"。

第二节　现行中学语文教科书

语文教科书是语文教材的主体,是语文课程实施的重要载体。20 世纪 80 年代以来,语文教科书走向"一纲多本",即一套教学大纲,多本教科书并行使用。进入 21 世纪,我国继续沿袭这一做法,实验区无论是初中还是高中,均有多套课标教材供大家选用。2016 年之后,教育部规定,全国初中高中语文陆续统一使用统编版教科书。

一、统编版中学语文教科书

(一) 统编版初中语文教科书

1. 教科书编写的总体思路

(1) 以"立德树人"为目标,有机融合、自然渗透社会主义核心价值观教育、中华优秀传统文化教育等内容

党的十八大将"立德树人"作为教育的根本任务,要求充分发挥课程在人才培养中的核心作用。新教材充分发挥语文学科在育人方面的独特优势,把对古今中外优秀作品的学习与母语教育结合起来,将社会主义核心价值观、中华优秀传统

文化、社会主义革命传统、法制教育、良好的思想道德风尚等内容融合在整套教材之中,激发学生热爱祖国的思想感情,培养自尊自信、勤劳勇敢、自强不息的美好品德,增强社会责任感,为学生的人格培养与终身发展奠定坚实的基础。

为了避免贴标签、喊口号式的思想教育,新编教材按照"整体规划,有机融入,自然渗透"的基本思路,采用的是集中编排与分散渗透相结合的方式。教材以选文为主要载体,集中编排相关人文教育的内容,同时又辅以精心设计的语文实践活动,分散渗透,使学生在学习语言文字的过程中潜移默化地受到熏陶感染,逐步树立正确的思想观念和高尚的道德情操,最终使社会主义核心价值观、中华优秀传统文化、社会主义革命传统教育等内化为精神追求,外化为自觉行为,从而更好地达到课程标准要求的工具性与人文性的有机统一。

(2) 遵循课程标准的要求,坚持课改的方向,守正创新,建设符合语文教育基本规律的语文教材体系

新教材努力遵循课程标准的要求,尊重语文教育基本规律,继承多年以来语文教材编写的优良传统,合理有序地安排学习内容,切实做到"守正"。同时,新教材又是对课改的总结与支持,注意吸收课改的经验,如"以人为本"的理念,重视学生整体素质发展,以学生为主体引导学生学会学习,注重基本能力培养,等等,并尽可能多地借鉴国外先进的教学思想,力求达到"创新"。

具体做法是:提倡少做题,多读书,多思考,勤练笔,注重语文积累和语感培养;积极倡导自主、合作、探究的学习方式,鼓励自主阅读、自由表达,培养创新精神和实践能力;注意在语文课与学生语文生活之间建立一条通道,积极拓展课外阅读,构建由教读、自读到课外阅读三位一体的阅读教学体系,并努力引导学生参与社会实践,在实践中学习语文、运用语文,获得解决实际生活需要的语文问题的能力。

(3) 坚持以人为本,突出"语文核心素养"的理念,培养学生应该具备的未来社会需要的关键能力和必备品格

新教材特别注重课程标准倡导的"语文素养",更多吸纳了近年来教育界重点研究的"核心素养"理念,力求站在更新的高度和更开阔的视野审视当前的语文教育。"语文核心素养"体现到教材中,既包括听说读写等方面基本语文能力的培养,也包括思维发展、审美鉴赏、文化理解等方面整体素质的要求,更有学生未来必备品格与核心能力的要求。新教材仍然着力于培养学生最基本的、适应时代发展要求的听说读写能力、思维表达能力等;同时,重视优秀传统文化、革命传统教育对学生的熏染,使学生的道德修养、审美情趣等得到提升,培养良好的个性和健全的人格。

目前语文教学仍然受中考与高考的制约,这是不容回避的现实。新编语文教材尽可能地帮助师生摆脱应试教育的束缚,要有意识地往素质教育、核心素养培育等方面靠拢。在选文、助读系统设计等方面遵循语文教学规律,让学生多接触中外经典,减少和避免僵硬的"说教";注重熏陶、涵泳与积累,注重激发学生学习兴趣,保护他们的天性;注重方法的引领、学习能力的构建,努力实现语文素养的全面提升。

2. 教材设计的突出特点与创新之处

(1) 双线组织单元结构,强化语文学习的综合性和实践性

为避免当前较为流行的"人文主题"组织单元或"人文与文体"混合组织单元带来的不同弊端,新编教材创新设计,采用"人文主题"与"语文要素"双线组织单元的结构。所谓人文主题,即课文选择大致按照内容类型进行组合,如"修身正己""挚爱亲情""科学探索""人生之舟"等,力求形成一条贯串全套教材的显著线索。所谓语文要素,即将"语文素养"的各种基本"要素",包括基本的语文知识、必需的语文能力、适当的学习策略和学习习惯,以及写作、口语训练等,分解成若干个知识或能力训练的"点",由浅入深,由易及难,分布并体现在各个单元的预习、阅读提示或习题设计之中。

双线组织单元结构,既强调语文与生活的联系,重视主流文化与传统文化的渗透,促进学生形成正确的价值观、人生观;又保证了语文综合素养的基本训练,一课一得,使教学有一条大致可以把握的线索,也有层级序列较为清晰的梯度结构,"三个维度"也就能比较均衡地呈现,其中所谓"过程与方法"也就能较清晰地得到安排。

(2) 重视阅读能力与阅读兴趣的培养,建设"三位一体"的阅读教学体系

阅读是运用语言文字获取信息、认识世界、发展思维、获得审美体验的重要途径,是语文教学最重要的组成部分。新编教材的阅读教学,以各单元课文学习(分"教读课文"和"自读课文")为主,辅之以"名著导读"和"课外古诗词诵读",共同构建一个从"教读课文"到"自读课文"再到"课外阅读"的"三位一体"的阅读体系,并在这方面凸显特色,以更好地贯彻课程标准提出的"多读书,好读书,读好书,读整本的书"的倡议,并达到课标提出的义务教育阶段学生课外阅读总量不少于400万字的要求。

教读课文,由老师带着学生,运用一定的阅读策略或阅读方案,完成相应的阅读任务,达成相应的阅读目标,目的是学"法"。自读课文,强调学生运用在教读中获得的阅读经验,自主阅读,进一步强化阅读方法,沉淀为自主阅读的阅读能力。课外自读,强调整本书阅读、古诗词积累、由课内到课外的拓展阅读等,是课堂教学的有机延伸和有效补充。

(3) 选文注重经典性、多样化,文质兼美,尤其重视中华优秀传统文化的理解和传承

课标要求:"教材选文要文质兼美,具有典范性,富有文化内涵和时代气息,题材、体裁、风格丰富多样,各种类别配置适当,难易适度,适合学生学习。要重视开发高质量的新课文。"据此,本套教材将经典性作为选文的重要标准。语文教学必须让学生接触人类智慧的结晶,让学生对中外经典文化有尊严感。所选课文大部分必须是文学史、文化史上有定评的作品,包括那些沉淀下来、得到广泛认可的作品。以经典为主,可以使学生打破时空的界限,与文学、思想大师进行心灵的沟通、生命的对话,以便在学生生命与语文学习的起点就占据精神和语文的制高点,为终身发展奠定牢固的基础。所选作品应是多民族、多国家、多地区的,是不同思想、不同流派、不同风格的,它们不只是作为语言运用的范例,更主要是作为学生与古今中外思想家、文学家、科学家对话的桥梁。这座桥梁,使学生突破原先狭小的心灵圈子,放眼国际多元文化的天光云影,领略中华民族悠久的传统文化和灿烂的现代文明的风采,同时从作品中感受伟大心灵的搏动,领悟言语世界的奥秘,提高语文水平和提升精神境界。

经典文章需要经过时间的淘沥,虽然其传达的人文精神并不过时,但时代可能与学生有些距离。为此,本套教材也特别注重时代性,下大力气开发了一批富有时代气息的高质量的新课文。比如《植树的牧羊人》赞颂了一个默默植树的心灵高贵的牧羊人,在全球环境恶化的今天,牧羊人以一己之力改善一个区域环境的精神,有着很强的时代意义。再如《带上她的眼睛》是当代科幻大家刘慈欣的名作,编写组专门请他本人适应教材的篇幅做了改写,文字优美,内容感人。初步统计,新课文开发量占全部课文的30%以上,7年级上册甚至达到40%以上。

语文性、适用性也是选文的重要标准。所选文章既要思想格调高,有利于核心价值观培养,又要语言形式优美,满足"语文素养"这条线的教学需要,值得咀嚼、涵泳,并能激发阅读兴趣,提升审美能力。同时,还要注意难度适中,适合特定年级学生学习,适合教学。

此外,选文强调多样性,尤其重视古代优秀传统文化作品的选取和学习。以现代文为主,精选古代诗文,外国的作品也占一定比重。还选收了一些科普文、新闻报道、应用文,以及非连续性文本。实践证明,以往教材中不少传统的课文是社会广泛接受的,新编教材也注意到了连续性,保留了60%左右传统的课文。

(二) 统编版高中语文教科书

1. 任务设计是高中语文教材的核心追求

高中课标在课程结构的设计依据中,首次提出"学习任务群"的概念,并概括

为:"'语文学习任务群'以任务为导向,以学习项目为载体,整合学习情境、学习内容、学习方法和学习资源,引导学生在运用语言的过程中提升语文素养。"高中课标一共设计了 18 个任务群。应该说,这些任务群首先是课程内容的规定,明确高中学段语文教学的基本内容;同时它又是学习路径的规定,这个路径不再是以往简单的读写训练、知识传授等,而是通过任务的解决来实现语文素养的提升。完成特定任务,使学生享有学习的获得感,是本次教材建设的一个重要理念。怎样来实现这个理念呢?

首先,通过人文主题和学习任务群两条线索组织单元,提升语文核心素养。人文主题是立德树人教育的根本需要,所以教材以新时代高中学生应具有的"理想信念""文化自信""责任担当"作为隐性的精神主线,分解出若干人文主题,如青春激扬、劳动光荣、生命的诗意、使命与抱负、责任与担当、良知与悲悯等,作为单元组合和内容选择的重要依据,发挥语文教材的培根铸魂作用。学习任务群是课标所规定的基本教学内容,所以它是教材最重要的抓手,是课程内容安排的重要依凭。教材根据课标所赋予的每个任务群的不同学分分别安排,原则上每 0.5 学分设计一个单元。以"文学阅读与写作"任务群为例,必修学段一共 2.5 学分,所以必修教材共设计 5 个单元,分别是:青春激扬——中国现当代及外国诗歌、小说,生命的诗意——中国古代优秀诗词,自然情怀——中国古代与现当代散文,良知与悲悯——古今中外戏剧作品,观察与批判——中外小说作品。这 5 个单元,分层次地落实课标对这些任务群的要求。两条线索组织单元,更能凸显语文工具性与人文性相统一的本质特征,有助于语文核心素养的落实。

其次,通过阐述核心任务,引领整个单元学习内容和学习资源的组织。核心任务是单元教学的纲,它是围绕单元人文主题并基于学习任务群的基本特点提出的,又对本单元学习内容、学习情境、学习方法以及教学活动等起到统领作用。一般来说,教材中每个单元导语第三段的第一句阐述的都是本单元的核心任务,此后各句是完成该核心任务所应达到的语文素养目标。比如必修上册第一单元以诗歌小说为主,其第三段是这样阐述的:

> 学习本单元,可从"青春的价值"角度思考作品的意蕴,并结合自己的体验,敞开心扉,追寻理想,拥抱未来。要理解诗歌运用意象抒发感情的手法,把握小说叙事和抒情的特点,体会诗歌和小说的独特魅力;学习从语言、形象、情感等不同角度欣赏作品,获得审美体验;尝试写作诗歌。

这一单元的核心任务就是第一句,是对青春价值的思考和对作品意蕴的鉴赏。围绕这一核心任务,教材一方面选择了《沁园春·长沙》(毛泽东)、《立在地球边上放号》(郭沫若)等5首诗词以及《百合花》(茹志鹃)、《哦,香雪》(铁凝)2篇小说作为主体学习内容,并通过"学习提示"等板块推荐阅读《赤光的宣言》(周恩来)、《太行春感》(朱德)等扩展学习资源,另一方面在单元最后设置具体学习任务,组合成单元学习的总体,以达到语文素养的培养目标。

2. 恰切的活动是完成任务的有效手段

"活动"是高中课标出现频率最高的一个词(本来"任务"出现的频率最高,但它很多时候是指任务群)。活动成为高中课标的高频词,是与任务群的理念密切相关的。高中课标明确指出,语文学习任务群是"从祖国语言文字的特点和高中生学习语文的规律出发,以语文学科核心素养为纲,以学生的语文实践为主线"设计而成的,要"引导学生在运用语言的过程中提升语文素养"。也就是说,学习任务群中所设计的学习项目,所关注的学习内容、学习资源、学习方法,所设置的学习情境等,都不是孤立存在的,而是以恰当的活动为载体,通过一定的言语实践活动让这些因素建立起联系,从而建构知识和学习体验,完成相应的任务。可以说,任务是目标,是为了解决真实的问题;活动是手段,是完成任务的路径,是完成任务的保证。

活动的实质就是让学生进行切合实际的言语实践,这个言语实践不是孤立的听、说、读、写,而是整合了各个不同方面并延展到社会生活的综合的言语实践活动。这样的言语实践活动在教材中怎样体现出来呢?

首先是活动性。为了体现言语实践的活动性,教材不再设置类似"知识中心"的记忆性、知识类题目,也不再设置"能力中心"之类机械的、烦琐的、简单的问答式练习,而是在任务的统领下,强化阅读与鉴赏、表达与交流、梳理与探究等活动实践,加强活动性,促进语文素养的自主建构。因此,教材中"单元学习任务"板块布置的是任务,同时有为完成任务而设计的相对细致的活动方案,力求让学生在言语实践的过程中建构知识,形成素养。例如必修上册第七单元学习写景抒情类散文,其中第一个任务是:

平时你是否留意过身边的自然景物?哪些景物曾经激起你心灵的涟漪,引发你对生命的感悟?本单元的写景抒情散文,都表现了作者眼中的自然美,表达了他们对生命的感悟与思考。阅读这些文章,完成下列任务。

(1)《故都的秋》《荷塘月色》和《我与地坛》描写的是同一个城市的景物,呈现出多姿多样的美。选取你认为最精彩的段落,反复朗读,细加品味,写一段评点文字。

(2)这几篇文章都有融情于景、情景交融的特点,字里行间蕴含着作者的思想感情。结合《赤壁赋》,分析文中的景与情是怎样完美融合在一起的。如有兴趣,可以选取文中的一个片段,拟写视频拍摄脚本,挑选合适的音乐和场景,制作一个小视频。

这些任务的核心是,体会作者的感悟与思考,引导学生带着感情关注身边的自然之景。两个小任务的活动性很明显:一个是朗读、品味、思考,并写点评,重点是点评文章中多姿多彩的美;另一个是在解读文本的基础上,写视频脚本,选择相关资源,最后制作出小视频。这样的任务,以往教材可能会这样问:这篇文章描写了哪些美景?美景当中蕴含着作者怎样的情感?作者是怎样将景与情巧妙融合在一起的?很显然,任务式的设计,其核心是让学生做事,在做事的过程中建构起相应的素养,学生会有较高的参与度,会产生更多的学习体验;问题式的练习则更像是客观的考核,似乎与学生自身的体验无关。因此,在以活动体验带动任务完成的教学中,要注意调动学生学习的自主性,发挥学生的主体作用。

为了让学生更好地在文本与任务之间建立起关联,也是为了让教师在教学文本时有所遵循,教材还特意安排了"学习提示"板块。这一板块主要有三个功能:一是激发兴趣,让学生愿意阅读;二是提示重点难点,给师生以教和学的抓手;三是指示学习路径,给学生提供学习的方法和策略。此外,背诵的要求也是在这个板块中明确的。

信息栏 1-2

语文教材的专题组织单元

新世纪的语文教材建设中,以专题组织单元的教材编制法成为多家版本的共同追求。以专题形式呈现的单元往往是板块结构,即每单元有一个确定的人文主题,围绕这个主题选编一组课文,把知识与能力、过程与方法、情感态度价值观三个维度的教育目标,以听说读写知综合训练的方式巧妙地糅合在一块,大多教材每单元都设有语文综合实践专题。这样,一个单元就相当于一个学习板块。这种编制法,在国外已有相当长的历史。

【资料来源】 温立三著:《浅论语文课程改革的继承和创新》,《江苏教育研究(理论版)》,2008年第8期。

二、正确使用统编版初高中语文教科书

目前我国语文教科书已统一要求使用统编版教科书,在新的语文课程观念的指导下,语文教师要转变观念,大力开发语文课程资源,树立"用教科书教,而不是教教科书"的意识。

（一）在课程标准指导下使用教科书

课程标准对语文教材的编写的指导思想说得非常清楚，即"致力于全面提高学生的语文能力和人文素养，积极倡导自主、合作、探究的语文学习方式，力求课堂的开放性和教学的弹性，注重培养学生的创新精神、审美情趣，遵循语文教学规律，加强语文与生活的联系，突出学生的语文实践能力，引导学生在实践中学习语文。"我们在使用教材的过程中，应该研究这个指导思想，因为它对改进学生的学习方式、学习策略做出了较为明晰的要求，对我们的教学方式提出了指导性很强的改进意见。

（二）整体把握教科书

案例 1-1

八上"活动·探究"单元教学设计思路

在教学本单元时，教师首先要把握这一单元的组成部分有哪些，明确各部分的教学内容，知道学习这个单元对学生的重要意义。以八上第一单元为例，这一单元的主要组成部分有新闻阅读、新闻采访、新闻写作和口语交际，是学生进入初中以来第一次、也是唯一一次较为系统地学习新闻类文章。学习这个单元，对拓展学生的知识领域，引导学生关注现实、关注社会，培养学生的语言理解与运用能力，提高学生的语文素养，具有重要意义。

新课程改革的理念，新教材选文量的增加和呈现方式的丰富，都对教材的处理提出了新的要求，如果仍按传统的方式按部就班地逐篇教学，既不能体现新的要求，也很难完成教学任务。解决这个问题，要寻求有效的教学方法。案例1-1所体现的整合式教学，不失为一种有效的形式。所谓整合式教学，就是将两篇或多篇课文糅合在一起进行处理。在这个教学过程中，两篇文本始终互相交错，时分时合，互为主宾，取得了比较理想的整合效应。

要进行整合，首先要确立整体意识。所谓整体意识，它应包括五个层次：全套教材、一个学段的教材、一册教材、一个单元、一篇课文或一个项目。通过整体研究，才能把握总体框架。教师只有努力做到宏观把握，微观落实，才可能处理好教科书的阶段性和连续性的关系。

（三）立足"语文"用教科书

和以前的单一的文体组织单元不同，新教科书以人文主题和语文要素为统领进行组织。但在教学过程中，绝不可着眼于人文主题进行教学，更不可把人文主题的解读作为教学的内容，否则就背离了语文课程的基本要求。一切教学活动都必须立足于语文学习，必须把语文学科三维目标的具体内涵体现在教学过程之中。

尽管教科书每一个单元的文本常常是不同的文体，但并不是说阅读教学就应该没有文体特征。整个教学活动都必须坚持以语言为核心，以语文活动为主体，以学生语文素养的提高为目的。文本资源的利用，也不可局限于专题的人文主题，要尽可能充分发挥文本的价值。尤其是文言文的教学，绝不可放弃文言文教学的基本任务，进行架空的人文主题解读，而应该在文言文的阅读过程中探讨有关问题。

(四) 灵活运用教科书

在理解语文教材编写的指导思想时，我们应该注意到教科书力求富于开放性和弹性这一点，因为语文教科书不仅是知识的载体，更重要的是使学生以语文教科书为切入点，从教科书引发开去全方位地学习语文，并提升语文综合素养。

比如，可以灵活运用教材里的助学系统。统编语文教材重视语文核心素养，重视建设语文教学知识体系，教材里有单元提示、预习、思考练习和积累拓展、补白知识框、写作、综合性学习、口语交际等作为助学系统，这些助学系统可以给学生提供语文知识等方面的学习帮助，教师在教学时要灵活运用。例如，教师在教学《消息二则》这一课时，可以联系写作训练里给出的内容"技巧点拨·怎样写消息"，帮助学生掌握消息的特点及组成部分；教学《"飞天"凌空》一课的时候，可以联系课后补白知识框"什么是新闻特写"，帮助学生掌握新闻特写的特点。

第三节　中学语文课程改革历程

20世纪初，语文单独设科，语文开始形成一门独立的课程。一百年来，由于各种内外在因素的制约与影响，语文走过了一条不同寻常的道路。本节将着重梳理中学语文课程改革的主要历程。

一、近代语文课程的历史沿革

1. 语文单独设科

从先秦到晚清，语文在学校中并不是一门独立的学科，而是与经学、史学以及伦理学等结合在一起的。1902年，清政府颁布了《钦定学堂章程》，产生了新的学制"壬寅学制"，但没有实行。1904年，清政府又颁布了《奏定学堂章程》，产生"癸卯学制"，这是我国第一部经政府正式颁布并在全国施行的新型学制，之后语文开始正式单独设科。这是我国现代教育的起点，也是语文这门学科独立的起点，标志着现代中学语文课程的正式诞生。此时语文的学科构架还很模糊,仅有对"中国文字""中国文学"的相关规定,教学语言及其内容仍是文言和读经。当然,语文教育毕竟冲破了传统封建教育的藩篱,开始单独设科,有了自己的设科宗旨和要求,向前迈进了一大步,其功不可没。

信息栏 1-3

《钦定中学堂章程》(摘录)

光绪二十八年(1902)

第二章 功课教法

第一节 中学堂课程门目表:读经第二,词章第四

第二节 中学堂课程分年表:

　　第一年　学科阶级:读经(《书经》)、词章(作记事文)

　　第二年　学科阶级:读经(《周礼》)、词章(作说理文)

　　第三年　学科阶级:读经(《仪礼》)、词章(学章奏传记诸体文)

　　第四年　学科阶级:读经(《周易》)、词章(学辞赋诗歌诸体文)

【资料来源】 课程教材研究所编:《20世纪中国中小学课程标准·教学大纲汇编(语文卷)》,人民教育出版社2001年版,第267页。

---

2. "五四"时期的语文课程

1923年,《新学制课程标准纲要》公布,作为学校各门学科课程编制和教学实践的指南,《语文课程标准》(小学、初中、高中共三套)也随着《新学制课程标准纲要》的制定而正式诞生了。从此,中小学分为小学、初中和高中,中小学语文的要求才比较明确,内容才比较系统。

"五四"时期的国语运动和清末民初的白话文运动对国语教学有很大的推动作用。在白话文运动和国语运动的推动下,北洋政府于1920年通令全国,小学开设"国语",中学开设"国文",主要教白话文,这是中国教育史上现代文第一次进入语文教材,在语文教学中取得了合法地位。至此,国语、国文合力构成了统一的学科框架,形成了现代语文的雏形。

3. 国民政府时期的语文课程

1929年,我国第一套以教育部名义颁布的、具有教育法规性质的课程标准《小学国语暂行课程标准》和《初级中学国文暂行课程标准》颁布。两套《标准》总结了清末国文设科尤其是五四运动以来的中小学语文教育教学的经验,随后

诞生了一批比较尊重学科特点的教科书,影响最大的是夏丏尊、叶圣陶编的以语文读写知识为纲组织单元的《国文百八课》。1930 年创刊的《中学生》杂志和 1933 年开始在《中学生》上连载的夏丏尊、叶圣陶合著的《文心》一书,都受到了全国中学语文教师和学生的热烈欢迎,《文心》则成了中国语文教育史上的经典之作。

抗战时期,一些著名的教育专家学者,仍在继续从事中学语文教育和教学的研究和实践,如叶圣陶、朱自清编著了《精读指导举隅》《略读指导举隅》等名著,创办了《国文杂志》。在多次有关国文教学问题的论战中,更有很多文化名人积极参与,推动了语文教育的发展。

二、现代语文课程的变革

1. "语文"名称的由来

1949 年,中央人民政府教育部接受语文教育家叶圣陶等人的建议,决定取消"国语"和"国文"这两个名称,统称"语文",即口头语言和书面语言的合称。叶圣陶说:"'语文'一名,始用于 1949 年华北人民政府教科书编审委员会选用中小学课本之时。前此中学称'国文',小学称'国语',至是乃统而一之。彼时同人之意,以为口头为'语',书面为'文',文本于语,不可偏指,故合言之。亦见此学科'听''说''读'宜并重,诵习课文,练习作文,因为读写之事,而苟忽于听说,不注意训练,则读写之成效亦将减损。"[1] 这段话把"语文"的概念表述得非常明确,"语"就是口头语言,"文"就是书面语言。就是说,"语文"包含口头语言和书面语言两方面。

2. 汉语、文学分科教学实验

为避免语言、文学混合教学所产生的弊端,尤其是对苏联经验的学习,我国语文教育在 1956 年秋实行汉语、文学分科教学实验。中学汉语、文学分科教学,在中国的语文教育史上,是"空前"也是"绝后"(至今)的大事。汉语、文学分科,自始至终是在中央和政府的直接领导下进行的,中央教育部为此颁发了汉语与文学的教学大纲,并编写了初中汉语、初中文学与高中文学三套课本。后来,出于对苏联模式的摈弃,废除分科也成为战略性的选择,1958 年该实验停止。这是我国第一次有组织有领导的、对语文教学的科学化和系统化的探索。

3. "工具说"和"加强双基"

1959 年和 1961 年《文汇报》先后开展过关于"语文教学目的任务"和"怎样教

---

[1] 叶圣陶.叶圣陶教育文集:第 3 集:答滕万林[M].北京:人民教育出版社,1994:506.

好语文课"的讨论。1961年后,语文教育界明确提出了"加强双基"的口号,1963年,张志公发表的《说工具》一文提出了著名的"工具说",阐述了语文学科性质。1963年,教育部在这场大讨论的基础上制定了新的《全日制小学语文教学大纲(草案)》和《全日制中学语文教学大纲(草案)》,它们明确了语文教学目的,突出了语文的工具性;提出了加强基础知识教学和基本技能训练(俗称"双基")的原则,突出能力训练,强调文道统一。

4. 新时期语文教学改革

1978年,教育部制订了《全日制十年制中学语文教学大纲(试行草案)》,继承和发展1963年《全日制中学语文教学大纲》的基本理论,恢复语文学科的基本性质——工具性;正确处理政治和语文的关系,重新确定了语文学科的基本任务是培养学生掌握和运用语言文字的能力,在语文教学过程中根据自身的特点进行思想政治教育;继续进行语文教材改革。1986—1990年,原国家教委相继颁发了《全日制中学语文教学大纲》试行稿和正式大纲,在全国范围内深入开展教育思想、教学内容、教学方法的研究和实验,使语文教学改革得到了广泛、持续、深入的发展。

5. 语文新课程改革

世纪之交,我国进入新的历史时期,新一轮基础教育课程改革启动了,教育部制定了《基础教育课程改革纲要(试行)》,确定了改革的新目标,研制了各门课程的新标准,2001年《全日制义务教育语文课程标准(实验稿)》面世,多套新课程教材出现了。这次的课程改革不仅着眼于课堂教学模式的改革,还从根本上解决对语文学科性质、教学要求的认识问题,语文学科教学内容也进行了较大的调整。与以往不同,它不仅顺应了我国整个基础教育改革的大潮流,也顺应了世界母语改革的总趋势。新课程标准实施以来的变化令人惊喜,新的课程理念融入了教材,也融入了教师的教学实践。

时至今日,课程改革已经历了八轮循环,语文课堂教学面貌产生了明显改观。但是我们也应该看到,对于教材的编制意图,教师们并未完全领会,难以做到灵活高效地使用教材。虽然优化课堂教学已成为大家的共识,但是高耗费、低效率的弊端依然普遍存在。《普通高中语文课程标准(2017年版2020年修订)》也已颁布实施,如何落实课程标准的新理念,如何用好配套的统编版语文教材,大家还比较模糊。教师队伍水平参差不齐,大家普遍缺少积累与反思,没有形成良好的阅读习惯,教研意识非常淡薄。包括中高考在内的课程评价,还没摸索出行之有效的方案,已成为阻碍改革顺利推进的一大瓶颈。

中学语文新课程改革是当前教育领域的一场深刻变革,是一项复杂的系统工程,它事关千家万户的切身利益和青少年一代的健康成长,也牵动着整个教育的改革与发展。从目前情况来看,中学语文课程改革在取得一定进展的同时,也面临着一些暂时的困难和问题——这都是前进的路途中必然要面对和解决的。

以上对国内语文课程的发展历程作了粗浅的观照,意在找到语文教育发展的一般规律,把握语文课程发展的趋势,探讨语文教育新理念、新思路,更重要的是通过比较衡量我国不同时期的语文教育水平,深入领悟新课程标准的精神实质,了解教科书变化与发展的来龙去脉,最终切实指导我们的课堂教学,转变我们的教学方式。

做上学

1. 语文课程的性质问题,长期困扰着语文界。请登录"中国知网",以"语文性质"为关键词查阅相关文献,并联系语文教学实际,谈一谈你对语文定性问题的看法。

2. 统编版初中语文教材已使用7年多时间,请借助网络资源或图书馆过刊室的语文类期刊,查找相关资料,了解统编版初中语文教材的编制理念及使用建议,进而领会课程改革对教材编制的影响。

本章小结

语文课程标准是课程改革的纲领,它超越了传统的教学大纲。课程标准旗帜鲜明地提出了工具性与人文性统一的观点,基本平息了旷日持久的语文性质之争。围绕语文课程的目标问题,它既巩固了知识与能力的传统地位,也指出了过程与方法、情感态度与价值观的重要意义。中央和教育部统一要求使用统编版教材,这对深化课程改革,践行立德树人思想具有重要的战略意义。对于教科书的使用,我们应奉行整体性、整合性与灵活性的原则。语文课程改革是一个历史范畴,不同时代的语文课程改革都带有不同的时代烙印,21世纪语文新课程改革是站在历史巨人肩膀上的一大创举,它对未来民族母语教育的走向必将产生深远的影响。

资源链接:

1.《20世纪中国中小学课程标准·教学大纲汇编(语文卷)》,课程教材研究所编,人民教育出版社2001年版。

2. 中国语文课程网(http://www.chinese.cersp.com),北京大学语文教育研究所承办。

第二章

研究教学对象

> **学习目标**
> ● 了解中学生语文学习的心理特点,明确影响语文学习的因素,了解自主、合作、探究等学习方式的意义、要求。
> ● 掌握自主、合作、探究等学习方式的操作程序和阅读、写作及口语交际的策略。

研究语文的教,首先要研究语文的学。教法要根据学法来,学生怎么学,教师就应怎么教。是先学后教,以学带教,而不是相反。研究教学对象,就要从学生的身心特点出发,了解学生人格发展的特点,倡导学习方式的转变,指导学生掌握阅读、写作、口语交际等方面的学习策略,使学生在掌握人类语言文化知识的基础上,学会学习,学会创造。通过本章的学习,我们可以了解到语文学习的影响因素,明确语文学习方式,以及语文学习的常见策略。

第一节　语文学习的影响因素

中学生处于特定的年龄阶段,其语文学习有不同于小学生的一些心理特点。语文学习的效果是各种因素综合作用的结果,要想取得比较好的语文教学效果,就要先明确这些因素。

一、中学生语文学习的心理特点

中学生年龄大约从 12~13 岁至 18~19 岁,这个时期处于过渡期,即由小学的儿童期,经由初中的少年期,过渡到高中的青年早期,是由不成熟到基本成熟、由不定型到基本定型的重大转折时期。这是学生心理发展显著的时期,反映到语

文学习上,则使中学生语文学习呈现出这样一些心理特点:

在学习认识上,中学生越来明确地认识到,学习是一件有着明确的生活目的乃至社会目的的事情,学习是个人的事情,必须自己作主,自己负责。中学生对语文学科的重要性开始有了较为普遍的认同,初步认识到语文作为一门母语课程,是一门工具性、思想性和综合性很强的学科,学习语文,就是要学习语文知识,获得语文能力,为未来的生活、工作和学习奠定基础。

在学习动力上,多数学生对深厚广博的语文知识有强烈的好奇心,他们逐渐获得了相对稳定的语文学习兴趣,确认了一套较为合乎个人实际的语文学习信念,并且自觉地把它们作为个人语文学习的主要动力。他们逐渐将语文学习与今后对社会的贡献联系起来,将集体主义、爱国主义等高尚情操融于语文学习。这种内省心理都有相对的稳定性,一旦拥有,便将在较长时间内产生作用。

在学习意志力上,初中以后学生意志的独立性和坚持性都将迅速发展,个人自控能力也随之增强。多数学生认同在语文学习上"一分耕耘,一分收获",承认只要真正下功夫,就能取得好的成绩。他们能相对客观地看待语文学习与成绩的关系,多数人心理承受能力和认识能力逐渐成熟,会在考试失利后继续努力,考试成功时不沾沾自喜。

在学习能力上,中学生对学习的自由与个性化有强烈的要求,要求能够自主、独立地进行语文学习和探索,倾向于个性开放式、师生共同讨论式、生动活泼式的课堂模式,渴望突破被限制、被灌输的状态。他们越来越多地要求摆脱教师和家长的约束,自己确立学习领域,支配学习时间,能够根据需要,自动地、有计划地进行学习。在自我约束与评估方面也能够比较准确地判断自己的学习成绩、学习态度、学习能力和学习潜力,并且能够决定自己的努力程度和前进方向。在听说读写方面,他们对于一定阅读材料的理解与评价,对于一定作文题材的选择与偏爱,都越来越明显地带上了自主的色彩。

总之,这时候的中学生,已开始在学习认识上向理智型转变,学习动力上向志向型转变,学习能力上向自主型转变,听说读写活动方面向鉴赏和主体思想情感表达阶段转变。

二、影响语文学习的个体因素

在影响语文学习的诸多因素中,个体因素是最主要的。个体因素是内因,包括智力因素与非智力因素,其中非智力因素是关键因素。

（一）智力因素

心理学上的智力是几种互不相同、相对独立的心理能力的总称，往往表现在专注、记忆、想象、思维等领域。我们平时经常说某某学生很聪明，悟性好，这里的"聪明"和"悟性好"就是指他们的上述能力比一般的学生强。那么这些能力对语文学习到底有着怎样的影响呢？

1. 专注程度

——专注程度直接影响语文学习的效果

我们不难发现，语文素养高的学生上语文课总是很专注，心无旁骛，始终围绕课堂教学内容转，他们身心合一，实现了真实而充分的"在场"。他们享受语文，享受过程，享受一次次的高峰体验。反观语文素养低的学生，虽然表面上坐在教室，但实际上却心不在焉，他们并没有全神贯注于学习活动之中。语文素养低虽显露在学生个体的行为上，但究其实质，这正是他们学习不专心的一种反映。所以，对学生的语文学习来说，专注程度直接影响其学习的效果。

2. 记忆力

——记忆力是影响语文学习效果的重要因素

语文是一门工具学科，是学习其他学科的基础，要求记诵的内容很多。字的音、形、义，不去记忆，怎么会读、会写？经典诗文、名句名段，不去记诵怎能提高文学素养？可见，记忆对于语文学习是何等的重要。记忆的方法很多，人们将其概括为"记忆十诀"：记忆的根本在于背诵；记忆的基础在于理解；记忆的窍门在于重复；记忆的技巧在于设问；记忆的法宝在于争论；记忆的措施在于整理；记忆的助手在于联想；记忆的捷径在于简化；记忆的良方在于摘录；记忆的动力在于应用。

3. 思维能力

——积极的思维是提高语文成绩的重要保证

思维能力是学习语文的核心，我们常说的分析能力、理解能力、比较能力、概括能力、综合能力等都属于思维能力的范畴。语文学习是离不开思维的，如学习小说、散文，就要运用形象思维来想象作品中的人物、情节和景物；在写记叙文时，也要运用形象思维想象经历过的事情，等等。所以说，思维对语文成绩的提高起着至关重要的作用。尤其是在课程改革的背景下，语文教学一改过去的"满堂灌"，要求学生会自主探究地学习，思维更显得重要。

（二）非智力因素

非智力因素是指除智力因素以外的全部心理因素的总称，它主要包括动机、兴趣、习惯、情感、态度、方法等心理成分。非智力因素对语文学习的影响远远大于智力因素，这一点几乎成为大家的共识。从当前中学语文教学实际情形来看，造成普遍存在结果两极分化的诸多因素中，智力只是影响很小的一个因素，更主要的是学习态度、学习方法等非智力因素。

1. 动机

——积极的动机是学习语文的强大动力

学生对语文学习的喜好程度是有差异的，他们学习语文的动机也往往很不相同。有的学生意识到语文是各门功课的基础，学好语文有助于其他学科的学习，也有助于自己将来的生活、工作；有的学生认为语文是"主课"，考试分数占有的比重很大，学好语文对自己将来的中考、高考有利；有的学生学习语文的动机是出于老师和家长的"压迫"……还有的学生甚至没有明显的学习动机。学习动机不同，引起了学习态度上的明显差别。能够认识到语文学科的重要性的学生，往往就能够积极主动地去学习语文。反之，把学习语文当成"被逼"的任务或者不知道为何学习语文的学生，则不会认真学，甚至会厌弃学习。

2. 习惯

——良好的习惯是提高语文成绩的重要保障

习惯是通过条件反射而形成的动力定型，是可以培养和改变的。乌申斯基说，"良好的习惯使人终身受益"，不良习惯则是"无法偿清的债务"。习惯之于学习语文，如影之随形，有"滴水穿石"的力量。据统计，影响语文成绩的各种因素的比重是：学习习惯占33%，兴趣占25%，智力占12%，家庭影响占5%，其他占25%。可见学习习惯是影响语文学习的重要因素，从起始年级开始，教师就应根据具体的教学条件、学生情况、课本、教师所用教学法体系以及所依据的教学理论，有计划地、持续地培养学生良好的学习习惯。

3. 方法

——科学有效的学习方法是提高语文成绩的捷径

我们知道，学习没有动力不行，有了动力还必须善于学习。目前，有些学生知道为什么要学，但不知道怎么去学，学习总是浮于表面，不能深入，达不到融会贯通的程度，这也是导致学习效果低下的原因之一。南京市中小学心理健康教育网曾对近千名学生进行调查，结果显示，只有二分之一左右的学生掌握了一些基本的学习方法。随着课程改革的逐步深入，语文学习的方式方法已经有了很大的变革，死记硬背的时代已经一去不复返了，广大语文教师要重视学法指导，注意培养学生自主学习的习惯与能力，充分调动学生影响语文学习的热情和潜能。

三、影响语文学习的环境因素

除了个体因素之外,环境因素对学生的语文学习同样起着至关重要的作用。环境因素是影响语文学习的外因,包括家庭教育环境、学校教育环境、社会教育环境三个方面。

(一)家庭教育环境

家庭是学生最主要的生活场所,父母是孩子的第一任老师,家庭成员之间的关系、家庭成员的文化素质、个性特点等构成的家庭教育环境对孩子的成长和语文的学习有着重要的影响。我们平时讲的家庭熏陶、耳濡目染,确实能对语文学习产生较强的促进作用。比如出身书香门第的学生,他就可以从每个家庭成员身上习得语言表达的技巧,从而养成敏锐的语感和文感。许多语文功底扎实的人,都深受家庭教育环境的影响。

(二)学校教育环境

学校是学生学习语文的主要阵地。对于多数学生来说,学习语文的时间主要是在学校,因此学校教育环境,包括教师的教学理念、教学管理、教研氛围、教学方法、校园环境、班级风气等,对学生的语文学习都有重要影响。

1. 教师资源

语文教师的敬业精神对学生的影响是隐性的,起着潜移默化的作用。教师主观上也许并不想用自己的人格魅力影响与教育学生,但是教师热爱语文、热爱学生的热情往往也会促使学生改变自己学习语文的态度。"捧着一颗心来,不带半根草去""虚心,宽容,与学生共甘苦,跟民众学习,跟小孩子学习",这样奉献的老师,这样民主的老师,哪一个学生不喜欢呢?他们对学生的影响又岂止停留在课堂上?教师的业务水平是学生学习兴趣、学习情感的指示器。如果语文老师业务水平低下,教学方法陈旧,课堂组织能力差,学生自然不愿意上语文课,更谈不上提高语文成绩了。

2. 校园环境

学校是国家培养人才的地方,只有在良好的校园环境中才可以培育出为国家作贡献的人才。校园环境首先指校园的自然环境,也就是物理层面的环境。无论是校舍建设、办公设施,还是花草树木、长廊小径都构成了校园的自然环境,这些因素都会对学生的语文学习产生隐性的影响。此外,校园文化也是校园环境的一个重要组成部分,浓郁的校园文化气息有助于培养良好的学习态度。校训、校风、校徽、校旗、校园文学社、校园的宣传栏、班级的学习氛围、班级的黑板报、墙报等,对学生的语文学习都起着潜移默化的作用。

3. 班级氛围

班级是学校组织中的基本单位,是师生朝夕相处、共同生活、相互学习、培育心智、沟通情感的场所。班级氛围是师生群体在以教室为活动场域中自然形成的一种相互作用的制约状态,是在班级环境中能够给人某种强烈的精神感受的气氛和情调。班级整体氛围不仅会影响每个成员的情感、态度和价值观,还会影响到语文的学习。营造良好的班级氛围需要牢固树立师生共同建班的意识,采用积极合理的方式,统筹规划,循序渐进,从环境、机制及领导方式三个层面,积极动员学生的力量,发挥集体的智慧,用心去建构和维护。

信息栏 2-1

同辈群体对学习的影响

随着学生年龄的增长,同伴的影响越来越强,在某种程度上甚至超过父母的影响。因为青少年都面临着同样的问题,而且彼此的地位是平等的,因而有更多的共同语言。同时,青少年们渴望从同伴对自己的反应中发现自我、认识自我,进而完善自我。不过,同辈群体对儿童影响的大小,跟儿童与家庭、学校关系的性质紧密相关。

【资料来源】 皮连生主编:《学与教的心理学》,华东师范大学出版社 2009 年版,第 43 页。

(三) 社会教育环境

任何人都是生活在社会中的,方方面面都要受到社会环境的影响,语文学习也不例外。陶行知先生也说过:"到处是生活,即到处是教育;整个的社会是生活的场所,亦即教育之场所。因此,我们又可以说'社会即学校'。"

校园周边环境对语文学习的影响不可忽视。北京海淀区是全国著名的教育、科技、文化区,海淀区名校林立,与周边的环境有着一定的关系。而当前有的学校周边的环境却出现了脏乱差的情况,摊贩、噪音、拆迁等严重影响了学生的学习;遍布大街小巷的错别字也给学生学习语文造成了不良影响。

随着互联网的广泛使用,网络和媒体对语文学习的影响日渐突出。网络流行语、影视作品中搞笑的对白越来越多地出现在学生的口语和作文中,荒诞的游戏情节和人物也充斥着学生的作文,这些对学生语文学习所带来的消极影响,不容低估。

一个学生的学习效果正是上述智力因素和非智力因素综合作用的结果。学习受到挫折,一定是某些因素出了问题,应当认真检查和分析原因,有针对性地采取措施。千万不要把原因简单地归结为不用功或用功不够,然后又进一步"加班加点"。结果由于没有对症下药,不仅学习状况没有得到改善,反而搞垮了身体。如果学生自己实在找不到影响学习的主要因素,不妨主动联系老师、家长和同学,请他们帮助分析,"当局者迷,旁观者清",这方面老师具有丰富的经验。

第二节　语文学习方式

学习方式是学习者在研究解决其学习任务时表现出来的具有个人特色的方式,是学习者持续一贯表现出来的学习策略和学习倾向的总和。我们应着力改变过于依赖接受学习的现状,倡导自主学习、合作学习、探究学习,培养创新型人才。

一、自主学习

(一) 自主学习及其意义

自主学习又称自我调节学习,是学习者在总体教学目标的宏观调控下,在教师的指导下,根据自身条件和需要自由地选择学习目标、学习内容、学习方法,通过独立的分析、实践、质疑等自我调控学习活动,完成具体学习目标的学习模式。

自主学习包括三个方面的含义:第一,自主学习是由学习者的态度、能力和学习策略等因素综合而成的一种主导学习的内在机制,也就是学习者如何指导和控制自己的学习能力。第二,自主学习是指学习者对自己的学习目标、学习内容、学习方法以及使用学习材料的控制权,即指学习者在以上这些方面的自由选择程度。第三,自主学习是一种学习模式,即学习者在总体教学目标的宏观调控下,在教师的指导下,根据自身的条件和需要制定并完成具体学习目标的模式。

自主学习是一种现代化的学习方式,它以学生为主体,体现了学习者的主体性和能动性,强调培育学生强烈的学习动机和浓厚的学习兴趣,进行能动地学习,即主动地、自觉自愿地学习,而不是被动地或不情愿地学习。

自主学习的意义包括:

1. 适应社会发展的需要

新世纪,科学技术飞速发展,职业转换、知识更新频率加快,一个人仅仅依靠在学校学的知识已远远不能满足社会需要,每个人都必须终身学习。终身学习能力成为一个人必须具备的基本素质。而终身学习一般不在学校里进行,也没有教师陪伴在身边,全靠一个人的自主学习能力。可见,自主学习能力已成为创新人才必备的、21世纪人类生存发展的基本能力,培养学生的学习能力是学习的本质。

2. 符合课程改革的目标

《基础教育课程改革纲要》在谈及新一轮课程改革的具体目标时,首要的一条是:"改变课程过于注重知识传授的倾向,强调形成积极主动的学习态度,使获得基础知识与基本技能的过程,同时成为学会学习和形成正确价值观的过程","改变课程实施过于强调接受,死记硬背,机械训练的现状,倡导学生主动参与,乐于探究,勤于动手,培养学生搜集、处理信息的能力,获取新知识的能力,分析解决问题的能力,以及交流与合作的能力"。统编版初中语文新教材中还特意将自读课文的旁批与精读课文的旁批相区别,通过自读课文中的批注与阅读提示充分锻炼学生自主阅读的能力。可见,改变学习方式,倡导自主学习,培育学生学会学习已经成为课程改革的首要目标,是这场改革的亮点。

3. 促进学习能力的提升

自主学习并非独行其是,而是指学生不盲从老师,真正意识到自己才是学习的管理者。在课前做好预习,课堂上热情参与,课后及时查漏补缺,充分发挥主动性、积极性,变"老师要我学"为"我要学",摆脱对老师的依赖感。与此同时,老师在课堂上既要"管住嘴",又要想方设法促使学生主动"迈开腿",充分发挥学生的主体性,通过自读训练、自主阅读培养学生的自学能力,促进学生对所学内容进行深度思考,提升自我的学习能力,使课文真正服务于语文教育与教学。

(二)自主学习的程序

案例 2-1

《一棵小桃树》教学片段[①]

一、结合旁批自读课文

师:这节课我们学习著名作家贾平凹的散文《一棵小桃树》。在七年级下册的语文教材里,它是一篇自读课文。看出来了吗?编者给我们的阅读提供了什么?

生(轻声说):批注。

师:对,这是要求大家利用这些旁批学会自己阅读课文。点点看,这篇文章有几个批注?

---

① 肖培东:《语文:深深浅浅之间》,长江文艺出版社,2020,第77-89页。

生(齐):五个。

师:再看看,五个批注提了几个问题?

生(看课文):三个。

师:对,分别是第三、第四、第五个批注。也就是说,后三个批注都是以提问的形式出现的。接下来,同学们结合五个旁批默读课文,思考这三个问题。

(学生自读课文,读完的学生举手表示,教师耐心等待所有的学生读完课文)

师:好,都读完了。现在不待老师提问,你自己能够解决哪个问题就举手。这三个问题啊,你能解决哪个问题,把问题读出来。

……

二、借助旁批2重点研读"没出息的小桃树"

师:好了,同学们,再来看看。这五个旁批里面,哪个旁批在引导我们读这篇散文,告诉我们读这篇文章的方法?第几个旁批?来,你来说。

生6:我认为是第二个旁批。

师:你读读。

生6(读旁批2):课文中一些描写反复出现,比如多次描写小桃树"没出息"。散文中这类描述,往往寄托着深意,要仔细体会。

师:嗯,这就是编者提供给我们的读这篇文章的方法。"反复出现","仔细体会"。好,这个旁批对应的是文章的第几段?(生说"第4段")第4自然段,接下来,自读第4自然段,开始。可以发出点轻声。

(学生轻声自读第4段)

……

三、为何要写这棵小桃树

师:文章还有好多处都在描写这棵小桃树的可怜,小桃树的没出息,桃树所谓的委屈。那我们想想看,作者为什么要着力写这棵小桃树?这么多次地出现这棵"没出息"的小桃树,目的究竟何在呢?(学生思考)

师:你来说说看。(叫起一个在思考又犹豫着不敢举手的同学)

生38:作者想到自己的生活,自己的命运十分的不顺,借这棵小桃树来描写出自己的命运不顺。

师:请坐。你对她的话怎么评价呢?

生39:我认为应该是作者在后面也描写了小桃树,在风雨里面,寄托了他对小桃树的这种感情,他自己也从小桃树身上领悟到面对困难不能屈服。

师:同学们,原来写小桃树,是为了写——

生(齐):作者自己。(教师板书:树——我)

师：对！写树是为了写人！树的命运就是作者的命运。他们都经历了风雨，经历了坎坷。那么，这种手法在这个单元里叫作什么呢？（生答"托物言志"）这是我们这个单元阅读最重要的学习点。

……

四、借助旁批1，一字一桃树

师：一起读第一个旁批。

生（齐读旁批1）：寻常的情境，不寻常的情感。

师：这篇散文写这一棵很寻常的小桃树，表达的却是很不寻常的、很深沉、很复杂的情感，这就是散文的魅力。所以，通过眼前的寻常景物来抒发自己内心不寻常的情感，这篇文章就做到了。我们一起来读文章的第一句。先请一位同学读读吧。

生44（读）：我常常想要给我的小桃树写点文章，但却终没有写就一个字来。

生（齐读）：我常常想要给我的小桃树写点文章，但却终没有写就一个字来。

师：贾平凹先生常常想写一篇文章给他的小桃树，可是终究没有写就"一个字来"。那如果贾平凹先生只能写一个字儿，来代表自己内心对小桃树的情感，你觉得他会写哪个字儿？你可以利用课文中的字，也可以是自己想出来的。（学生思考）

……

1. 构建目标，明确方向

学生根据学习内容，在以往学习经验的基础上和兴趣爱好的驱使下，把握各自的特点，确定自己的学习目标，建立学习活动的目标指向。目标一般由学生个人或与教师、同伴协商确立，不要求全班目标统一，强调学生在原有基础上的发展。由于学生在目标选择上有很大的自主性，所以目标选择过程本身也成为一个激发学生学习的动力环节。

如案例2-1所示，《一棵小桃树》是统编版新教材中的一篇自读课文，课文中的旁批是提示和引导学生自主阅读、理解课文的重要学习资源。基于此，教师直接抓住五处旁批架构起整个课堂，充分利用旁批设计教学活动，在学生的自问自答间，教师不仅把握了学生课前自读的学情，还为接下来教学重难点的确定提供了依据，可谓一举两得。

2. 互动探究，自主解疑

"自主学习"重在学生的"自主"，教师应引导学生通过合作互动、探求分析、争论互辩等方式去解决问题，而自己当好引导员、协助员角色，做到充分发挥学生的主体性和教师的主导性。在这一过程中，教师应积极引导学生自主求解，鼓励学生各抒己见,互相启发,自悟自得,进行创造性地解疑。学生不是按照老师设计的教学程序在学习课文,而是依靠自我的阅读能力来品析课文,形成一种完全自觉的、能动的、不受约束的学习,有效激发学生的学习热情,促进其学习能力的不断提升。

3. 敏锐抓点,迁移运用

教师对教学重点的把握对促进学生开展自主学习起着重要作用。对待一篇课文的教学,教师需考量学情、体裁、内容等多方面因素,敏锐抓点,带领学生反复体悟文本深意,并适时给予有效的学习方法的指导,促进学生语文核心素养的发展与提升。

仍如案例2-1所示,教师在教学的第二环节中利用批注,引导学生关注读散文的阅读方法,实现了"用教材教"而非简单的"教教材",带领学生真正潜入文本,反复含咏,在最浅显的字词中品味出最深的意蕴,是在体验作者的情感的同时,让学生习得并运用好散文阅读的普遍方法。

4. 自我评价,自主调整

新课改背景下,语文教学提倡"教—学—评"一体化,教学评价是课堂教学中十分重要的一环。每当一节课的教学活动快要完成时,教师需注意回顾:这堂课的教学目标完成了吗?还有哪些疑问没有解决?在学生完成知识的归纳提炼后,教师还可指导学生重新审视课后检测练习题,要求学生对自己的学习进行评价、反思和调整。这一过程是学生元认知能力培养的过程,这样的信息反馈,能及时、准确地矫正学生学习中的偏差,也有利于提高学生学习的积极性和主动性。

信息栏2-2

自主学习的操作程序

自主学习这种先学后讲的教学也可以有一个具体的操作程序。从我国近年来出现的几种以发展学生的自主学习能力为目标的教学法中,可以看到这一点。把卢仲衡、魏书生、邱学华、黎世法等提出的教学法的教学步骤整合起来,实际上就是:呈现学习目标,学生自学,自学检查,集体讨论,教师讲解,练习巩固,课堂小结。我们认为,按照这一基本教学程序授课与传统的讲授式教学相比可以更好地促进学生自主学习。

【资料来源】 庞维国著:《论学生的自主学习》,《华东师范大学学报(教育科学版)》,2001年第2期。

二、合作学习

随着新一轮课程改革的推进,合作学习凸现出越来越重要的地位和作用。

(一) 合作学习及其意义

合作学习又称小组学习,是以全面提高学生的学业成绩和改善班级内的社会心理气氛,形成学生良好的心理品质和社会技能为根本目标,以小组为运行载体,以全员激励为操作手段,以小组团体成绩评价为导向,激发竞争活力的现代班集体运用模式。它是学生在教师组织下,以共同目标为学习追求,以学习小组为基本单位,在以班级授课制为主的教学形式下,采用小组合作学习的方式,以探讨交流为基本学习方法,具有明确个人责任的互助学习活动。

合作学习最大的优点在于创设一个轻松、民主、愉快的学习氛围,增强学生主动接受知识的意识,使学生学得主动、学得轻松;改变过去教师"一言堂"的教学模式,弥补了一个教师难以面对有差异的学生的不足,利于教师因材施教。另外,合作学习通过生与生、生与师的合作,通过多项互动的交流,让每一个学生都有自我表现的机会。它以追求学生人人进步为最终目标,关注每个学生,充分尊重学生个性的全面发展。它拉近学生间的距离,营造特殊的合作、互助的氛围,培养彼此间的协作精神,促使学生之间互相启迪,互相帮助,分享学习资料,解决学习中的各种问题,共同完成学习任务。由于小组中的每个成员都积极地参与到学习活动中来,大家在互相学习中能够不断地学习别人的优点,反省自己的缺点,有助于进一步扬长避短,发挥各自的潜能,增强团队精神与责任感,提升学习效率。

(二) 合作学习的程序

案例 2-2

《老王》教学片段[①]

师:好,同学们,咱们要上课了。大家会感觉到这样的一个坐的样式比较新鲜。咱们这节课采用小组讨论交流的方式学习一篇课文。下边我先做一些准备工作,现在一共是几个小组呢?一组,二组,三组,四组,五组,六组,七组,八组,九组,十组,好,同学们记住了,我刚才给大家排了一下序号,你看,一组,二组,三组,四组,五组,六组,七组,八组,九组,十组(用手指明)。记住自己是哪个组了吧?

生:记住了。

[①] 魏本亚、尹逊才:《十位名师教〈老王〉》,上海教育出版社,2014,第 203-207 页。

师：记住了。好,现在每个组的同学抓紧时间选一位组长,你们自己选。

(生各自选组长)

师：好,一组的组长举手。一组的组长举手,是谁啊,你们选的谁啊?

(生举手)

师：噢,是你。好,请放下。二组的组长举手(生举手),好,请放下。三组的组长举手(生举手),好,请放下。四组组长,四组的组长(生举手),噢,好。五组?五组组长?(生举手)噢,好。六组?(生举手),好的。七组?七组的组长?(生举手)噢,好,是你。八组?(生举手)好,放下。九组?(生举手)好。十组?(生举手)哎,好。咱们同学比较多。嗯,热闹啊。同学不要坐得这么板正,不要这个样子,坐得随意一点。把手放那么板正干什么。往前趴一趴,往后仰一仰,往左右晃动晃动都不要紧,不要那么板正。好的。下边我再说一下,同学们,组长的任务是要组织本组的同学好好地交流讨论。如果这个组有同学不交流讨论,是局外人,那就是组长有责任,组长得抓紧提醒他：你得要讨论了。每个同学都要发言,没有局外人,没有旁观者。咱们今天上课,同学们说,这节课上得成功还是不成功,关键是看什么呢?好,这位同学你来说一说。

生：就是大家好好讨论,然后积极发言。

师：哎,很好,你说得很好。我们这节课上得好还是不好,关键是看同学们的表现怎么样,不是看我。同学们表现好了,我们这节课就成功了,记住了吗?

生：记住了。

……

师：认为有问题的举手。

(生举手)

师：那么多同学举手了啊。好的,请放下,嗯,行了,我知道你们的情况了,下边我就得换一种方式上课了。组长抓紧时间组织本组同学进行交流讨论,看看存在哪些问题,每一个组都要提出问题来,不提出问题来,那我就要找你组长了。开始。

(生讨论)

师：组长要注意记录,你们这个组一共提出了几个问题。

(生讨论)

师：你们是哪个年级啊?

生：初一年级。

师：你几岁啦?

生：12岁。

师：你们有几个问题啊？

生：两个。

师：写下来了吗？

生：正在写。

师(转向全班)：好，组长开始写问题了。

师：你们几个问题啊？

生：目前就这么多。

师：几个？六个啦？

师(转向另一组)：几个问题啊？写了吗？

生：写了。

师：哎，怎么样啦，同学们？可以了吗？好了，一组先来讲吧？大家注意听。

生：我们组的问题是：为什么第二节的第一句加那么多引号？

师：第二节的第一句为什么加这么多引号？先说你们有几个问题？

生：四个。

师：噢，四个问题。你先说完。这是第一个问题。

生：第二个问题是蹬三轮的人为什么都组织起来。

生：第三个是为什么每想起老王作者都觉得心上不安。

生：第四个问题是最后一节的最后一句如何理解。

师：你说一说是哪一句？

生：最后一节的最后一句。

师：嗯，你读。

生："那是一个幸运的人对一个不幸者的愧作。"

师：这句话是什么意思，不理解？

生：嗯。

师：噢，好的。同学们，听清楚了吗？她提了四个问题，是吧？这些问题谁来解决啊？

生：我们。

师：哎，对了，你们自己来解决。刚才她提的这四个问题，后边这些组和他们有相同的举手。好，请放下。咱们就先解决一组同学的问题。好了，组长抓紧时间组织本组同学解决这四个问题，看哪个组解决得最好。

(生讨论)

师转向一组：你们觉得她这四个问题难吗？不难是吧？

师(转向另一组)：这个问题难吗？不难，你们组都能解决，是吧？不是？

生：有些还是不怎么理解。

师：这四个问题是不是有的可以替她解答？

师（转向另一组）：你们觉得她这四个问题是不是都很难呢？

生：正在讨论其中的一个。

师：噢，有的很容易是吧？有的还要考虑考虑，嗯，抓紧时间讨论。

师（转向另一组）：这四个问题你们觉得难吗？

生：最后一个问题有点难。

师：噢，最后一个有点儿难。那其他三个问题呢？

生：还可以。

师：噢，好的。

师（转向另一组）：你们觉得这四个问题难吗？

生：还行。

师：那你们一会儿可以抢答，好不好？

生：好。

师（一组学生提问）：噢，你们可以来解答啊，你们要是不会的话，你们也可以继续。

……

1. 成立合作小组

小组合作是开展合作学习的主要形式之一。在进行合作学习前，教师首先需对教学的整体目标予以明确，帮助学生了解小组合作的学习目的，让小组成员间有一个共同努力的方向，搭建起组间的竞争平台，从而营造出一种学习上你追我赶的氛围，为课堂教学的有效施行奠定基础。

在合作学习的分组上，教师可以在对学生进行了解分析的基础上，根据学生性别、学习能力等，将学生分为4~6人一组，让智力水平、认知能力不同的小组成员在合作活动中相互激发，彼此受益，各展其长。同时，由于小组成员中，各人的特长、爱好、性格、对知识和技能的掌握程度等方面都存在差异，所以在完成一个共同目标时，还可以根据需要对小组成员进行角色分工，以4人一个学习小组（适当采取自由组合）为例：每组分为主持者——主持合作工作的进行，检查组员完成任务的情况；总结者——负责整理合作学习结果；提问者——组际交流时，对其他小组的结论提出异议；发言者——负责组内交流时确保每一个学生尽责完成任务。

结合案例2-2来看，教师在教学一开始便明确了本节课的学习方式，即小组讨论交流，并让每个小组推选出一名小组长，负责组织本组同学积极参与到课堂讨论中。在随后正式的教学过程中,教师教学的重心应放在解决每个小组所提出的问题上。

2. 组内交流讨论

小组成员围绕学习目标,对课文重难点、关键问题进行反思讨论,在教师点拨下深入理解课文内容,踊跃讨论,发挥潜能,愉快地、创造性地学习,获得群体效能。交流讨论应有一定的秩序,当一名学生提出一个论点后,接下来发言的学生要先围绕这一点来讨论,讨论透彻之后再涉及其他内容。

小组内讨论时,教师可参与其中,把握方向,及时点拨,把握教材重、难点,扎准文章语言文字训练的穴位,创设语言训练情境以及训练的方式方法,引导学生品味、争辩、揣摩,从而深刻理解文章的文化底蕴。作为参与者,教师可与同学争论,也可以谈自己的观点,但不要强求学生的意见与教师一致。要注意发现和激励学生的创新思维,鼓励学生养成大胆质疑和敢于批判的精神。

3. 组际交流反馈

组际交流可分两个层面进行:一是研究相同主题的学习小组之间,由联络员组成"信息中转站"。联络员把各小组的学习结果带到信息中转站交流,做好记录,再回到原组报告。小组汇总意见后进行修正,再由汇报员向全班汇报小组学习情况。二是研究不同主题的学习小组之间,在听其他小组汇报时,可以质疑,可以求教,也可以与不同主题的小组自由交流,在交流的过程中完成所有主题的学习任务。

某个小组向全体同学汇报学习结果,教师和其他各组同学进行分析,作出判断,大家共同切磋,分享讨论研究的成果,纠正错误,优化思想品质,提高学习能力。这一过程,教师注意不要轻易地对学生的学习结果进行评价,应引导学生畅所欲言,积极发表自己的见解,以免合作学习流于形式。如案例2-2中,当某个小组提出他们的疑问后,教师并未先对其问题进行评判,而是注重引导其他小组的同学进行思考,询问其他小组同学是否能解答该小组的疑问,促进组际交流讨论的形成,有效体现出合作学习的优势所在。

4. 学习效果评价

从合作技巧、合作效果、进步程度等方面对合作小组和个人进行评分评奖,并做好记录,填写在各小组的学习卡里,也可以用喜讯的形式在班上公布,激励学生再接再厉。评价可分层次进行:(1)学生的自我评价。个人有什么收获、经验或教训,可以在小组或班上进行自我评价;(2)小组成员的相互评价。个人从组员相互的评价中发现自己的长处或不足,用以调整自己的学习策略;(3)小组与小组之间的相互评价,促进组内的合作与组际的合理竞争;(4)教师对小组或个人的评价。一般以小组评价为主,个体评价为辅;评分可以分为"达标分"和"进步分"两种,重在发展性的评价导向,鼓励人人达标,组组夺标成功。

三、探究学习

(一) 探究学习及其意义

探究学习是指学生在老师的引导下,按照一定的任务或目标,采用一定的学习策略,阅读文章,观察生活,妥善表达,独立提取知识,总结规律,逐渐培养起良好的学习习惯和创新能力,是以探究为基本特征的一种教学活动形式。它包含探讨和研究两个层面。探讨即探求学问,探索真理;研究即研究问题,追根求源,寻求多种解决问题的途径和方法。探究学习较少关注学生学习知识的技能和方法,而是更加强调学生对所学知识的选择、解释和运用,从而有所发现,有所创造。

探究学习,是素质教育的重要组成部分,也是对学习方式的一次全新革命。它不仅打破了传统教育对学习方式的严重束缚,也遵循了现代教育以人为本的教育理念。探究学习旨在关注学生思考问题的深度和广度,使学生增强探究意识和兴趣,学习探究的方法,使语文学习的过程成为主动探索未知领域的过程。它能启迪心智,挖掘潜质,培养创新精神,增强思维能力,是一种非常有效的学习方式。

(二) 探究学习的程序

案例 2-3

"为什么军事基地要关闭了"课堂实录(节选)[①]

语文课上,哈恩先生引领学生就"为什么军事基地要关闭了"这个主题进行探究学习:

师:看完了宣传手册,你们有什么想法?

生:这个宣传手册确实有问题。

师:你认为它存在哪些问题?

生:开头部分内容枯燥,只是一些乏味的陈述。我想没人能想读下去。

师:怎样做才能使它让人想读下去?

生:首先,我们不能把这些毫无意义的材料放在首页。没有人愿意读这样开头的东西。我们会用军事基地里面一个家庭的相片去吸引人们的注意。你知道,照片上的父亲穿着制服,一身戎装,还有一大堆孩子。然后我们在相片的上方打印上"失业",在底部打印上"不要让它发生"。

师:你是要强调基地的关闭涉及每一个人,这是你想让大家了解的第一件事

[①] 郑玉财:《一个美国语文探究学习案例》,《语文建设》2007年第2期。

情吗?

生:是的。然后我们可以选用一部分他们放在前面的材料,来说明关闭基地会导致那些在快餐店和基地商店里工作的人们失业。

生:是的,这本宣传手册一直在重复说同样的事。我们组把它综合概括了一下,它看起来似乎没什么可读的。

师:你想要用简练的话来表达这个意思?

生:是的,还有,我们认为它可以说得更明确些,应该运用大家都明白的词语。

师:那么,你是说它应该针对更广泛的读者吗?

生:是的,对,用简练的语言,大家都能明白。

生:更像广告。有的放矢,直截了当。因为你是想引起人们的注意而不是要把人们折磨死。

师:你是要劝说读者,但是,在你要讲述的事和广告之间有没有什么差别?

生:嗯,目的是一样的。我们想要"卖"给读者一些东西,让他们给国会议员、总统和任何一个能够对将要发生的事做决定的人写信。

生:但是在电视或其他媒体上,他们有时说谎,或者他们没有真正告诉你所有的事情,就像当你还是个小孩子时,在卡通动画里看到特别好的东西,你想要去买它,而实际上它却并不像看起来那么好。

师:那么差别是?

生:我们想给大家呈现出事实,让他们知道发生了什么,并帮助他们做些事情。

探究学习一般由四个阶段组成:

1. 文本导入阶段,即入疑阶段

这一环节指教师结合课堂阅读内容与本班学生学情,通过灵活的方法创设与待探究内容存在内在逻辑联系的事实矛盾或问题,把学生的思维带到有意注意状态,唤起学生对探究对象的关注。比如案例2-3,教师开始便提出两个问题,以此引导学生明确正面论证和反面论证的思维过程。

语文课程的探索内容非常丰富,它是语言文字和人文内涵的结合,是开放而有创新活力的,而探究的过程需要情感的投入和发展。学生只有在宽松活跃、自由愉快的氛围中才能积极思考,深入探究。教师可利用语言文字,创设虚拟情境;利用现代媒体,创设现实情境;巧设问题,创设质疑情境。

2. 问题实施阶段,即探究阶段

这一环节指启发学生对阅读对象所呈现的繁杂的信息进行获取、分类、对比、筛选、整合,进行探讨和研究,透过表象找出信息之间的内在联系,使疑难的问题逐渐明了。这一过程,是师生双方相互交流的过程,教师起协助作用,给予必要的指导,对思维偏差及时点拨引导,对较肤浅的思维获得适当辨疑问难,帮助学生循着正确的思路达到探究的目的。

3. 反馈顿悟阶段,即出疑阶段

这一环节指学生在已获得感性知识和表象的基础上不断对信息进行加工提炼,析疑辨疑,完成从具体到抽象,从个别到一般,由肤浅到深刻的探索过程,从探究中发现和抽象出事物的本质,从而获得新的发现,探微显旨,使学生释疑而出。

4. 拓展延伸阶段,即迁移阶段

在这一环节,针对学生对问题的探究业已完成,教师应作出充分的肯定评价,同时,利用学生的成就感,激发学生兴趣,带领学生从更高的层面上来回视问题,鼓励学生以问题为基点,进行语言和思维的拓展训练,让学生积极表现,力图有所创造。教师设置的新疑完全是开放的,让学生有开掘、拓展、表现的空间。比如案例2-3的最后部分,教师提示学生总结课文的论证方法,并指出正反对比论证是论证的一种策略,在以后的议论文写作中,可以尝试运用这种方法。

案例2-3是美国语文探究学习的一则案例,老师把一个从外地邮来的小册子复印了几份发给学生,供小组讨论。他让学生先阅读这个小册子,然后分析它在说服人们支持基地开放的过程中的有效性。学生用两个疑问来评价这份材料:这份材料能帮助人们在这个问题上做决定吗?如果不能,缺少什么信息?而后教师引导学生探索活动。本次探究学习对问题的探究旨在引导学生关注自己生命意识的丰富与流动,通过体验丰富多样的情境积累,运用具有个性的自我经验,通过优化物我关系实现人与自然的深度融合,在各种各样的交往活动中扮演不同的角色,进行人际沟通和社会交往,发展和谐的人我关系。

该案例提示我们,在实施探究学习时,要激发学生探究的欲望,给予学生探究问题的空间和充分的自主学习时间,以及给予多维互动的交流空间。

在具体的语文教学实践中,自主学习、合作学习与探究学习这三种学习方式并不相互排斥,我们可以组合使用,灵活掌握。事实上,案例2-1既包含自主学习,也包含合作交流。案例2-3既有探究学习,也有自主学习的成分。

第三节　语文学习策略

学习策略是指学习者在学习活动中进行有效学习的规则、方法、技巧及调控方式。它既可以是内隐的规则系统,也可以是外显的操作程序与步骤。语文学科到底涵盖哪些学习策略呢？概而言之，可以包括阅读的策略、写作的策略和口语交际的策略。

一、阅读的策略

> **信息栏 2-3**
>
> ### 阅读策略教学
>
> 策略教学成了近几年来国际教育研究的热门领域之一，是课程改革的又一个突破口。而阅读策略教学则是阅读教学研究中的重要课题，逐渐取代技能训练而成为阅读教学改革的新方向。因为，阅读策略教学比阅读技能训练具有更大的优越性。策略教学观认为阅读能力是整体性的，阅读是读者用原有知识和灵活的策略去建构文章的意义模式。
>
> 【资料来源】 倪文锦、欧阳汝颖著：《语文教育展望》，华东师范大学出版社 2002 年版，第 296 页。

阅读是阅读者从书面语言中获取信息，进行加工，获得知识意义的活动过程。人类知识的传递多数是通过阅读理解活动来实现的。因而，阅读理解是学生学习知识、发展智力的基础和前提，同时也是人类信息传递的主要途径。没有阅读理解，就不可能有对知识理论的掌握和应用。

常见的阅读方式包括精读、速读、朗读和默读等。而阅读的策略则是指从书面语言中获得意义信息的一种心理过程。在具体阅读过程中，需要综合运用注意策略、知觉策略、记忆策略、概念学习策略、规则学习策略等多种策略。这里简单介绍几种阅读策略。

（一）要点提炼策略

阅读中对文章重要内容的提炼可以通过画线、标记着重号、写提要、做笔记等具体方法进行，该训练可有效地提高学生的阅读能力。比如在课堂教学中，要求学生在自读的过程中养成勾画生字词、中心句、过渡句、抒情议论句的习惯，这样就很容易掌握文章的结构和主题。

（二）图示策略

尽管不同的文章有不同的结构，但只要细心分析，就会发现，千差万别的文章在结构上其实是有规律可循的。抓住文章结构的规律，掌握常见结构，可以大大提高阅读的准确性和速度。如记叙文可用直观的图示显示故事的人物、时间、地点、事件等记叙要素,这种策略如能教给理解接受能力较弱的学生,他们的记叙文理解水平将会有很大的提高。而图示策略的教学训练,则能够帮助学生吸收课文内容,调节注意力于重要信息上,有条不紊地搜索记忆,对信息作概括,通过推论重新组织信息,等等。

(三) SQ3R 阅读法

这是国外流行的一种阅读策略。所谓 SQ3R,指的是浏览、设问、细读、复述和回顾这五个英语单词的缩写,它包括这样几个步骤:①浏览全文,把握大意。②就阅读材料的关键部分提出问题。③带着问题阅读课文。④试着用自己的话来回答每一个问题。⑤尝试回忆已阅读过的有联系的材料。

比如,教学鲁迅的散文诗《雪》,首先介绍写作的相关背景,再让学生阅读全文,概括文章的主要内容。明确文章以"雪"为题,主要写了江南的雪和北方的雪之后,提出问题:为什么写了两种雪,各有什么特点,各有什么深刻意义?为什么文章开头要写雨?再让学生带着这两个问题阅读文章并回答问题。最后可以学习其他诗文以示拓展:如与课文取材类似,张岱的《湖心亭看雪》用什么手法写雪?表达什么内涵?然后,指导学生用课文中学到的理解散文诗的象征意义的方法,自行阅读鲁迅的另外一篇散文诗,巩固所学内容。此外,精读中的找关键词、抓中心句策略及速读中的意群扫描、浏览、跳读等策略也都有助于提高阅读成效。

总之,阅读是语文学习的基础,阅读的内容千差万别,阅读的个体千差万别,阅读的方法更为多样,因此如何更有效地提高阅读水平、增强阅读能力,仍是学习策略研究的一个重要课题。

二、写作的策略

语文教学的目的除了教会学生如何读好书以外,更重要的一面在于培养提高学生的表达能力,即写作能力。但作文也是让不少学生对语文学习望而生畏的部分。其实,说到底,写作就是学生运用语言文字来反映现实生活、表达思想感情的过程。学生的作文过程,大致可分为"审题立意—选材剪裁—谋篇布局—写作修改"几个步骤。围绕这几个步骤,语文界进行了大量的深入的研究:如何审题、怎样开头、中间如何展开、结局怎样点题等等,研究成果也是蔚为壮观。应该说这些研究是十分必要的,但如果仅注重这些方法技巧的运用,那学生写出来的作文,难免会有灰色生硬的拼凑痕迹,很难培养学生真正的写作能力。

写作策略与具体的方法研究不同,它既要学生会运用具体的写作方法,更要学生认真考虑如何选择这些方法,并能在运用中实现自我监控和调节。而要学生达到这一点,写作策略的指导必须跟学生的写作内容紧密结合在一起进行训练。因为,"策略的应用离不开被加工信息的本身",离开具体内容的单独的策略教学是无效的。也就是说,写作中需要把"写什么"和"怎样写"放到同一高度来考虑。

(一) 平时写作的策略

在平时的写作教学中,"专题作文"的写作策略越来越受到重视。所谓"专题作文",就是让学生针对某一个问题把研究与解决实际问题结合在一起进行作文。大致可以这样展开:

1. 确定专题,明确任务

语文的外延与生活的外延相等,专题内容应当与社会生活,尤其与学生生活密切结合。只要放开视野,拓宽思路,这样的专题俯拾皆是。例如课业负担问题,这是学生最为熟悉的问题。如果围绕"课业负担对学生健康成长有何影响"、"造成的原因是什么"、"怎样解决"这些问题,让学生调查、讨论、反思,那么,他们在作文时,自然而然地会用到记叙、描写、议论、抒情等各种方法,写出精彩生动的文章,更会有让人耳目一新的独到见解。

2. 围绕专题,搜集材料

这最符合现行初中语文教材。这套教材每一单元的综合性学习都是不同的专题,在围绕专题、搜集材料的过程中,学生不仅可以学会如何围绕中心选材剪裁的写作策略,还可以达到"学会学习"的目的。

3. 组织讨论,完成作文

前两步,解决了"写什么"的问题,这里进入"怎么写"的过程。所谓"怎么写",就是谋篇布局、遣词造句,把收集到的资料选择整理,把要表达的事实和思想用语言文字表达出来。把"写什么"和"怎样写"紧密结合在一起,能有效地促进学生写作策略的形成。

比如,在高中语文统编教材必修上册第一单元学习任务中,要求结合本单元诗作和能够引发自己思考的其他作品,发挥想象写一首诗,抒写你的青春岁月,给未来留下宝贵的记忆。注意借鉴本单元诗歌在意象选择、语言锤炼等方面的手法,使诗作多一些诗味。并要求最后汇总所有同学的诗作,全班合作编辑一本诗集作为青春的纪念。显然,教材在学习策略和方法的指引上下了功夫,循此路径,学生完成诗歌写作自然就得心应手了。

(二) 考场写作的策略

在考场写作指导中,教会学生运用快速审题策略也是迫切需要的。审题、拟题、选材、用词等是影响写作质量的四个关键环节,其中审题是关键中的关键,能不能快速、准确地审题直接关系着作文的成败。在此简要介绍几种快速审题策略。

1. 掌握重心策略

一般作文题目都有一个表意重心,在偏正结构的题型中,其表意重心往往是"偏"部分的关键词语。如中考作文题《语文从我身边轻轻走过》这个题目,其表意重心就在"语文"和"轻轻"两个词上,"语文"不再仅仅指学科,它该有更多内涵;"轻轻"则指潜移默化地影响和改变。由此可见,掌握重心策略就是抓住题目的表意关键词或本质特点的方法。

2. 反向思维策略

有些作文题目,只从字面上看往往感到太过普通没有新意,但如果换个角度,从题目字面意义的对立面去思考,就能找到写作的突破口。如写《一件小事》就应考虑从这件"小"事的重要意义上下功夫。

3. 虚实交替策略

此策略即平时所说的"大题小做法、小题大做法"。有些题目看起来很小很窄,如中考作文题《门其实开着》,这个题目不是就事论事,而应从这些小题的"大意"处审题,在"门"上下功夫,把"实"写"虚"。另有一些题目则与此相反,它们表面看起来又大又虚,很难审清题旨,这时就应当变"大"为"小",转"虚"为"实"。如"论诚信"这个话题,就可以实写某个典型人物的事迹,所以就有了那一篇影响极大的考场作文《赤兔之死》。

4. 完成方程策略

所谓完成方程策略就是根据方程配平原理来审题的方法。具体讲,如果题目本身是一个喻体或象征体,写作时就给它配上本体或象征意义。如《永不贬值的财富》这一题目,在审题时,不妨从喻体和本体的角度去考虑,财富指代的可以是时间、知识、健康、信誉、亲情、成功甚至是失败,如此一来,文章可写的自然就多了。

三、口语交际的策略

口语交际主要是培养学生倾听、表达和应对的能力,使学生具有文明和谐地进行人际交流的素养,这是现代公民的必备能力。新课程理念下口语交际课程目标的实现要采用"课内强化训练和课外实践拓展训练"相结合的方法。

根据实施的场合,口语交际策略分课内与课外两种形式,鉴于第十章会重点介绍课外口语交际的策略,本章将着重介绍课内口语交际的策略。

1. 在口语交际课上进行口语交际训练

要让学生获得较强的口语交际能力,就必须在语文课内安排一定课时的口语交际课,由易到难、循序渐进地进行专题训练,从倾听到表达、从口头语言到体态语言,按部就班,逐步推进。这是学生获取口语交际知识和培养口语交际能力的重要途径。

2. 在阅读教学中渗透口语交际训练

口语交际训练仅仅依靠几节口语交际课远远不够,应该贯穿在语文教学的始终。阅读教学过程的实质是教师、文本、学生与教科书编者互动的过程,是师与生、生与生进行学习交往的过程。因此,在阅读教学过程中要充分重视学生的口语交际训练。

自主、合作、探究式的课堂教学结构非常有利于进行口语交际训练,许多课文的阅读教学,都可以将教学内容设计成若干竞赛题,上课时,先布置学生自学,然后根据自学的内容抢答,最后由教师总结知识要点。在小组合作学习中,小组成员在小组长的组织下,就一个问题展开讨论,人人都发言,讨论达成共识或者保持不同意见。全班反馈时,可以以小组为单位一起发表看法,互相补充,也可以推荐代表阐明本小组的观点。这种方法读说结合,紧张有趣,竞赛时的说(抢答)既能使学生读得细、记得牢,又能拓展学生口语交际训练的活动时间和空间,锻炼口语交际能力。

3. 在课前说话和写作教学中,进行口语交际训练

在课前说话时,起初可以以学生平日的见闻感受为主要内容,随着年级的升高,可不断做些调整。因为这些内容来自学生身边,贴近学生生活实际,容易激起学生的学习兴趣,促进口语交际能力的提高,还能促使学生自觉拓展阅读面,留心观察生活。在作文教学中可通过评议、修改等环节,矫正语病,培养语感,提高说话的条理性与严密性,实现思维能力与语言能力的共同发展。

做一学

1. 利用到学校见习的机会,走近一位学习不良学生,与他一起就学习不良的原因进行分析,然后开导和鼓励他,争取取得新的进步。

2. 请翻阅中学语文教学类杂志,搜集一则教学实录,要求该案例综合运用自主、合作、探究性学习方式,然后与同学进行交流。

3. 本章第三节介绍了若干种阅读与写作的学习策略,课后分组合作,看是否还有其他的阅读与写作策略,找出来并与他人分享自己的发现。

本 章 小 结

  影响中学生语文学习的因素有很多,在语文教学过程中,我们既要了解中学生的年龄特征和心理特点,又要清楚影响语文学习的个体因素与环境因素。针对语文学科的学习,与环境因素相比,个体因素更为重要;与智力因素相比,非智力因素则更为重要。与传统的他主学习、个体学习、接受学习相比,自主学习、合作学习与探究学习有其不可取代的优点,它们能充分调动学生学习语文的主观能动性。阅读能力是语文的第一能力,阅读策略的积累对学生来讲至关重要。写作能力的提高要靠平时,平时掌握了一些最基本的写作策略,考场写作自然能做到临阵不乱。

资源链接:

  1.《语文教育的心理学原理》,韩雪屏著,上海教育出版社 2001 年版。
  2. 语文建设网站(http://ywjs.qikan.com),语文建设杂志社主办。

第三章

设计教学方案

学习目标

- 了解语文学科实践性、综合性的特点,明确语文教学的基本原则。
- 能确定教学目标,并能根据教学目标筛选教学内容。
- 能选择和运用恰当的教学模式和教学方法。

建筑要有蓝图,事业要有规划,教学要有方案。设计教学方案是语文教学活动中极为重要的内容,它是依据语文学科的特点和语文教学的基本原则,对语文教学活动做出有利于学生学习的科学化规划和安排。通过本章的学习,我们可以了解如何设计教学方案,包括明确教学原则,确定教学目标,筛选教学内容,选择教学模式与教学方法等内容。

第一节 明确教学原则

教学原则是教学的基本原理和法则,它是学科特点、教学规律在教学过程中的反映,是教学的指导思想。语文教学原则,是依据语文学科特点和教学的客观规律制定的、处理语文教学基本矛盾的准绳,或者说,是语文教学工作必须遵循的基本要求和指导思想。语文学科有着鲜明的实践性、综合性的特点,由此形成了语文教学特有的基本原则。

一、语文学科的特点

(一)实践性

《义务教育语文课程标准(2022年版)》指出:"语文课程是一门学习国家通用

语言文字运用的综合性、实践性课程。"①语文学科的实践性含有两个方面的意思。

一是语文学科应着重培养学生的语文实践能力。中学语文学科,不是为了培养文字学家、语言学家、诗人、作家,而是为了"全体学生核心素养的形成和发展"。"语文课程应引导学生热爱国家通用语言文字,在真实的语言运用情境中,通过积极的语言实践,积累语言经验,体会语言文字的特点和运用规律,培养语言文字运用能力;同时,发展思维能力,提升思维品质,形成自觉的审美意识,培养高雅的审美情趣,积淀丰厚的文化底蕴。"②这里提出的一系列"能力",归根到底都是"语文实践能力",而不是知识把握和理性认识。语文课程也要使学生具有一定的语文知识,但这里的知识主要不是语、修、逻、文等方面的陈述性知识,而是实践性的程序性知识,其最终指向在于提高语文实践能力,否则,就偏离了语文学习,特别是母语学习的方向。

二是培养语文实践能力的途径是语文实践。语文能力的形成离不开实践,听说读写等各项能力都不能脱离实践而从理论上演绎出来。在语文教学过程中,要从学生语文生活实际出发,注意创设语言学习的情景,构建语文学习任务群,加强学生自主的语文实践活动,引导他们在特定情境的实践中主动地理解语言含义,体悟并表达思想情感。比如在学习游记类文章时,让学生入情入境,深刻体会大自然的神奇与美丽;在写作教学中,应力求使学生确有所知所历所感,这样才能抒发真情实感。在教学过程中,教师的主导作用不可忽视,教学活动毕竟是教师与学生共同进行的一种主体间的活动,即师生共同构成了教学活动的主体。但从本质上说,教师这个主体是为学生这个主体服务的。只有正确理解和处理好教师的教与学生的学之间的关系,教师和学生这两个实践主体才能在教学中实现共存,并统一、有序、和谐地活动在同一个实践过程中,使课堂教学过程达到最优化,学生得到最好的发展。

(二) 综合性

语文学科的综合性特点,具有三个方面的含义。

1. 语文知识的综合吸收和运用

语文综合性学习中,由于学习内容的复杂与多变,学生对语言和语言知识的吸收和运用也呈现出多元化的格局,既涉及具体的语言(字、词、句、篇),同时

---

① 中华人民共和国教育部:《义务教育语文课程标准(2022年版)》,北京师范大学出版社,2022,第1页。

② 同上。

又涉及具体的语言知识(语、修、逻、文),既运用已积累的语言和语言知识,又在运用的过程中形成新的积累。其中,要特别注意语文知识对于内容表达的意义,使学生充分认识语文知识的作用。例如不同的词牌具有不同的押韵形式,不同的押韵形式具有不同的表达效果。近体诗用韵多为平声韵,且用韵形式单一,主要为偶句押韵。但是词的用韵灵活复杂,主要有平韵格、仄韵格、平仄互协格、平仄换韵格、平仄韵交错格五种格式。即词的用韵不仅有仄声韵、平声韵的一韵到底,而且还有平仄韵交错使用的情况,用韵极为复杂。例"虞美人"词牌为"平仄换韵格",如李煜的"春花秋月何时了?往事知多少。小楼昨夜又东风,故国不堪回首月明中。雕栏玉砌应犹在,只是朱颜改。问君能有几多愁?恰似一江春水向东流"。"了"和"少"为仄韵格,"风"和"中"为平韵格,"在"和"改"为仄韵格,"愁"和"流"为平韵格,如此平仄交错换韵,表达作者更复杂、更婉转的情感。而像"一剪梅""望江南"等词牌,则一韵到底,通篇读来更流畅,和平仄换韵格的表达效果不同。

2. 听说读写能力的整体发展

语文学习通常集听说读写活动于一体,而不是只偏重于其中一种。试看教科书上的训练题,往往将听说读写及思维紧密结合在一起。统编教材七年级综合性学习专题如下表所呈现,可见无论哪一项专题活动,都不是局限于阅读或写作训练,而是综合兼顾多种能力的培养。

表 3-1　初中语文"综合性学习"序列化活动课程设计

学段	传统文化专题	语文生活专题	综合实践专题
七年级上学期	有朋自远方来 活动设计: 1. 交友之道; 2. 向朋友展示自我。	文学部落 活动设计: 1. 读书写作交流会; 2. 布置文学角; 3. 创立班刊。	少年正是读书时 活动设计: 1. 填写调查问卷; 2. 同学之间找差距; 3. 共同研讨促阅读。
七年级下学期	天下国家 活动设计: 1. 爱国人物故事会; 2. 爱国诗词朗诵会; 3. 爱国名言展示会。	我的语文生活 活动设计: 1. 正眼看招牌; 2. 我写广告词; 3. 寻找"最美对联"。	孝亲敬老,从我做起 活动设计: 1. 征集活动方案; 2. 分工合作组织; 3. 分享体会感受。

3. 书本学习与实践活动的紧密结合

语文的综合性还体现在把学生带到社会活动中去,运用语文素养在社会实践活动中发现问题,寻求解决问题的途径,设计解决问题的方案,使社会生活语文化。比如,英国的一所学校,组织学生在一个著名的大草原开展活动,要求分小组用地图寻找集合地,然后再根据文字介绍分头寻找藏起来的物品;分小组测量水流流速;定点观察周围的自然环境、植物和人物的活动;假定在浓雾季节,想象自己独自回家的情景等。活动结束后两个星期,学生举行一次讨论会,并完成一次写作。这些文章包括:一篇说明文,配图介绍草原地图,介绍并标出河流、房屋、道路和自己的行走路线;一份实践报告,学生写明测量水流的目的、手段、操作方法和实验的结果;一篇描写文,描写一种草原上典型的植物,如其外形、颜色、生长的地理特征等,或描写在某一观察点观察到的人物活动;一个虚构故事,以草原、浓雾和城堡为背景创作一个故事,想象自己意外地离开了队伍不得不独自寻路回家的历险故事;一篇叙述文,学生按时间顺序叙述整个活动的自然过程等。最后,学生将这些文章配上照片和图画,加上目录和封面封底,编成一个专辑。从这个案例看,语文综合性学习体现了语文与生活、社会实践活动的紧密结合,呈现出显著的活动化特征。

二、语文教学的基本原则

语文教学原则同一般教学原则的关系是个别与一般的关系。因而,语文教学原则除了知识与能力相统一、教学相长、因材施教、教师与学生的主动性同时发挥等一般教学原则外,还具有体现语文学科特色的教学原则。下面介绍几种主要的语文教学原则。

(一) 语文教学与思想情感教育相结合的原则

语文教学具有教育性。语文教材中的文章内容是作者生活经历、生活体验以及对生活的认识的反映,是作者思想情感的结晶。无论它是以抒发感情为主,还是侧重观点的阐述或知识的说明,都渗透着思想和情感因素,对此,学生在阅读时该持何种态度呢？王国维在《人间词话》中也说:"一切景语皆情语。"作者写文章有时是借景抒情,有时是寓情于景,我们读文章则应由语言描绘的景来体会情。因此,在语文教学中,我们要让学生透过语言理解文章的内涵,让学生体会到文章的情感,激起学生情感上的共鸣。在文学类作品中,思想情感的表达更具有隐蔽性、含蓄性,这就更需要教师在教学中启发学生,在品味、理解艺术语言的过程中,结合学生生活体验来体会文章的思想情感,教师不能生硬地灌输,更不能人为地拔高文章的思想意蕴。接下来,可以在体会理解文章的思想情感的过程中,再去研讨语言形式的妙处,分析语言形式是怎样恰当地表达思想情感的。比如,教学李密的《陈情表》,首先体味字里行间蕴含的情感,联系教师自己和学生的实际生活感受,去体会作者当时的处境,品味李密祖孙间真挚深厚的感情。

(二) 阅读、写作与口语交际协调发展的原则

案例3-1

《散步》教学中让学生进行"感知生活,真情告白"口语表达训练

(在"感知文本、领略主旨、品读语言"等环节之后,安排了"感知生活,真情告白"这一环节。)

口语表达训练,屏幕显示训练内容:

爸爸,妈妈,那次是我错了……

老爸,您辛苦了……

妈妈,我想对你说……

爸、妈,你们怀里撒娇的孩子长大了……

请学生任意选择其一进行口头训练。

(领悟了本文的语言特色,感受了祖孙三代的亲情后,让学生试着向自己的父母展开一段真情告白,以此拉近学生与父母之间的距离,再次感悟本文所表达的感情,揭示其深意。)

在很长一段时间里,人们只重视读和写,忽视口语交际,致使很多中学生即使语文成绩不错,但在实际交往中常常表达混乱、语句不清,没有达到熟练准确地运用祖国语言的要求。口语交际与阅读、写作同是语文教学中不可分割的一部分,它们统一于语文教学之中。因此,口语交际教学应与读写教学协调发展。

具体实施途径包括:

第一,口语交际教学和阅读教学的紧密结合。在阅读教学中进行口语交际训练,教师可通过让学生对范文进行总结、复述、讨论等形式,变书面语言为口头语言,训练学生的口语能力。在进行口语交际教学时,也可以把所学的课文内容作为对话、讨论、辩论、演讲的材料,加深学生对课文内容的理解。如案例3-1的"感知生活,真情告白"口语表达训练,既是将散文的阅读教学与口语交际训练结合的一个范例,也是情感渗透教育的一个范例,它既落实了第一个原则,也落实了第二个原则,其创意就非常成功。

第二,口语交际教学和写作教学的紧密结合。语文教师应指导学生进行口头作文训练,如口述见闻、看图说话、谈论感想等,使学生有中心、有条理地进行口头表达,然后将口头语言转换为书面语言,为写作打下基础。在写作前,还可以组织学生就写作话题进行讨论,培养学生的语言思维能力。另外,在写作的各个环节都可以

渗透口语训练，如立意、选材、表达、评论等环节都可以组织学生进行口语表达。

（三）语言训练与思维训练相结合的原则

教材中的文章既是作者言语活动的结果，也是其思维的结晶。相应地，在语言学习过程中，特别需要培养学生思维的准确性、条理性、连贯性和灵敏性。具体实施途径包括：

第一，根据学生的身心特点，培养学生的形象思维能力和抽象思维能力。在初中阶段，要充分发展学生的形象思维能力。在形象思维中，表象和意象是形象思维加工的材料，因此，培养学生观察生活、体验生活，丰富、加深表象、意象的过程非常重要。这个时期的学生还有一个显著特点，即想象力非常丰富。在阅读、说话、写作的练习中，要充分调动学生的联想力和想象力，直观地进行交流与表达。高中阶段，学生的抽象思维能力逐渐增强，此时，训练学生概括、分析、推理能力，训练学生语言表达的逻辑思维则格外重要。

第二，在不同形式的语言训练中加强思维训练。在阅读训练中进行思维训练。阅读是一种心智活动，阅读过程是提取、概括、抽象、评价的过程。在阅读过程中教给学生阅读方法，引导他们在理解阅读材料的内容和形式时，进行各种思维的训练。比如，阅读不同类型的文章，就应侧重于不同思维方式的训练。阅读具有文学性质的文章，要偏重于形象思维的训练；阅读说明文和议论文，则要偏重于抽象思维的训练。

前面，依据语文学科的教学特点，我们总结了三条语文教学原则。科学的教学原则能指导我们进行有效的教学，同时，我们也要随着教育科学的发展，不断反思我们的教学原则，总结更为科学的教学原则，更好地服务于语文教学。

第二节 确定教学目标

根据教学活动的不同层次，整个语文教学目标可以分为课程教学目标、单元教学目标、课时教学目标。课程教学目标主要是通过语文这门课的教学所要达到的要求，而单元教学目标和课时教学目标是通过一个单元或者一堂课的教学所要达到的要求和标准，它通常与具体的教学活动紧密相连，直接指导着教师和学生的教与学。

作为语文教师，不仅要熟练掌握确定单元和课时教学目标的方法和技巧，还要明晰整个语文课程的教学目标。本章所谈的教学目标主要是课时教学目标。下文的案例3-2就是课时教学目标。

一、确定教学目标的作用

(一) 积极的导向作用

教学目标的确立,对于后续的教学活动具有积极的导向作用。这种导向作用是通过人的注意而实现的。当有了明确且有针对性的目标后,语文教师与学生在课堂活动中会把注意力集中在与目标有关的问题上,从而避免其他事情的干扰。例如,语文教师组织学生去近郊著名茶场参观,从而开展一次与茶有关的语文综合实践活动,如果活动前,教师与学生能共同确定这次参观学习的目标,那么多数学生在参观时,会依据目标更加关注相关内容,回来时将会有丰富的收获。比如,通过与茶场工人的交流了解种茶、采茶的知识,通过与茶坊茶艺表演者的对话学习认识茶的种类,品味各式茶的喝法等等。因此,语文教师必须提出明确的教学目标,从而积极控制整个教学活动的开展,否则教学活动将不着边际,缺乏系统性、针对性。

(二) 充分的激励作用

确立教学目标不仅对教学活动有积极的导向作用,而且还具有充分的激励作用。良好且科学的教学目标能够激发师生教与学的积极性,师生会为了目标的达成以及最后的成功而努力。当一个教学目标实现后,教师与学生不仅收获了知识,提高了能力,还得到了良好的情绪体验,这都为下一个目标的确立与实现提供了良好的心理准备。因此,语文教师要根据全体学生的语文学习水平或者学生的语文学习差异,制定合适的教学目标,争取让学生们"跳一跳,就能摘到苹果"。特别是当学生达到教学目标后,语文教师要有意识地通过激励的语言去表扬、鼓励学生。

(三) 有效的评价作用

能否达到既定的教学目标,是评价教学效果的重要尺度之一。在教学过程中,无论哪种评价方式都必须以教学目标为依据,进行科学、客观的评价。一篇文章如果出现于不同学段的课本,评价的尺度也不能一致,必须依据恰当的教学目标进行评价。例如,杨绛的《老王》一文,如果选入初中和高中语文教材,就必须各有特定的教学目标,从而各有特定的评价标准。

案例 3-2

《老王》教学目标

1. 统编版七年级下册《老王》教学目标:
(1) 深入理解老王的"苦"与"善",把握老王的性格特点。

(2) 领会作者的思想感情,提高学生的口头表达能力。

(3) 培养爱心、善心、同情心,品味作品中的仁爱精神。

2. 高中《老王》的教学目标

(1) 通过"不幸、善良、愧怍"三个关键词把握全文要义,品味作者平淡简洁而富有表现力的语言。

(2) 整体把握全文结构,学习作者将零散的材料组织起来展现人物形象的特点。

(3) 体会作者对不幸者的同情和关爱,感受作者在文中流露的平等意识和人道主义精神,培养学生的同情心。

(4) 分析人物命运的根源,尤其是社会根源。

如果在高中阶段仅仅要求学生达到初中目标,即仅仅"理解老王的'苦'与'善',把握老王的性格特点""领会作者的思想感情""培养爱心、善心、同情心"等,而不"体会作者对不幸者的同情和关爱,感受作者在文中流露的平等意识和人道主义精神""分析人物命运的根源,尤其是社会根源"等,显然是不够的。反过来,用高中的教学目标要求和评价初中教学,也是不合适的。

信息栏 3-1

语文教学目标的功能定位

理想的语文教学目标不仅是教学的出发点,也是教学结果的必然归宿,确定教学目标是教学设计的第一步。从具体的语文教学实践考察,教学目标的功能定位主要有以下几项:1.定向功能,使教学具有明确的方向性;2.激励功能,激起学生强烈的学习动机,推动和促进他们的学习活动;3.反馈功能,使学生以明确的目标评价和调控自己的学习,实现自我反馈;4.强化功能,强化学生的意志,磨炼他们顽强的学习毅力。教师要善于把教学目标转换成每节课的具体教学任务。

【资料来源】 倪文锦著:《教学目标:功能定位与任务转换》,《语文学习》,2011年第10期。

二、确立教学目标的要求

(一) 宏观上的要求

从宏观上分析,语文教师确定教学目标需要符合以下几方面的要求:

1. 符合语文课程的"课程目标"、"总目标"和"学段要求"

《义务教育语文课程标准(2022年版)》指明了最新的"课程目标"、"总目标"以及"学段要求"。"课程目标"明确了语文课程应当围绕核心素养,体现课程性质,反映课程理念,确立课程目标。核心素养包括四个方面:"文化自信"、"语言运用"、"思维能力"和"审美创造"。"总目标"包括"培养爱国主义、集体主义、社会主义思想道德","认识中华文化的丰厚博大,汲取智慧,……建立文化自信"、"关心社会文化生活,积极参与和组织校园、社区等文化活动,发展交流、合作、探究等实践能力,增强社会责任意识","主动积累、梳理基本的语言材料和语言经验,逐步形成良好的语感,初步领悟语言文字运用规律","学会运用多种阅读方法,具有独立阅读能力。能阅读日常的书报杂志,初步鉴赏文学作品,……用书面语言具体明确、文从字顺地表达自己的见闻、体验和想法","发展联想和想象,激发创造潜能,丰富语言经验,培养语言直觉,提高语言表现力和创造力,提高形象思维能力","初步掌握比较、分析、概括、推理等思维方法,辩证地思考问题,有理有据、负责任地表达自己的观点",以及"能结合自己的经验,理解、欣赏和初步评价语言文字作品"以及"能借助不同媒介表达自己的见闻和感受,学习发现美、表现美和创造美,形成健康的审美情趣"等九个方面的要求。对于"学段要求",课程标准则分为四个学段表述,分别为1~2年级、3~4年级、5~6年级、7~9年级。对"课程目标"、"总目标"及"学段要求",应该明确下列几点认识:(1)"课程目标"是整个义务教育阶段的语文教学目标和内容,统帅"总目标","学段要求"则指向"总目标";(2)要明确课程标准所规定的四个学段目标的层次性,认清其逐层递进的序列关系;(3)拟定具体教学目标时要明确特定的教学在整个义务教育阶段的特定地位,教师教的是哪个学段,就要制定与之相匹配的目标;(4)各个学段的语文教学既不要达不到应有的学段要求,一般说来也不要超出要求。常见一些教师在预设特定课文的教学目标时要求过高,而在各个学段的教学中则不断重复某些要求,脱离实际,揠苗助长,既打不好基础,又使学生失去接受新知识和进行新训练的兴趣,这是必须避免的现象。

2. 符合学生的实际学习状况

语文教师确定的教学目标必须符合所教学生的实际学习状况。陶行知先生曾经说过:"人不同则教的东西、教的方法、教的分量、教的次序都跟着不同了。我们要晓得受教的人在生长历程中之能力需要,然后才晓得要教他什么和怎样教他。"[①]由此可见,学生在语文素养上的不足之处以及他们的学习能力、生活视野

---

① 陶行知:《陶行知全集(第1卷)》,湖南教育出版社,1984,第91页。

等都成了制定教学目标的重要依据。任何脱离学生实际的教学目标都将是教学活动的"空中楼阁"。学生不但达不了目标，而且无形中还会受到打击，挫伤学习语文的积极性。

3. 符合教材编写的目的

语文教师确定教学目标还要符合教材编写的目的。每套教材、每册课本都有它们的编写目的，这些内容往往出现在目录的前一页。语文教师在确定教学目标前，要仔细阅读这些内容，领会编者意图，将编写理念融入教学目标中，提高使用教科书的效果。例如，统编版七年级下册四单元导语当中的"人文主题"提到，"中华美德具有陶冶情操以及净化心灵的应用价值"，该单元中的课文还描写了梁启超写的《最苦和最乐》，叶圣陶的高尚品德，还包括呈现高尚情怀的《陋室铭》及《爱莲说》。本单元的课文中呈现的人文情怀明显和单元导语中的"人文主题"相一致，教师们在教学中需注意导语界限的延伸，其价值的充分发挥不应局限于教材课文，而应放宽眼界，让学生在知识的海洋中体会深刻的思想内涵。

（二）微观上的要求

从微观上分析，语文教师在确定教学目标时，需要注意以下几方面的要求：

1. 必须明确、具体

语文教师制定的教学目标应该是明确、具体的。因为只有这样的教学目标，才能引导师生围绕目标的实现而有效地展开教学活动，恰当地组织教学过程，并对教学效果进行科学的评价。比如，案例3-2的两个教学目标，教师所确定的3条或4条目标就达到了明确、具体的要求。从这3条或4条教学目标中，师生可以清楚地认识到达标的主体是谁、行动的内容是什么等等。

2. 必须具有全面性

语文教师制定的教学目标应该是全面的。众所周知，教学目标要反映教育关于人的全面发展的要求。语文教学目标的确定应该体现工具性与人文性的统一，应该致力于学生语文素养的全面提高。它既要包括学生的知识、能力目标，又要包括学生的过程与方法目标，更要具有学生在情感态度与价值观方面的目标。只有这样，整个教学目标才会内容完整、结构合理。当然，在最后拟定的目标中，既可以呈现二级分类陈列的形式，即第一级按"三个维度"分别陈列，第二级在每一维度内部再分列条目；也可以不呈现这样的形式，有时三维目标可以共同体现在某些条目中。

3. 必须难度适中

语文教师在确定教学目标时，必须具有实事求是的态度。无论是制定针对所有学生的教学目标，还是制定针对部分学生的个人目标，都要做到目标难度适中，切不可好高骛远。因为如果目标太容易,学生不需要努力便能达到,这显然不能对学生在语文素养的提高上起到任何效果;相反,如果目标太高,学生无论多么努力都无法达到,久而久之便会丧失信心与勇气,这也不利于学生的发展。

三、教学目标的表述

语文教师在确定教学目标的过程中,应注意一些表述方法与途径:

(一) ABCD 表述方法

这种表述方法,包括四个要素:对象、行为、条件和标准。它是由马杰三要素发展而来的。一般而言,一个完整的教学目标的陈述可以这样展开:

1. A——对象 A(Audience),即指需要完成行为的学生、学习者或教学对象。

在表述教学目标时,语文教师需要明确教学对象——学生。比如,可以表述成"阅读浅显的文言文"或"辨别明喻、暗喻、借喻的区别"等等。

2. B——行为 B(Behavior),学生通过学习所能够完成的特定且可观察的行为。

它是用来说明通过教学后学生能做到什么。对于学习行为,语文教师必须使用准确、具体、便于操作的行为动词来表达。比如,"复述课文中的故事"或"说出'焉'在古汉语中的几种用法"等等。

3. C——条件 C(Condition),学生表现规定行为时所处的环境等因素。

它是用来说明学生的学习行为产生的条件。这些条件包括环境因素、人的因素、设备因素、信息因素、时间因素等等。比如,"通过多种形式的诗歌朗诵和歌曲学唱等形式,增强情感体验,坚定和平信念"或"分小组查找苏轼的生平事迹和本词的一些典故,小组间互相进行交流"等等。

4. D——标准 D(Degree),用来评鉴学生行为的标准。

它是用来说明学生通过学习应该达到的最低学习标准。学习标准一般可以从行为速度、正确率等方面进行表述。比如,"通过反复朗读,达到当堂成诵"或"熟练掌握'一''爱''取''族'等实词的用法"等等。

这种 ABCD 表述方法趋向于"行为目标",它避免了表述目标时的含糊性、抽象性,但我们也应该看到,这种表述方法也有其缺点。比如,它提倡在教学前预先确定教学目标,以便在教学过程中支配、控制学习过程及结果,但实际上教学过程往往富有创造性,并一定程度上具有不可测性。此外,它主要是强调行为结果,对于人的内在心理变化过程、心理品质有所忽视。这些不能外显的、不好观察的心理素质无法通过行为预先设计,所以此方法不太适合于表述较高层级认知目标,更不适合于表述情感态度与价值观领域的目标。

（二）内部过程与外显行为相结合的表述方法

众所周知，教育的真正目的不仅要关注学生学习行为的变化，还要重视学生内在能力和情感的变化。如果只强调行为结果，而忽视心理变化过程、心理素质的提高，那么整个语文教学设计是不完整的。因此，为了弥补行为目标的不足，美国教育心理学家格伦兰在《课堂教学目标的表述》中，提出了用内部过程与外显行为相结合表述教学目标的观点。也就是说，先陈述内部心理过程的目标，然后列出表明这种内部心理变化的可观察的行为，使目标具体化。比如，"理解议论文中类比手法的运用"（内部心理过程），接着给出若干个行为目标，"用自己的话解释运用类比法的条件"、"在课文中找出运用类比法阐明观点的句子"。

鉴于上文对确定教学目标的要求、依据、方法的阐述，我们认为，较好的语文教学目标应该具备以下四点要求：首先，行为主体必须是学生而不是教师。其次，行为动词必须是具体、明确、可测评的，而不是笼统、抽象、模棱两可的。再次，行为方式必须是灵活、多样、可操作的，而不是单调、乏味、缺少情感与活力的。最后，行为程度必须是面向全体学生的。

第三节 筛选教学内容

教学内容是指教学过程中同师生发生交互作用，服务于教学目标达成的动态生成的素材及信息。如果从"教"的角度看，它既包括语文教师在教学中对现有教材内容、课程内容的沿用，也包括语文教师对教材内容、课程内容的重构。

一、筛选教学内容的意义

所谓筛选教学内容，就是根据教学的需要对教学的内容进行整合、重组与选择的过程。筛选教学内容对整个语文教学来说，有以下几方面的意义：

（一）合理舍弃，突出教学重难点

语文教师在设计教学方案、选择教学内容时，不仅需要研究教什么，还要研究不教什么。从某种意义上说，有时明确不教什么比只研究教什么还要重要。合理舍弃是一种智慧，正因为有了舍弃，才能更有效地突出教学的重难点。比如，教一篇课文要不要介绍作者的时代背景，要不要介绍作者，这都是根据教学需要决定的，它并非是教授每篇课文的必备内容。如果作者是文学史上非常有影响的人物，并且作者的时代背景对于讲解课文重难点、理解文章主旨很有帮助，那么就有必要选择这部分内容，让学生了解并掌握。反之，若作者不是一流大家,不介绍或少介绍并不影响教学目标的达成,那么,教师就可以进行合理的舍弃。

(二) 优化组合,凸现课文内容或特点

课堂教学要着力使学生把握课文的主要内容或特点。一方面,要精心选择体现主要内容或特点的词语、句群和段落组合教学;另一方面,还可精心迁移选择具有相同或相异特点的文段组合教学。例如,教学苏轼《念奴娇·赤壁怀古》时,为了突出其"豪放派"特色,可以选择具有婉约派特色的柳永的《雨霖铃》加以对照。教学老舍《济南的冬天》,可以选择同是老舍所写的具有同样特色的《济南的秋天》,要求学生作课堂比较或课外阅读,以深化对老舍文章的认识。

案例 3-3

《都市精灵》教学设计节选[①]

[教学过程]

1. 由汪曾祺先生《香港没有麻雀》故事导入——初识"精灵"。
2. 感知性阅读——解词:都市精灵就是"每座城市钟爱的小动物"。
3. 理解性阅读——解句:作者如何描绘"每座城市钟爱的小动物"?
4. 反思性阅读——解篇:"每座城市钟爱的小动物"都是"都市精灵"吗?
5. 探究体验——让我们成为可爱的"精灵"。

这个设计精心筛选了《都市精灵》一文的词语、句子和篇章中的关键问题作为教学内容,导入、感知、理解、反思及探究等一系列教学环节无不紧扣"精灵"这一核心问题,中心十分突出,凸现了课文的内容。这堂课的结束语为:

一切生命生来平等,我们只有和谐相处,共建乐园,才能找到生命的真谛! 让我们用法国学者史怀泽的名句作为座右铭吧——

善是保存和促进生命,

恶是阻碍和毁灭生命。

只有人能够认识到敬畏生命,

能够认识到休戚与共,

能够摆脱其余生物苦陷其中的无知。

——史怀泽《敬畏生命》

[①] 袁爱国:《立体的读:让每一个孩子成为精灵——〈都市精灵〉教学设计》,《中学语文教学》2010年第8期。

显然,这个结束语进一步升华了文章的中心内容,浓烈的诗意使学生受到了强烈的感染。

(三) 个性处理,满足学生需要

陶行知先生的教学思想之一就是"教学做合一"。其中,对于"教"与"学"的关系,他认为,先生如果只"教"或只"教学",这是把学生当作"容器"。作为教师,应该主动了解学生,了解他们的兴趣和爱好,了解他们的学习需要,然后选择教学内容和方法。显然,语文教师在筛选教学内容时,针对不同学生的学习状况、学习能力,做个性化的处理,能够最大程度地满足他们的发展需要。比如,语文教师针对优等生、中等生、后进生选择布置不同层次的语文作业,既满足了优等生"吃不饱"的学习需要,又体谅了中等生"求扎实"的心态,还解除了后进生"怕困难"的情绪。

二、筛选教学内容的途径

语文教师可以从不同的角度、方法和途径筛选教学内容。

1. 根据教材体系确定内容

教材编者把一篇篇的作品和文章选入教材,是有其意图的。任何一篇课文,都既有它的"原生价值",又有它的"教学价值"。所谓"原生价值",即它发表时为社会提供的信息价值;所谓"教学价值",即编者把它选入教材时用以实现的"语文教学目标"。我们在"设计"的时候,主要考虑后者,即教材编者把它选入教材时想用它来实现的"语文教学目标"。同样的课文,被不同编者选在不同教材里,安排在不同的地方,虽然它的"原生价值"可能一样,但"教学价值"可能完全不同,教师应该根据特定的教材体系来确定教学内容。

例如张若虚的《春江花月夜》,作者被清人王闿运赞为"孤篇横绝,竟为大家"(《湘绮楼说诗》),这首诗被闻一多先生称为"诗中的诗,顶峰上的顶峰"(《宫体诗的自赎》)。对这首诗的教学设计,有的属理解性解读,侧重问题探讨,大气者如"《春江花月夜》中写了春、江、花、月、夜五种景物,你认为哪个是重点?""作品中景、情、理是如何统一为一个光明莹洁的境界的?"小巧者如"'江月年年只相似'句中的'只',有的版本作'望',你认为哪个更好?"有的属审美性品读,侧重活动体验:或请学生在古琴曲《春江花月夜》中体味诗歌阔大、深沉、怅惘、唯美的境界,或和六朝宫体诗相比,思考张若虚的《春江花月夜》为什么具有"风神初震"的诗学特点。有的属探究性研读:作品的所指是什么? 能指有哪些? 所指和能指之间有什么关系? 作品中深沉的人类生命共感在当今有什么审美价值? ……以上问题和活动,都是有价值的问题和活动。但如果从教学体系来看,突出模糊性审美体验的活动和凸现"风神初震"的诗学特点的问题,是最有价值的活动和问题。因为,选修阶段的诗歌鉴赏总体上应该遵循感性到知性再到理性的顺序,起始阶段应该强化运用具有东方美学特点的"模糊体验"的审美方式去领会诗歌的情韵美、哲思美;从模糊的互克性原理来看,适当的模糊(隐约神会、模糊体验)反而清晰,过度的清晰(死抠字词、死于句下)反而模糊。

2. 根据文章类型确定内容

不同类型的文章有不同的教学内容。比如,诗歌教学突出的是意境、意象和审美,散文突出的是形与神的交融和"我"的意趣,小说突出的是情节、环境和形象,戏剧突出的是冲突和形象,论述类和实用类文章也各有其特定的教学内容。在语文教材中,课文还有特定的价值定位,于是形成了又一种分类,如王荣生将选文分为定篇、例文、样本、用件等四类,每类各有一定的教学内容:定篇学习经典的丰厚蕴涵,例文学习生动显现的读写知识,样本学习读写方法,用件学习其所提供的信息。教学中教师可借鉴这种分类筛选教学内容。即使确定了课文的类别,在"类"的范畴内仍然不能面面俱到,并不要求每一个方面都教给学生;需要教给学生的,是它具有典范性或典型意义的那一方面的内容。例如《智取生辰纲》,有江湖的内容,有民俗的内容,有正义和邪恶,有智慧与愚钝,有劫富济贫,有"农民起义",但就这篇课文而言,我们是要学"江湖"、学民俗、辨善恶、分智愚、讨论贫富关系、学习农民起义吗?显然不是。《智取生辰纲》之所以是《智取生辰纲》,其典范性就在于它的"叙事艺术"。因此,根据《智取生辰纲》的典范性特征,教这篇课文就是教会学生鉴赏《智取生辰纲》的叙事艺术,教的具体内容就是它的"叙事艺术"。

3. 根据学生的需要确定内容

筛选教学内容也要根据学生的特点和需要。不少文章,可以作为学校不同阶段的课文,甚至可以作为终身的学习内容,但在具体确定教学内容时,绝对不能把人们对那些文章的"共识"或最新解读成果统统搬来。比如汪曾祺先生的《金岳霖先生》,作为一篇回忆性散文,小学、初中、高中都可以教,但不同阶段应有不同的教学内容。如果是小学教学,应该突出一个"趣"字。作者从金先生的日常穿着、幽默答问、把玩跳蚤、同鸡用餐、比试水果等方面,从外到内,由形及神,反反复复,不避其繁地表现金先生的好玩、有趣,这些都和小学生的童心、童趣相吻合。如果是初中教学,应该突出一个"真"字。金先生趣闻趣事的核心,是"真"。金先生身上,折射出了作为"精神圣地"的西南联大诸多自由主义知识分子共同的、迷人的精神魅力,即"对工作、对学问热爱到了痴迷的程度""为人天真到像一个孩子,对生活充满兴趣,不管在什么环境下永远不消沉沮丧""无机心、少俗虑"。如果是高中教学,应该突出一个"苦"字。教学中如果联系金先生的著作《逻辑》《论道》《知识论》等,联系《冯友兰传》中所说金先生给冯友兰做思想工作时两人抱头痛哭的政治遭际,再进一步联系佯狂的章太炎、古怪的辜鸿铭、浪漫的徐志摩、天真的言慧珠等遥远的绝响和苍凉的背影,应该明白作者浅白的文字背后隐含了一种淡淡的"苦味":"作者对他所谈的人和事倾注了那么深沉的感情,而表现出来的却又是那样的冲淡隽永。我们常常能够从这冲淡隽永中咀嚼出一种苦味,连不时出现的幽默里也有这种苦味。这苦味大概是对那些已成广陵散的美好的人、美好的事的感伤,也是对未来的人、未来的事虔诚而殷切的期待。"这几句话本是吕冀平先生为张中行先生《负暄琐话》作的序中所言,许多评论者指出:"这一评语移来评价汪曾祺此文,是再恰当不过的了。"

根据学生的需要确定内容,不但是在课前准备教学阶段应做的事,在课堂上也有一个及时筛选调整教学内容的问题。语文教师在课堂上要充分考虑学生不断变化的实际需要以及对知识的理解程度,做好筛选、调整教学内容的工作。

信息栏 3-2

如何确定教学内容

《中学语文教学》2011 年 1~8 期"深度关注"部分,连续发表《如何确定散文的教学内容》等 8 篇专栏文章,基本涉及各类文体的教学。每期专栏确定一篇课文(文本),由三个教师各提供一则确定教学内容的案例,每个案例兼有课前思考、课堂实录、教学心得等内容。整个专栏则由"文类解说"、"文本分析"、"案例呈现"(三则)、"观点陈述"等构成,内容丰富实在,使确定教学内容问题从理性层面进入到文本层面、课堂层面,具有强烈的指导性、启发性和借鉴性。

【资料来源】《中学语文教学》2011 年 1~8 期"深度关注"部分。

第四节 选择教学模式和方法

语文教学模式是指在一定的语文教学理论指导下,与特定语文教学任务、目标联系,并在某种环境下展开的教学活动进程的稳定结构形式及其策略体系。特定的教学模式下,又有多种多样的教学方法。一位语文教师,必须善于根据特定的教学目标、教学内容和教学对象,选择恰当的教学模式和方法。

一、语文教学模式

(一) 语文教学模式举例

语文教学模式的类型有很多。若按教学内容,可分为阅读教学模式、写作教学模式、口语交际教学模式。若按内容组织形式,可分为单课型教学模式、单元教学模式、全书教学模式。若按不同的时期,可以有传统的语文教学模式,诸如黎锦熙的三段六步教程、王森然的四段教程、朱自清的四步教程等等;可以有20世纪80年代以后的语文教学模式,诸如上海育才中学的"八字四步"教程、钱梦龙的"三主四式"导读法、魏书生的六步教学法,等等;可以有新时期的语文教学模式,诸如对话教学模式、探究性教学模式、合作学习教学模式等等。

语文教科书是最重要的语文课程资源,在语文课程改革的过程中,教科书的开发和利用是新课程改革的首要保证。新的教学模式要考虑到教科书的内容、体系,因地制宜地施教。下面就是以新课程精神为基础的语文教学模式的探索举例——"五程序单元教学模式"。

案例 3-4

邓玲老师的"五程序单元教学模式"[①]

一、什么是"五程序单元教学模式"

所谓"五程序单元教学模式",就是把教材每个单元作为最小的教学单位,通过整合构成一个"横有关联,纵有系列"的教学组织框架,即"五道教学程序";然后每道教学程序再从"教"和"学"两个方面设置教学过程的"七种教学课型",并以一定的操作策略形成"思有其序,读有其格"的教学实践系统,让教师简简单单地教、学生踏踏实实地学。

二、"五程序单元教学模式"操作策略

1. 起始课三个步骤

(1) 自主学习。

(2) 合作学习。

(3) 明确目标。

起始课教学操作策略关键节点是"自学检测与评价提纲"。其目的是帮助学

[①] 邓玲:《"中学语文五程序单元教学模式"的实践探索》,《中学语文教学》2018年第10期。

生完成自主学习、合作学习任务。

2. 阅读课三种课型

根据单元教学目标以及文本特点,设立"精读、略读、拓展阅读"三位一体的阅读训练体系,形成阅读学习梯度,发挥各自不同的作用。

3. 活动课三个阶段

活动课就是将课堂延伸到课外,将语文教学与社会实践以及其他学科整合,使语文教学贴近学生生活,体现时代性。

(1) 准备(确定活动主题,分配活动任务)。

(2) 活动(各小组实践探究、查找资料、筛选资料、整理成果)。

(3) 汇报(各小组以各种形式展示活动成果)。

活动课教学关键节点在于:活动内容需"有趣""特别""新颖"。

4. 作文课两种形式

(1) 课内作文:构思写作,小组互评,修改提升。

(2) 课外作文即学生随笔写作,不限内容、篇幅。

5. 总结课

总结课是五程序单元教学最后一个课型,其作用是对单元长达十几个课时的"学习任务群"做一个总结。其操作关键点是"回顾、检测、提升"。

三、重点处理好几个关系

1. 整体和部分的关系。

2. 程序性和连续性的关系。

3. 稳定和变动的关系。

4. 教师和学生的关系。

案例3-4显示,"五程序单元教学模式",追求运用主体的、和谐的、民主的课堂教学方法,促进学生认知、情感、技能的全面发展。整个教学过程,除精读课是以老师讲授为主,其他课的教学教师主要起引导作用,对学生的学习进行适时的启发、点拨、评价、提升,力求让学生在简单而规范的教学情景中自然成长。根据这种内在机理的分析,我们可以清楚地看到学生的各种认知、非认知因素全面投入,各方面素质和谐发展,具有"一切教学都是教育"的时代价值。同时,该模式对语文教学的性质、功能、规律始终有着一种清醒的认识,即语文课一定要当作语文课来教,语文的独特使命,就是一种工具的授予,一种技能的培养,一种人文的熏陶。

(二) 语文教学模式的选用

语文教学的各种模式,各具匠心,各有特色。我们在选择的时候必须注意以下几点：

1. 根据教学目标选择教学模式

任何教学模式都源于教学目的。初中语文教学的主要任务是打基础，重素质，培养学生的运用能力。这就可以多采用自学式、讨论式、实践式的教学模式，以便培养学生的思维能力，发展分析能力、口头和书面表达能力以及自学和实践等能力。高中语文教学的主要任务是，在九年义务教育语文教学的基础上，使学生具有较强的语文应用能力和一定的审美能力、探究能力，形成良好的思想道德素质和科学文化素质，为终身学习和有个性的发展奠定基础。相应地，作为语文教师，在选择教学模式时，应多选用合作式、探究式、对话式等模式，以提高学生的言语实践能力，培养学生的审美素养，养成学生的探究习惯，激发学生的创新意识。

2. 根据教学内容选择教学模式

根据不同的内容选择不同的教学模式，这是辩证的教学思想。通常学习新知识和范文时不宜采用实践型模式，巩固旧知识和阅读类似范文时则可采用自学型模式。学习现代文不宜详讲，文言文则要求多练。深刻的问题可以讨论，形象的知识可以情境迁移。有些内容较简单，只需采取一种模式；有些内容较复杂，必须采用多种模式。再比如，必修课要重视传统课堂的字、词、句、段的识记、剖析，选修课则应充分重视语文课堂的开放性、综合性的特点，致力于让学生有选择地学习，促进学生有个性地发展。

3. 根据教学对象选择教学模式

中学生有城乡差别，班级与班级之间也有差异，尤其是高中，班级之间还有文理差别，因此，教学模式的选用还要因教学对象而异。如在新生入校时，教学模式的选用要注意循序渐进，以免学生难以适应而失去学习的积极性。当学生适应之后，则应大胆通过新的教学模式，来激发他们的积极性。又如有些学生在九年义务教育时已养成了听讲的习惯，一旦采用探究式、小组合作式等新模式，便会使他们无所适从。为此，首先要克服他们的不良习惯，改变依赖老师的心理状态，然后再慢慢地加以引导，使其适应新的方式。另外，有些学生善于思考，不满现状，若在教学中墨守成规，便会使他们失望，为此，必须选用新模式进一步调动他们的积极性。

无论是哪一种教学模式，教师都要非常熟悉授课的内容，这样对学生的指导才能得心应手，对学生的评价才能恰如其分，才能更好地发挥教师的主导作用。同时，教师也要解放思想，更新观念，这样才能勇于开拓进取，使语文教学模式多种多样，生动活泼。

二、语文教学方法

语文教学方法是指在语文教学过程中,教师和学生为了完成一定的教学任务,实现一定的教学目标而采用的一系列行为方式。教学方法应该是教法与学法的统一,具体而言,就是语文教师采用什么样的方法呈现、再现教学内容;学生采用什么样的学习方法感知、记忆、理解教学内容。教学方法的选择是设计教学方案的重要环节,因为教学方法是否科学、合理,直接影响到教学效率的高低、教学效果的好坏。

(一) 语文教学方法举例

案例 3-5

语文美读法教例[①]

泛读鲁彦的散文《听潮》可以这样导入:

"请同学们回忆你们在电视、电影里见到的大海潮涨潮落的情景。请作一个假想:暑假里,你来到了大海边,就坐在那块巨大的礁石上,你将看到波澜壮阔的大海,听到激越人心的潮声。"

等学生都进入了遐想,就开始播放配上《海之诗》乐曲的课文录音。那时而舒缓时而激越的旋律中夹带着模拟的海潮声,伴着动情的朗诵,把学生领进了课文的意境,与作者共同领略大海的美。此时,立体、形象的大海静与动的诗一般的场景,映入了学生的大脑。他们对课文有了整体的感知,与作者的情感融为一体。

教学方法有很多,最常见的包括讲授法、谈话法(也叫问答法)、讨论法、练习法等。具体到语文学科,我们又能根据阅读教学、写作教学、口语交际这三个方面列举出一些教学方法。阅读教学方法主要有:美读法、语境感悟法、网络阅读法、研究性阅读法、开拓想象法、引申法、比较阅读法、欣赏评价法、点拨法等等。写作教学方法主要有:网络写作法、问题引路法、发散求异法、集体作文法、互批互改法,等等。口语交际教学方法主要有:讨论法、角色扮演法、复述法、听记法、演讲法、辩论法,等等。案例 3-5 介绍了美读法这种教学方法。

这里介绍一种经典的语文教学方法:钱梦龙的"三主四式"导读法(如前文所述,实际上也可以将其视为教学模式)。"三主四式"导读法是钱梦龙老师在总结

[①] 张孔义:《新课程中学语文实用教学 85 法》,广州:广东教育出版社,2004,第 54 页。

了自己几十年的教学经验的基础上,于20世纪80年代初提出的语文教学方法。所谓"三主"是指以教师为主导、以学生为主体、以训练为主线;所谓"四式"是指自读式、教读式、练习式、复读式。具体内容如下:

(1) 自读式

这是以培养学生独立阅读能力为目的的一种训练形式。自读就是学生自己的阅读实践。自读大致有这样三种情况:①先教后读。教师先教给学生阅读方法,然后学生自读。②先读后教。学生先自读,然后在教师的引导下加深理解,从而领悟阅读方法。③边教边读(边读边教)。教师边指导,学生边自读。

(2) 教读式

这是学生在教师的具体指导下进行的阅读训练。教读必须与自读同步进行。教读比较集中地体现了教师的主导作用,具体来说就是要做好以下几方面的工作:①激发学生的阅读兴趣。②给予学生阅读的方法。③帮助学生克服阅读中的困难。

(3) 练习式

练习是指学生在学习新课以后完成一定的口头或书面作业。设计练习以举一反三、学以致用为原则。常用的练习类型有如下几种:①以记诵或积累知识为主的练习,如朗读、背读、抄写等。②以消化知识为主的练习,如问答题等。③以应用为主的练习。④评价性作业,包括鉴赏和评论。

(4) 复读式

复读是一种复习性的阅读训练形式。语文教师可以把若干篇已教过的课文按一个中心组成"复读单元",指导学生读、想、议、练。复读大致可以分为以下三种:①以知识归类为目的的复读。这类复读在于帮助学生形成一定的知识结构。其方法是把复读课文中的知识点按若干类别加以归纳、整理,通常可以采用图表、纲要的形式来概括,便于记忆。②以比较异同为目的的复读。通过比较,或同中求异,或异中求同,往往能在文体特点、布局谋篇、遣词造句等方面发现特点、找出规律。③以求得规律性知识为目的的阅读。在这类复读过程中,要求学生以一组文章所提供的事实为材料,经过思考,寻求支配这些事实的规律;引导学生在归纳比较的基础上,进一步训练抽象思维的能力。

导读法的重要价值在于:四种教学方式自始至终都贯穿着思维训练的内容,使学生在不断思考、质疑、预想、评价中锻炼思维能力。此外,学生从对教师的被动依赖状态中解放出来,充分认识自我学习的潜能,树立了学习中的主体意识。

信息栏 3-3

经典语文教学方法介绍

顾黄初主编的《中国现代语文教育百年事典》，其中不少篇目介绍了百年来语文教学方法，如：

《1914年"自学辅导主义"教学法的引进和实验》(62-63页)

《1914年徐特立〈国文教授之研究〉发表》(64-65页)

《1915年胡适〈如何可使吾国文言易于教授〉发表》(66页)

《1919年陶行知提出将"教授法"改成"教学法"》(92-93页)

《1925年朱自清〈中等学校国文教学的几个问题〉发表》(160-161页)

《1926年周铭山等〈中学国语教学法〉出版》(172-173页)

《1936年阮真〈中学国文教学法〉出版》(229-231页)

《1941年蒋伯潜〈中学国文教学法〉出版》(255-256页)

《1941年、1943年叶圣陶、朱自清合编〈精读指导举隅〉和〈略读指导举隅〉出版》(259-260页)

《1953年〈红领巾〉观摩教学及其引出的讨论》(344-345页)

《1961年、1963年洛寒先后在〈人民教育〉发表〈反对把语文课教成政治课〉和〈不要把语文课教成文学课〉》(411-412页)

《1965年至1966年〈光明日报〉先后发起"怎样掌握启发式教学法的精神实质"和"怎样才能生动活泼地主动地进行学习"的讨论》(448页)

【资料来源】 顾黄初主编：《中国现代语文教育百年事典》，上海教育出版社2001年版。

二、选择教学方法的依据

选择教学方法的依据和角度包括：

（一）从具体的教学目标出发

选择教学方法的首要依据就是教学目标。语文教学活动的教学目标不同，所采用的教学方法也应该不同。如果师生需要共同学习、掌握一些语文基础知识，那么可以采用讲授法；如果语文教师想提高学生发现问题、分析问题、解决问题的能力，需要创设一定的情境，那么使用探究法；如果语文教师要培养学生良好的语感，那么需要采用美读法、默读法等等。

（二）从教学内容或课文特点出发

选择教学方法的第二个依据就是教学内容。其中，课文特点对选择教学方法有很大的影响。课文是教师对学生传授知识、培养能力、陶冶情操的依据。文体不同，教法也应有所差异。即使同一文体，也有各自的巧妙构思与语言风格。比如，澳大利亚作家泰格特的小说《窗》，通过对病房的两位重病人相互之间所持态度的描写，表现了美与丑两种截然不同的心灵，体现了极其深刻的扬善贬恶的道德力量。教学时，我们可以调动学生发挥想象力，猜想小说结尾，激发学生主动融入文本，体会小说结局的艺术美。还可以抓住重点段，以品读课文、合作探究、师生交流的形式分析人物性格及对比写法。还可以通过续写故事了解学生的情感倾向，引导学生树立正确的人生观、价值观。

（三）从学生的特征和学习需要出发

语文教师选择教学方法还须依据学生的心理特征，要考虑学生的实际需要。新课程改革积极倡导以学生为本的教育理念，语文课堂应着眼于师生共同的活动，开创"以学定教、学教相长"的良好局面。

语文教师在选择教学方法时，需要注意以下几个层面的工作。首先，要积极采用能够激发学生积极性、主动性的教学方法，促进学生自主学习。所谓"自主"主要是指学生呈现出的"要学"的状态，它基于学习者的兴趣和欲望，是促使学习者不断进取的原动力。在语文教学中开展自主学习，其目的主要是使学生的学习活动由被动转为主动，从他律转为自律，不仅开发他们的学习潜能，而且培养他们的学习责任感。其次，要对学生进行有效的学法指导，让学生学会学习。古人云："授之以鱼，不如授之以渔。"语文教师应该给予学生一些有效的学习方法，让他们不仅"要学"，而且"能学"。

鉴于上文对选择教学方法的论述，我们认为，语文教师在设计教学方案时，应该依据教学目标、课文特点、学生需要来选择教学方案。此外，还要注意学校提供的物质环境以及自身素养的制约问题。新时期的语文教师应该明确：教学有法，教无定法，贵在得法。

做上学

1. 确定教学目标，要根据《义务教育语文课程标准（2022年版）》和学生实际的要求，并符合教材编写的目的。请围绕统编版教材七年级上册《散步》设计单篇教学目标。

2. 登录江苏省南京市东庐中学的网络主页,了解这所学校教学模式的内涵与特点。你觉得该教学模式有什么可取之处?谈谈你的看法。

3. 从课文体裁的角度(诗歌、小说、散文、戏剧)出发,思考不同的文体应该选择怎样的教学方法。从初中或高中课本中,选取一篇课文,设计该课的教学方法。

本 章 小 结

设计教学方案是在学习研究课程标准、全套教科书及钻研所教课文的基础上,依据语文学科的特点、语文教学的基本原则及学生的实际,为教学活动所作的有利于学生学习的科学化规划和安排,具体包括确定教学目标、筛选教学内容、确定教学模式、选择教学方法,等等。在整个教学活动中,它又是编写具体教案和学案的基础,共同构成相对实用的教学预设。曾有人提出语文教学的五个"着力点":①深入了解学生,以学定教是有效教学的立足点;②深刻理解文本,用好教材是有效教学的着力点;③科学设计教学目标,注重学生的全面发展是有效教学的关键点;④注重运用教学方法,追求语文教学的艺术性和科学性是有效教学的效益点;⑤充分落实训练内容,讲练结合是有效教学的生长点。其中,③④两个着力点就是设计教学方案的问题,而①②⑤三个着力点或是设计教学方案的前提,或是教学方案的有机构成因素。不重视教学方案设计,教师就将不作为或乱作为,就不可能有好的教学生成。有人提倡非预设性教学,这值得商榷,绝对的非预设性教学可能并不存在。

资源链接:

1. 《美日苏语文教学》,朱绍禹主编,吉林文史出版社1991年版。
2. 人民教育出版社网站(https://www.pep.com.cn),人民教育出版社主办。

第四章

编写教案与学案

> **学习目标**
>
> ● 理解教案与学案的内容、特点与区别,了解教案与学案的一般类型,了解试讲的意义。
>
> ● 掌握教案与学案设计的基本方法,并能借助教案或学案进行试讲。

语文教师在课前要根据设计好的语文课时教学方案,选择合适的教学媒体,精心设计教学过程,认真编写教案与学案,并进行试讲,经集体探究,修改完善教案与学案。通过本章的学习,我们将了解到教案与学案编制的方法,以及利用教案或学案进行试讲的技术要领。

第一节 编写教案

编写教案是教师的一项基本工作,教案设计质量的高低将直接影响学生的学习效果,影响一节课的成败。不管一位教师教学经验多么丰富,上课前一定要编写教案,教案在教师的教学活动中起着非常关键的作用。

一、教案的地位和作用

案例 4-1

《天上的街市》教案设计[①]

【教学目标】

1. 借助课文注释说出作品内容和时代背景。

---

① 钟昌华:《〈天上的街市〉问题导学教学设计》,《语文教学与研究》2017 年第 26 期。

2. 诵读这首诗。

3. 列举诗句分享诗人对自由、幸福、美满生活的向往之情。

【学习重点】训练自己的诵读能力。

【学习难点】弄懂想象和联想及其运用。

【学习过程】

一、(激趣)导入

小组举荐代表简述民间传说《牛郎织女》，并作相应点评。

二、多媒体展示学习目标

学生领读、齐读，并铭记在心。

三、自主学习

自读课文，完成预习：

1. 了解作者及作品。

2. 了解时代背景。

3. 用自己喜欢的方式读课文，划分节奏，体会全诗的感情基调。

4. 收集中国古代有哪四大民间传说，重点简述《牛郎织女》。

四、小组合作交流，美文共赏(三步四活动)

(一)畅游天街(1、2小组完成)

活动一：倾听天籁之音——感受诗歌的音乐美

1. 朗读：聆听班德瑞名曲《想象》，按音乐节奏划出诗歌的句内停顿，读出抑扬顿挫——注意节奏缓急，音量大小和速度快慢，做到轻松、柔和、舒缓。

2. 默写本诗(各组派一人作为代表在黑板上展示，其余组员在小组内完成)

知识链接：

联想：是由一事物想到另一事物的心理过程，两事物之间或具有因果关系或具有相似关系。(抓相似点)(实写)

想象：就是在原有感性形象的基础上创造出新形象的过程。(虚写)

(二)来到天街(3、4小组完成)

活动二：观看奇异画面——感受诗歌的图画美

(板书一)

1. 诗中写了哪些场景？分别运用了哪些写作手法？

2. 作者笔下的天街是怎样的一幅图景？

3. 小组合作：一人朗读原文，一人解说画面，一人述说理由。

4. 假如你是一位摄影师，你最想拍摄天街上的哪个物品或哪个镜头，为什么？

(三)漫步天街(5、6小组完成)

活动三:细察颗颗流星——感受诗歌的语言美

(板书二)

1. 大声朗读诗歌,并选取你喜欢的诗句或段落,说说喜欢的理由。

2. 默默地读,边读边思考:天上的街市显然是诗人的想象,可是诗人却反复运用"定然""定能够""一定"等词语,表示极为肯定的语气,这和想象是否矛盾?简述理由。

3. 跳读诗歌,划出你认为诗歌中如颗颗流星般美丽的词语。

明确:

"美丽的街市""世上没有的珍奇"表现了牛郎织女的生活很富足;

"闲游"表现了牛郎织女生活的自由、幸福;

"浅浅的"说明了牛郎织女可以自由地往来;

"那朵流星"中的"朵"字常用于花,花是美好的象征,把流星比作花,暗示他们的生活像花朵一样美好。

活动四:描绘梦幻意境——感受诗歌的内涵美

(板书三)(7、8小组完成)

1. 诗中的"牛郎织女"与传说中的"牛郎织女"有何不同?作者寄寓其中的是怎样的情感和期望?见学习目标4

五、展示分享,拓展思维(板书四)

1. 仿照示例,发挥联想和想象,完成练习:

例:天空——茶→天空——大地——水——茶

练习:A. 草稿——超市

　　　B. 跳舞——秦始皇

　　　C. 电——鸡蛋

2. 说说你学习这首诗的收获。

3. 仿写一首小诗。

附:设计意图

核心:以小组学习为平台,以导学案为教、学的"蓝本"(抓手)。

理念:学生为主体,教师为主导。

平台:小组学习。

方式:集体备课,编制导学案。

进程:10 + 25 + 10——课前—课中—课后。

管理:先对教师、学生进行小组合作学习培训,再通过小组合作学习课堂规范化,在这样的框架下进行导与学,进一步出台与小组合作学习相一致的教学评课标准。构建小组学习平台:原则——组内异质,组间同质。小组成员的3种特质:6人为例(2个优等生,1个学困生,3个中等生);4人为例(1个优等生,1个学困生,2个中等生)。

【宗旨】教师走下来,学生动起来,课堂活起来,实现目标。

从案例4-1可知,教师在课前准备工作中首先要熟悉课程标准精神,尤其是课程目标的总要求及分段要求,分析钻研教材,研究学情,然后确定教学目标,明确重点和难点,在此基础上,再选择课型结构,选择教学方法,优化设计教学过程,并反复推敲,总结归纳撰写成教案。

教案,也叫课时计划,是教师备课过程中以课时或课题为单位设计的教学方案,它贯穿着教师的教学理念,规定着教师的教学行为。科学、合理的教案设计是有序、高效的教学实践活动的基础,是加强语文教学科学性,提高教学质量,实现语文课堂教学最优化的必要手段。

教师备课、写教案的过程,实质上就是实际教学活动的每个环节、每个步骤在教师头脑中的预演过程。它能使教师如临真实教学情境,对教学活动的每一细节周密考虑、仔细策划,为教学活动的顺利进行提供可靠保证。良好的教案设计对教学内容的选择、教学方法的运用、教学时间的分配等都作出了具体明确的规定和安排。这一系列的安排都带有极强的可操作性,成为教师组织教学的可行依据。

对教师而言,教案对其专业成长起一种助推的作用。对新教师而言,有了教案,便可以更自信地走进课堂,同时,也可以使他们了解、熟悉教学活动的过程和基本要素,直至最后能依据自己丰富而高度组织化了的实践知识来设计自己的教学计划、教学内容。

二、教案的内容构成与编写要求

(一) 教案的内容构成

语文教案没有固定的格式,按其内容分布,它的结构形式大体上可分为案头、主体和案尾三部分。

语文教案的案头部分是一篇教案的概要部分。它一般包括以下内容:

课题:单元或课文题目。

教学目标:是指教学活动预期所要达到的结果,它规定了通过具体教学过程学生学会了什么。它是教学活动的出发点和归宿。

重点、难点:教学目标中需要重点解决或突破的部分。重点、难点通常分项排列,但有时二者重合,有时也可以只有一项。

课时:标明本课时是整个语文教案中的第几课时。

课型:根据授课时完成任务的单一与否,授课可分为单一型和综合型。单一课型有以讲授新课文为主的新授课,以复习旧知识为主的复习课,以训练语文技能(如作文)为主的练习课,以分析作业或讲评作文为主的作业评析课以及以考试、考查为主的检查课等。相应地,综合课型则为单一课型的有机融合。

教学方法:整个教学过程中主要运用的方法,如讲授法、练习法、评点法、朗读法等。

教具:本课时教学中所需运用的教学工具,主要包括投影仪、幻灯片等。

教案的主体部分主要是课时教学安排。课时教学安排一般应包括如下内容:

教学步骤:主要是按教学进程,标明先安排哪些教学内容,教学方式是什么,后安排哪些教学内容,采用何种方式进行。另外,许多教师还在每一步骤的后面标明预计所需的时间,以便在实际教学中对教学时间有所控制。

板书设计:这是教学思路的形象化体现。板书应使教学内容纲要化和凝练化,使之结构鲜明、重点突出、形象直观,从而加深学生的理解和记忆。

练习设计:每一节课大都进行一些集中性的技能训练,也可以让学生自我完成一些练习。

案尾部分主要是书写教学后记。这是教师授课之后总结教学得失的重要的文案记录,可以写教学的感受,也可以写教学的实施情况。主要是为以后的教学提供可以借鉴的资料,这也是许多优秀教师得以成功的重要做法之一。

(二) 编写教案的要求

信息栏 4-1

教案是否要来一次革命

《人民教育》在 2002 年第 9 期曾开展过一个"教案是否要来一次革命"的大讨论,引起了读者的广泛关注。尽管有学者提出,对传统的教案应来一次革命,但多数圈内人士则认为,对待教案的正确态度是积极地进行改革,而不是"革"教案的"命"。写教案要符合课改精神,要树立正确的备课指导思想,树立"为了每一个学生的充分发展"的价值取向和以课改新理念为出发点的备课观。

【资料来源】 戴正兴著:《教案:共同面对的话题——近年来关于教案问题的讨论动态综述》,《辽宁教育》,2004 年第 9 期。

1. 明确课程标准的要求

课程标准是用来规范学科教学活动和教学行为的指导性文件。语文教案设计必须在语文课程标准的指导下进行。初高中语文课程标准对语文学科的教学目的、教学要求、教学内容、教学方法等都作了宏观的规定或提示。语文教案设计就是要将这些因素通过精心的组织和筹划融会于教学过程之中,使之得以落实,落实得如何,就要看对课程标准的要求把握得怎样。因此,准确地把握课程标准的要求具有十分重要的意义。

2. 教学内容与方法要适合教学目标

教学过程中的任何因素都必须服务于教学目标,无论是教学内容,还是教学手段,都要围绕目标进行选择和确定,教案设计当然也不例外。请比较两位教师教学《最后一次讲演》的不同教案设计:一位教师抓住演讲词的特点,特别是针对《最后一次讲演》的非常强烈的爱憎感情,让学生通过朗读和进入角色的演讲来体会演讲者的立场、观点和情感,进而品味、感悟语言的褒贬色彩。另一位老师则根据一般议论文的教学要点,让学生找出论点、论据,分析其论证过程及方法。这两种设计哪个更科学、更合理呢?应当说,前者的设计更适合教学目标。因为,这篇课文的教学目标,不在于让学生体会一般议论文的特点,而在于让学生感悟特定情境之下的讲演的特点,从具有鲜明立场和充沛感情的言语中认识演讲者伟大的人格和精神。

3. 深入钻研教材

研究教材,首先要着眼于教学目标。在备课、设计的过程中,要在深入研究的基础上,根据教学目标有的放矢地寻找和利用有关资料,这样,在教学设计中,就可以将某些有利于实现教学目标的信息安插在关键处,以帮助学生释疑解惑,融会贯通。研究教材,还要选准重点。如《背影》的阅读重点之一是"课文的线索",这个问题似乎很明了,文章前后四次写到背影,以"背影"贯穿全文。但是,为什么车站买橘的背影深深震撼了朱自清的心?令他流泪的仅仅是父亲买橘时的艰难吗?如果车站买橘的特写放在文章开头,其背影还会有如此动人的力量吗?对这些问题的挖掘,可一步步搞清楚前面所叙小事之作用以及作者流泪时复杂的内心情感,进而对本文丰富的思想内涵有比较深刻的认识。这种顺藤摸瓜式的研究方法,对理解教材十分有益,也为形成教案设计的思路打下了基础。

4. 充分了解学生

教案设计虽说是教师的主观行为,但这种行为的目的恰恰是为了满足学生学习的客观需要,因此,教师尤其要考虑教学对象——学生对其设计的可接受性。这就要在了解学生的知识基础、智能状况、兴趣爱好、心理期待等因素的前提下,有针对性地采用学生喜闻乐见的设计形式,来诱发学生的学习兴趣,激发学生的学习动机,挖掘学生的学习潜能,营造最佳的教学情境和氛围,以便达到教与学的和谐统一。

三、教案的常见类型

语文教案设计是一个综合概念,它牵涉到多种因素。根据所涉及的不同对象、手段,教案设计有若干类型。按教案内容的详略划分,有详细教案、简明教案和微型教案;从教案设计所表现的性质来划分,可分为常规型教案和创造性教案;按教学过程的长短划分,有单元教案、单篇课文教案;按教学内容划分,有阅读教案、作文教案、口语交际教案、综合性学习教案;按教案的用途划分,有课堂实施教案、微格实验教案、教师说课方案等。

这里重点介绍一下详细教案、简明教案与微型教案。

1. 详细教案

详细教案简称详案。就是内容全面、广泛的教案。这种教案写起来详细、完备,近乎于讲稿,案例4-1即为详案。通常情况下,这类教案除了必须具备各要点、要素外,对作者介绍、时代背景资料、重点字词的音、形、义等多项内容都要求写得充分详细。同时,对每个教学步骤,每个教学细节,要提出的问题、问题的答案乃至各环节之间衔接的话语,都经过精心设计,详细记录在教案里。甚至要预计教学中可能出现的几种情况,并设计出应对的方式等。在写详细教案时,许多教师还对各个教学环节所需的大体时间作出预计,还要对许多重点、重要之处作特别处理,用不同的颜色、符号作出标记。详细教案还按课时设计比较完备的板书形式,以供教学时使用。不少教师还在教案纸的背面,贴上查到的相关资料,或用卡片记录下来,夹在教案中。详细教案的编写需要耗费比较多的精力,但是它能比较完整、系统地设计教学过程,记录教学内容,使用起来得心应手,很适合经验不足的新手教师编用。新手教师要首先学会编写详细教案,以尽快提高自己编写教案的水平。

2. 简明教案

简明教案简称简案。可以说,简案就是详案的简缩,它的文字比较精练,篇幅比较短小,内容上只有概要。比如教学步骤的设计上,只写几个大的步骤或需要引导提问的重要问题。在设计这种教案时,需要有一定的教学经验,需要对教学过程有比较全面的了解和比较从容的把握能力,需要对一些教学环节有临场发挥的能力。也就是说,这类教案通常适宜于对课文、课堂有较高驾驭能力的老师采用。

3. 微型教案

微型教案是把教学内容尽量简化,只保留几个大的教学步骤和几项主要教学内容而形成的教案。这种教案使用起来比较方便,同时,它也只是为了保证在教学时不漏掉重要内容的一种手段。使用微型教案的教师,一般有相当丰富的教学经验,对课文和课堂的把握已经到了驾轻就熟的地步。湖北省特级教师余映潮老师曾经编写了关于《狼》的8种微型教案,这8种微型教案,共展现了常规手段下的8种教学角度:诵读、辨读、说读、析读、品读、写读、听读、练读。

第二节 编写学案

素质教育的宏大目标,决定了必须改变以教师为主体的旧的课堂教学结构,构建以学生为主体的新的课堂教学结构。陶行知先生早就提出过精辟的观点:"先生的责任不在教,而在教学,在教学生学。"而要真正做到以学生为主体,教师就必须从以备教材为主变为以备学生为主,将备学生和备教材有机地结合起来。换言之,我们既要会"备教案",更要学会"备学案"。

一、学案的内容与特点

案例 4-2

《女娲造人》学案设计[①]

一、预习目标的设定

1. 积累词语。

2. 把握作品内容,初步了解神话故事的特点、神话与现实的区别。

3. 体会作者情感,理解课文大胆新奇而又合情合理的想象,激发学生的想象力。

4. 学习伟大母亲女娲勤奋、智慧的品质和远古人类的创造力。

二、预习重难点的设定

重点:1. 认识女娲的人物形象;

2. 正确认识神话和现实之间的联系和区别。

[①] 王节:"学案导学"模式在初中语文课堂教学中的设计与运用——以〈女娲造人〉的教学为例》,《现代语文(教学研究版)》2010年第12期。

难点：激发学生想象力，理解想象的特点。

三、预习方法的选择

本文浅显易懂，可以通过复述故事的形式把握文章的主要内容。

四、文学常识的积累

学生搜集关于作者、神话等方面的相关资料，可以做成课件、网页等形式，准备在大课交流中展示。

五、预习过程的设定

主要分为四个阶段：

（一）自读感知，伙伴助学

教师首先提出速读要求，指导学生在阅读中标出各自然段的序号，划出读不准的字音或不理解的词语，可以自己查阅字典或组成学习小组讨论解决。教师在这个学习过程中要帮助学生整理、归纳、积累文章中容易读错的字音、容易写错的字形，扫除学生的阅读障碍。

其次，教师要引导学生熟悉课文情节，复述故事，并在此基础上与课外短文对比阅读，看其与课文相比丰富了哪些内容，体会神话非凡的想象力。

（二）导读领悟，展示评价

这个阶段要从学生的阅读角度出发，注重培养学生养成自主阅读的习惯。问题设计为两个：一是速读课文，标出描写女娲的重要词句，分析女娲形象；二是理解文章的具体情节，了解想象的写法。在学生交流展示学习效果的基础上，教师适时点拨、评价，将学生对文章的阅读不断引向深入。

（三）学贵存疑，拓展延伸

这一环节中教师要引导学生对文本进行自主解读、质疑探究，提出自己在阅读过程中个性化的理解以及存在的问题，从而培养学生的思维拓展能力。如：在本课的学习中，学生会对人类的起源、神话故事中的想象提出问题，可以引导他们在图书馆或网上查阅相关资料，小组合作解决问题。对于预习过程中小组不能解决的问题，可以记录在学案上，以备课堂上讨论。

（四）精读演练，反馈习题

课堂上完成相关的精选习题，检测阅读效果，如课堂时间不够，可以改为课后作业。

案例4-2是语文课的一种比较常见的学案。所谓学案，就是学习方案，即指教师根据学生的知识水平、能力水准、学法特点和心理特征等具体情况，设计出供学生完成学习任务使用的学习方案。学案绝不是教学内容的拷贝，也不仅是教师讲授要点的简单罗列，首先它要帮助学生将新学的知识与已有的知识经验形成联结,为新知识的学习提供适当的附着点;其次它也要帮助学生对新学的知识进行多方面的加工,以利于形成更为牢固的知识体系;另外,学案还要指导学生掌握学习新知识的方式与方法。因此,学案实质上是教师用以帮助学生掌握教材内容、沟通学与教的桥梁,也是培养学生自主学习和建构知识能力的一种重要媒介。

学案与教案仅一字之差,但学案与教案有着本质的区别。教案与学案,一个着眼于教,一个着眼于学;一个着眼于教师主体,一个着眼于学生主体;一个侧重于教师"给予",一个侧重于学生"拿来";一个侧重于"学会",一个侧重于"会学"。两者虽紧密联系,但在目标要求、课堂角色、教学方式方法方面,却有着本质的不同。教案是教师在认真阅读课程标准和教材后,经过分析、加工、整理而写出的切实、可行的有关教学内容及教材组织和讲授方法的案例,其着眼点在于教师讲什么和如何讲。学案的着眼点则在于学生学什么和如何学,体现以"学生为中心",它既反映学习结果,又体现学习过程。说得通俗一点,学案就是专门给学生看和用的教案,特别强调的是学生的"学"。

二、编写学案的意义与原则

信息栏 4-2

学 案

语文"学案"是新课程改革过程中在本土进行的语文教育改革实验活动。这种实验始于何时、始于何地,我们无法考证,只能说这是一种自发的却又集体无意识的改革行为。时下,这种实验已经在江苏、浙江、山东、河南、河北、安徽、广东、四川等地悄然展开,且已取得了明显的语文教学效果。不仅内地(大陆)在做这种实验,我国香港、台湾地区也在做,香港称之为"语文工作纸",台湾地区称之为"国文学习单",名称不同,作用相同。

【资料来源】 魏本亚著:《语文"学案"教学实验:特征、价值与反思》,《中国教育学刊》,2011年第3期。

(一) 编写学案的意义

结合实际成效来看,学案设计给语文教学带来了积极的影响:

1. 打破了传统的教学模式

学生读书、作业在前,教师讲课(实际上组织问题讨论和思维训练)在后,学生通过自己的努力基本掌握了教材中的基础知识,而无须教师在课堂上再讲述,这样,就节省了课内原本用于无效劳动的宝贵时间,能将其用于创造性思维能力的培养和开发。因此,编制学案,进行教案改革,为教师减了负,并且为教师做研究搭建了平台,为教师成长铺设了台阶,既转变了教学方式,又提高了课堂教学效益;同时,编制学案,也落实了新理念,凸显出学生的主体地位,培养学生的"学力",张扬师生个性,实现了师生的和谐发展。

2. 从研究教法向研究学法转变

学案导学中教师的主导作用体现在编导、引导、指导上,编导学案的过程就是一个探究性的活动,它不是教案的翻版,它需要教师从帮助学生学会学习出发,按照从易到难,从表面到本质,从一般到特殊的认识规律,有层次地安排学习活动。教师提出的问题往往具有启发性,有利于帮助学生突破常规思维局限,有利于挖掘学生的潜能,有利于学生发现问题。在课堂上,教师从主演变为导演,把主演位置让给学生,走下讲台,深入到学生中去。

3. 鼓励学生发现问题

学生没有深入钻研就无法发现问题、提出问题,创新精神的培养则无从谈起。学案的使用,则创设了富有生机和活力的课堂教学气氛,学生兴趣盎然,热情参与,进而由兴趣向进一步探索的方向过渡,较好地解决了学习态度、学习习惯问题,使教学质量提高和学生学习能力发展有了可靠保证。

(二) 编写学案的基本原则

编写学案须符合如下基本原则:

1. 优化目标的原则

课程标准是学科教学最基本的要求,在课程目标上,它对学生知识和能力,过程和方法,情感态度以及价值观等方面进行了具体的设计。学案的学习目标要根据三维目标的要求,切合学生的知识能力水平,顾及学生的心理和情感因素。要求教师认真钻研课程标准和教材,领会它们的精神,明确教学内容的深度、广度和教学的阶段性。学习目标的表述要以学生为主语,考虑学习目标的全面性和重点性相统一,突出重点、难点、关键,并应注重那些具有能力迁移价值和情感作用的目标。

2. 活动学习的原则

心理学研究告诉我们,唯有当学生能自由地参与探索与创新,身心方能处于最佳状态,思维方能呈现激活之势。从这一认识出发,教师在学案编写中应充分考虑活动性原则,让学生在课堂上活起来,动起来。活起来不仅指学生的形体要活,更重要的是思维要活。教师要把静态的学案看成动态的活动式学习方案,把每一个栏目策划成一个或几个学习活动。比如识记六个字词,可以让学生通过读、写、背、讲、听、问、查、演、评等活动进行识记,根据时空安排和学习需要灵活选取活动方式。将知识点转变为活动点后,学生的能力品质便提高了,创新素质也增强了。

3. 启发激励的原则

在编写学案时,教师应注重创设有启发性、激励性的问题诱发学生思考,鼓励学生探究。如学习《童趣》,宜设问:"你认为要怎样才能成为一个情趣丰富的人?"以唤起学生的审美意识。上《爸爸的花儿落了》一课,可以问一句:"同学们为什么很喜欢又害怕变成大人?"以此开启学生对成长的思考。上《假如生活欺骗了你》一课,可以问:为什么"那过去了的,就会成为亲切的怀念"?既让学生领会了《假如生活欺骗了你》的主旨,又引发了学生对人生历程的回顾。

4. 注重层次的原则

既然学案是面向全体学生,全面衡量学生,那么教师就应尽可能多地了解学生的知识水平、接受能力、生活环境,了解多数学生的兴趣、特长,还要从特性中找出班级学生的共性,充分考虑和适应不同层次学生的实际能力和知识水平,使学案具有较大的灵活性和适应性。在编写过程中就应特别尊重学生的个体差异,不对学生作统一要求。应充分考虑每个学生的不同个性和认知水平的高低层次,注重将难易不一、杂乱无章的复习内容处理成有序的、阶梯性的、符合每个层次学生认知规律的学习方案,从而调动全体学生学习的积极性,实践因材施教的教育思想。

5. 及时反馈的原则

学案的设计要突出如何在课堂中加强及时反馈,要研究课堂反馈的各种途径,如对学生听讲、对话、讨论、练习等的感知,在课堂中如何对学生普遍存在的问题进行反馈,如何对教学思路、方法进行反馈,如何逐步培养学生练习的互批和自批的能力和习惯,等等。

三、学案的设计与使用

(一) 学案的设计

学案一般包括几个基本要素:学习目标、知识积累、方法指导、问题设计等。但在具体编写的过程中,也不全拘泥于某种格式或某一类型,往往会兼顾或突出某些要素,吸收各种类型的优点,形成符合自己个性与特色的学案。

案例 4-2《女娲造人》学案设计眉目清楚,主要由五个部分构成:预习目标的设定;预习重难点的设定;预习方法的选择;文学常识的积累;预习过程的设定。该学案着眼点是"以学生为中心"的教学理念,力求把教学的重心从研究教师的教法转变到研究学生的学法上,促使教师进行角色转换。通过学生自主阅读、小组合作交流、教师引导点拨、师生品读赏析、共同质疑探究的方法,激发学生参与学习的兴趣和积极性，让学生在自主学习的过程中掌握阅读的有效方法，体会到学习的乐趣。

中学语文教学强调以学生发展为主、培养能力为重，强调教学必须面向全体学生，使学生的思维和个性得到充分发展。以学案为载体，沟通师生的认知与情感世界，拓展语文学习的新领域，这样的"学案导学"层出不穷，大多收到了不错的教学效果。比如，南京市溧水区东庐中学两案合一的"讲学稿"，真正做到"轻负高质"。聊城市茌平区杜郎口中学的课堂，采用"预习—展示—反扩"三个模块，具有"立体式""大容量""快节奏"三个特点，是基础教育界比较有影响的教学改革。案例4-2的学案是王节老师基于所在学校推行"学案导学"模式的基础上，结合语文学科特征，展开高效课堂教学的一则案例，具有一定的代表性。

值得注意的是，在学案设计过程中，我们要把握好"学习活动"与"练习"之间的关系。语文学科的学习特点是注重品读、感悟，如果把生动的文本肢解成一个个知识点的练习，把"导学案"变成"练习"的代名词，课堂教学气氛势必沉闷。如何正确对待"学习活动"，正确区别"学习活动"与"练习"，应该是导学案设计的一个重要问题。

（二）学案的使用

学案设计完成之后，接下来就过渡到学案的使用。学案的使用就是学案导学，即以学案为载体，以导学为方法训能达标的教学活动。它是培养学生能力，提高课堂教学效益，突出学生自主学习，注重学法指导的教学策略体系。其操作要领主要包括：

1. 指导自学

学案编写好后提前1～2天发给学生，要求学生根据学案的要求初步阅读教材，并对学生阅读作三点指导。一是要求学生读书要快，尽量节省时间；二是要求学生在读书的过程中找出知识点或问题答案要点；三是边阅读，边思考，找出疑点，做好记号或记录。学案预习设计的内容主要是围绕课文的思想内容与表现形式、疑难字词句段理解、自身感悟与探究三方面设题。学生在学案的指导下有计划、有目的地预习一篇文章，把握课文大致内容，能明确课文的文体、表达方式，能用简洁的语言归纳文章主要内容，理清写作顺序，学习生字新词，为深入理解课文作好铺垫。划出有利于表现中心的句子、段落；抓住段落的关键词语，用圈点勾画批注的方法对课文进行有效探究。比如王节老师在教学《女娲造人》时，布置学生预习，完成如下任务：速读课文，整体感知。要求：(1)标出自然段的序号，划出读不准的字音或不理解的词语，结合字典或学习小组讨论解决。(2)熟悉文章情节，准备讲述故事。

2. 组织讨论

完成上述自学指导工作后,教师组织学生讨论学案中的有关问题。对一些简单易懂的内容,只需一带而过。对重点难点问题应引导学生展开交流,依据问题的难易程度及特点,讨论的形式应当多样化,可以从同桌交流、小组合作、班级交流等不同范围展开。教师应积极参与讨论,关注学生在讨论中不能解决或共同存在的问题,及时汇总,以便在精讲点拨时引导学生解决。同时,教师还应积极引导学生紧扣教材、学案,针对学案中的问题展开讨论,避免流于形式。比如王节老师在教学《女娲造人》时,首先安排学生交流在学案中遇到的问题,并让组长组织学习小组内的成员展开讨论,交流问题,教师参与讨论;再读课文,从文中划出描写女娲的词句,小组讨论女娲是怎样的一个形象。并提出问题,如"女娲造人的情节是真的吗?""怎样理解这种写法?"等等。

3. 精讲点拨

教师应结合学情,依据学生自学的情况,结合学生的课堂讨论情况,还有学习的重点及难点,适时参与点拨。尤其是,对于难度较大的问题,比如在学习《孔乙己》一文时,无论是预习环节,还是讨论环节,都会碰到这样一个棘手的句子:"孔乙己是站着喝酒而穿长衫的唯一的人。"围绕类似的问题,教师确定讲的内容,抓住要点,理清思路,启发思维,引导学生一起来解决。在精讲点拨时,要兼顾各个层次的学生,做到分层指导,分类点拨。在精讲点拨时,不能忽视语文的学科特性,不能忽视学生的情感体验。应抓住契机,引导学生进行情感体验,在理性思维与情感思维的基础上,获得感想启迪,享受审美乐趣,提高文化品位。

4. 归纳小结

归纳小结是十分重要的环节。在学案导学时,必须留有一定的空白,在课堂上留有3~5分钟时间,指导学生对本课时的学习内容、学习活动进行总结反思。教师可提示学生:想一想,本课学习了哪些内容,主要探究了哪些问题?通过本课学习得到哪些启示,还有哪些疑问?可将启示、疑问在学案上写下来,或者当堂交流,或者在课后请教老师、咨询同学,也可让学生自由作结。一般来说,学生会在这一环节归纳文章的写法、学到的学习方法、梳理知识关系、拓展与迁移等,内容十分丰富,形式也可以很多样。比如可以以小组为单位,进行交流展示,形成知识的系统性和完整性,并提高语言综合与概括的能力。

5. 拓展延伸

从学案生成、实施,到交融,基本实现了读懂课文的计划,学生读懂课文,既是解决问题的过程,也是新的问题生发,新的认知诞生的起点。这种时候,学生可能对文中有些内容有更为深入的了解,或者有对同一题目、同一主题及相关内容进行辐射性阅读的兴趣，或者有对文中规定训练项目的拓展或者强化，也可能是对文中蕴含的其他训练项目有所发掘。当然，教师也可直接设置，因势利导。例如王节老师在教学《女娲造人》时，布置了以下作业：浏览科普网站，追寻人类起源。参考第六单元综合性学习中关于人类起源问题的有关资料，自选专题，搜集资料并撰文，为下周的综合实践活动课做准备。

可以设想，如果每一篇课文的学习都坚持依托学习方案，生成、落实、交融、完善、延伸学习方案，不仅充分发挥学生的主体作用，又体现教师的引领作用，那学生的语文学习效率，较之传统的教案时代，肯定会得到显著提高。

第三节 试 讲

试讲作为教师教育和教育实习的一个重要实践性环节，是师范生经过几年教师教育专业学习后能否较好地担当起实习生职责的初步尝试，也是师范生能否顺利地从一个"实习生"向"准教师"角色转换的首次考验。所谓"试讲"，是以学生讲课、老师评课的方式进行的，即每位学生轮流到讲台上模拟老师讲课 10～15 分钟，其余同学和老师在台下听讲，并做出相应的评价。

一、试讲的意义

试讲有助于完善教学设计，提高教学效果；试讲对于教师的专业成长来说，有着非常重要的意义，而对于师范生而言，试讲尤其具有不可替代的特殊意义。

（一）能使师范生克服紧张心理

试讲是师范生教育实习前在课堂教学方面所进行的综合演习和实战训练，它对师范生顺利进入教育实习状态以及承担教学实习任务有很大的促进作用。试讲又是教师生涯的起点，是新教师走向神圣讲坛迈出的第一步，是提高和锻炼教师自身素质的重要手段。但是初登讲台者普遍存在着紧张心理，紧张心理是导致授课失败的首要因素。声音发颤、思绪混乱、遗忘内容等现象，都是由紧张引起的。然而，克服试讲紧张心理又离不开试讲，因此并不存在什么"特效药"。对于那些容易受紧张心理困扰的师范生来说，只有正确面对，充分准备，多上讲台，才能逐步缓解直至慢慢克服这种紧张情绪。

（二）能使师范生正确认识语文教学的特点

师范生往往不熟悉语文教学。尽管有教学参考书，甚至有名师的教案，他们对教材的理解仍难免肤浅,对语文课所承担的教学任务总是不甚明了,把一篇课文放在一个单元乃至整册课本中去考虑它的教学内容、重点、难点的能力还比较薄弱。因此,许多学生在拿到课文时,往往停留在表层,或者习惯于把一篇课文中所有的知识、能力训练点罗列出来,把所能找到的教学参考资料的观点拼凑在一起,形成"大杂烩",以为这就是"丰富";或者把课文中自己感兴趣的内容,大讲特讲,以为这就是"创意";或者投其所好讲些名人趣事,引起学生的注意,以为这就是"生动",很少考虑自己所圈定的教学内容是否与单元其他课文的教学内容重复,是否符合语文课程标准的要求,是否符合中学生的认知规律,是否能培养和提高学生的语文综合素养,是否符合素质教育的要求,等等。因此,通过试讲训练,指导教师能指出其存在的问题,提出改进措施,并帮助其正确认识语文教学的特点,合理使用教材,有针对性地确立重点和难点,灵活取舍教学内容。

(三) 能使师范生逐步提高教学技能

师范生往往过分拘泥于教材和教案内容,容易把试讲变成说课或背教案,缺乏上课的意识。教法陈旧僵化,过于程式化,缺乏必要的教学机智,不能很好地组织课堂教学,不能创设良好的课堂气氛,更不能通过语言、目光、表情、手势与学生交流和沟通。通过试讲,师范生可以发现自己在专业基础知识、备课、教材分析、教学方法、教态、语言表达、板书、组织教学等方面存在的问题,便于及时纠正;同时,也可以培养良好的心理素质和课堂应变能力,增强课堂教学的适应性,为正式教学实习工作积累经验,为以后的教学工作奠定基础。

(四) 试讲已成为师范生应聘时的必经之路

近年来,随着我国教育体制的改革,我国高校毕业生分配制度也随之而变化。这打破了以往"统招统分"的人才分配政策,实行并轨招生,毕业时进行"双向选择"。这种情况下,大学生毕业时在人才交流会中的应聘就显得尤为重要。在应聘与招聘的交涉过程中,对于师范生来说,试讲往往成为应聘时的必经之路。在招聘教师的行家看来,试讲可以多角度展示应聘者的才华,例如检查板书设计是否美观大方;语音是否标准、清晰;授课方式是否新颖,富有感染力;教学方法是否灵活多变等。试想,仅凭毕业生的自荐材料,又怎能让招聘者完全相信他们?因此,重视试讲这一重要环节,对应聘求职也有重要的现实意义。

二、试讲的操作模式

要想收到真正的实效,必须制定有效的措施。我们提倡建立一套完善的试讲机制,在科学的训练中不断提升师范生的各项教学技能。下面就实践教学较为重要的环节——试讲,提出模拟教师角色上课的具体框架:教学全程模拟。所谓教学全程模拟,即指对各项教学环节进行综合模拟。这种模拟主要是结合师范生实习前的试讲,让其设计一节完整的中学课程进行模拟,包括上台、问候、导入、讲解、分析、演示、提问、练习、小结等一节课的完整过程。具体做法是:

(一) 学习阶段

这一阶段包括教师讲解和提供示范两个步骤。

1. 教师讲解

教师讲解的目的是通过教师对要训练的技能做理论上的阐明,并提出学习、训练的要领和要求,使学生懂得该项技能训练的目的,把握训练的要领,获得初步的理性认识。

2. 提供示范

组织学生观摩优秀教师的教学视频。在选择视频素材时应遵循两条原则:一是水平要高,二是针对性要强。观看视频时,指导教师要先提出要求,明确目标,突出重点,边观看边提示。提示时要画龙点睛,或在录像画面中指点,但不可频繁,以免影响学生观看和思考。观看视频后要谈观后感,组织学生集体讨论,交换各自的意见,达成共识。

(二) 准备阶段

准备阶段包括三个步骤:自选课文、解读文本、设计教案。

1. 自选课文

教材中的选文既有经典作品,也有一般的例文;既有现代作品,也有古典诗文;既有散文诗歌,也有小说戏剧。对于这些作品,不同的学生有着不同的兴趣爱好和选择倾向。初次试讲,可以让学生从兴趣出发,自选课文。自己选定的课文凝聚着选文者的偏爱,备课就能投入其中,并为试讲做好铺垫。

2. 解读文本

对文本的解读是进行教学的前提。教师之所以学会解读文本,是因为学生对于文本的理解与感悟,需要教师去响应、去对话、去引领。只有当教师对文本深情投入、真情流露的时候,学生才能受到真正的熏陶和感染。师范生在试讲过程中,往往急于求成,只读一遍课文就想怎么教,由于教材吃不透,对于教学自然就无从下手。因此,解读文本必须花大功夫,它是一个慢工出细活的过程,对于还未能真正踏上教学岗位的师范生来说,更是如此。具体来说,解读文本的步骤如下:

(1) 通读全文,初步了解课文的语言和内容。期间要扫清字、词、句障碍,要查阅工具书和有关资料。(2)理清文章结构,把握作者思路。其目的是加深对课文思想内容的理解,也有利于形成清晰的教学思路。(3)研究作者是怎样运用语言文字表达思想内容的。其目的是掌握课文的语言特点。(4)研究课文中有哪些是要让学生掌握的基础知识、基本技能。学生学这一课要学到什么,一般在课后练习或单元训练重点有提示。(5)有效地利用教学参考资料。强调不能照搬照抄,要有消化、吸收,不能用参考资料代替自己钻研教材。

3. 设计教案

在充分钻研教材的基础上,在教师指导下,根据要求编写微格教案或一课时的详案。

首先是目标的设计。制定教学目标要本着以学生为本的原则,把目标定位在完成认知目标的基础上,着重培养学生的情感目标,从而促进学生的全面发展。只有明确了教学目标,才能去设计教学过程和方法,因此学会设定目标是备课的关键。

以史铁生《我与地坛》为例,在进行文本解读的基础上,经筛选、整合之后,可以确定如下教学目标:

① 理解、体味史铁生对生命以及其苦难的感悟,品味平淡朴实的文字;理解"合欢树"在文中的象征意义。

② 理解地坛描写与抒情的关系,品味作者沉静、绵密、抒情的语言特点。

③ 学会感受母爱、理解母爱。

显然,在这些目标中,重点是理解地坛描写与抒情的关系,品味作者沉静、绵密、抒情的语言特点;难点是学会感受母爱、理解母爱。

对于师范生来说,设定一篇课文的目标及重难点是最困难的,因为它需要吃透教材,把握编者的目的。一旦知道自己的学生通过这篇课文要理解什么,品味什么,达到什么程度,那么教学过程就不难设计了。为了实现这些目标,就需要设计一个新颖而有吸引力的导入语,精心选择课堂的学习方式,巧妙设计一个精致的板书,补充一些资料,等等。

(三) 实践阶段

1. 模拟训练

把学生分成几个小组,每组 8 人左右,由小组长负责,教学论教师负责指导各小组进行模拟试讲;每位学生试讲一节课,然后同学互评,教师总评;小组讲完后,每组推选出 1~2 名学生代表在全班进行示范模拟教学。

这是语文教法学习最关键的一步,即使有再好的设计,如果不进行操练,那也是纸上谈兵。因为试讲需要调动学生的积极性,能激发学生的思维和创造,能调控学生的学习活动,而所有的这些能力都是老师给不了的。在这一环节,应教会学生针对不同类型的课文采用不同的教学方法,使他们懂得怎样由浅入深、由易到难、由简到繁地组织教学,掌握中学语文课堂教学的一般进程,尤其要知道如何突出教学重点,突破教学难点。

2. 评价

这一阶段就是对被训者正在进行的某一项教学技能及教学行为进行分析评价,指出其成功和不足之处,帮助他进一步提高教学的整体性和艺术性。

小组评价:可由同学和被训者自己依据课堂教学情况(最好结合被训者的教学录像)集体讨论、评价,明确该项技能训练的得失。人人都是学生,人人又都是"小先生",让师范生真正体会到"小孩自动教小孩"的乐趣。

教师评价:教师根据学生对某一技能训练的完成情况判断是否达到训练目的。达到了训练目的,则进入下一技能项目的训练;未达到训练目的,则进入第三阶段——改进阶段。

3. 改进

在这一阶段,学生要及时掌握有关的反馈信息,反思自己的教学行为,并根据导师和组员的建议修改教案,进行重新扮演,反复训练,不断优化自己的教育教学技能技巧,从而促进教学专长的发展。

教学全程模拟需完成两项目标:一是逐步实现综合技能的内化和提高。二是要把包括教学机智、教学语言和教学过程中情感交流在内的各种知识、条件、手段、方法等融为一体,使教师的教学直接诉诸学生的心灵与理智,达到教学技能发展的更高境界。

教学全程模拟是一种很重要的师范生培养模式,它能够培养和训练师范生的教师职业技能和品质,对实现师范生培养目标,促进师范生向合格教师角色转换有重要意义。

最后要指出的是,近年来,一种称之为"微格教学"的实训模式正受到大家的关注。所谓微格教学,就是为培养、提高教师(包括师范生)的课堂教学实际操作能力而设计的活动。在微格教学实践中,课堂由教师角色、学生角色、教学评价人员和记录方式等组成,一般3～4名师范生一组,在老师的指导下,同组成员选取短小精悍的教学片段,共同备课,施教时一位成员执教,其他成员扮演学生,让受训对象就某一教学片段施行10分钟左右的教学,并将教学实况录像。结束后,指导老师与师范生一起对教学进行总结,反复观看录像,评议教学情况,多次反复,达到提高受训者教学能力的目的。这种训练方式与前面所论述的全程模拟可以形成互补,发挥各自的优势,实现实训效果的最大化。

> **信息栏 4-3**
>
> ### 微格教学
>
> 微格教学是一种产生于西方国家的师范生教学技能训练形式,由美国斯坦福大学爱伦博士于1963年开发建立,20世纪60年代末传入英国、德国等欧洲国家;20世纪70年代传入日本、澳大利亚、新加坡和我国香港等地;我国在20世纪80年代初开始引进这种教学方法,广州师院、华南师大等院所较早开始这方面的研究。近几年来,微格教学作为训练师范生基本教学技能的教育模式已在各师范院校得到广泛应用,其效果也受到广泛的认可。
>
> 【资料来源】 冯海英著:《微格教学在师范生语文教学能力培养中的应用》,《中国成人教育》,2008年第18期。

三、努力提高试讲的效益

教学是一门技术,也是一门艺术,就像雕琢一块璞玉,指挥一组合唱,要别具匠心。现就学生试讲过程中普遍出现的问题,提出应该重视的五点要求,以期对师范生提高课堂教学能力有所裨益。

(一)教态应庄重、自然、热情

教态是教师内在气质修养、教育理念、精神状态在教学过程中的一种外在表现,主要通过教师的身姿、表情、目光、手势、语气等表现出来。教态应追求庄重、自然、大方、得体,这样才能提升教师的可信度;教态应追求亲切、热情、从容不迫,这样才能增加教师的亲和力。

改善教态非一日之功。平时教学环节模拟训练时,师范生应在语文教学论教师的指导下,观摩录像,学习与体态语相关的知识,然后课堂模拟,掌握表情变化、姿态变化、外表修饰的要领,力争做到姿态端庄,表情亲切、自然,外表修饰美观、整洁,富有个人风格。当然,我们也不能忽视对课文和教案的钻研,只有准确熟练地掌握了讲课的内容和方法,胸有成竹,才能心雄胆壮,驾驭自如。

(二)语言要准确、清晰、流畅

教师的教学语言技能是提高教育教学质量的基本技能,教师的导入技能、讲授技能、提问技能和评价技能皆离不开语言表达,所以,师范生的语言表达能力的训练是至关重要的。苏联教育家苏霍姆林斯基说:"教师的语言修养在极大程度上决定着学生在课堂上的智力劳动效率。"这正点明了教学语言的重要性。更何况,语文学科本身就是姓"语"的,语言教育是很重要的组成部分,如果中文师范生在语言上都未能过关,那肯定是不合格的。作为未来语文教师队伍中的一员,就应该自觉提高语言修养,不断增强语言的运用能力。

教学语言不同于日常生活中的语言表达,使用过程中,我们还必须考虑几个问题:一是教学的对象(什么年级的学生);二是教学的内容(属于哪种文体);三是教学对象的接受能力。只有在考虑了这些因素以后,我们的语言表达才能符合教学实际的要求,也才能收到比较好的教学效果,而这些常常是师范生容易忽略的问题。

(三) 增强处理教材的能力

对教材的处理是师范生试讲过程中关键的一环。处理教材就是对教材进行再加工:教师要在对教材完全理解并变为自己的东西后按照自己的思路,在了解学生认知水平、思想状况和心理特征的基础上,根据课程标准的要求,围绕每个单元的训练重点,对教材进行重新整理和编排,对教材内容进行适当扩充和删除,并选取相应的教学方法,拟定组织课堂教学的实施方案。

结合实际状况考察,多数师范生往往对教材理解不透,把握不准。试讲时,大都众人一面,其顺序通常是板书课题,介绍作者,写作背景,字词注音解释,划分段落,逐段分析,主题思想,写作特点。这种大卸八块的操作模式,肢解了文本,蒸干了情趣,剥离了审美,剩下的仅是对语文的厌倦乃至憎恶。这类事例再次提醒大家,师范生要上好语文课,必须理解中学教材的内容,了解每单元、每册书乃至全套教材的知识结构,了解教材编排体系和编写意图,能够根据课程标准的要求,正确分析教材的地位、作用和知识结构,准确把握教学要求、教材重难点和关键点,并能准确挖掘出蕴含于知识中的思想道德等育人因素。

(四) 积累技巧和方法

要想把写好的教案在课堂教学中完美地体现出来,扎实的授课技能是不可或缺的。不少师范生由于调控能力差,缺乏必要的教学机智,不能很好地组织课堂教学。面对学生的质疑、突发事件以及由此引起的混乱,往往会表现得手足无措,有时仓促处理,局面却越搞越糟。所以,在平时的教学技能培训过程中,师范生要吸收教师传授的教学论知识,多向名师学习取经,揣摩教师的授课思路与技巧。要能有效地分配自己的注意力,既要将教学内容准确表达出来,又要注意现场观察学生,准确地判断课堂动静,并采用各种方法及时调节课堂气氛,诱导学生积极地参与课堂中的各种思维活动和学习活动,使教学过程成为在教师指导下学生主动探索、主动体验的过程。

(五) 在教学的反思中不断成长

我们提倡将反思性教学运用到角色模拟训练中。师范生在试讲之后,可以对教学过程进行反思。进行教学反思有多种方法,比如可以思考每个教学环节是否熟练地应用了教学技能,每步教学设计背后隐含的深层次理念是什么,内隐的教学规律和理论是什么。还可以引导师范生写教学日志,将他们与教师、同学交流时有益的收获写下来,在长期的记录、反思与研究之后,教学的规律与理念就会渐渐明晰起来。借助教学的反思,不但可以促进师范生对自身及其实践的理解,提高教学能力,还可以促进师范生开展教学研究。

另外,我们也提倡在反思之后,适当地进行重复试讲。同一内容讲三遍(不是简单重复)与三个不同内容各讲一遍,其熟练程度前者远远超过后者,试讲更是这样。根据讨论评价的结果,试讲的师范生可以针对存在的问题和不足对教案进行修改,对课堂重新设计,进行重教。许多人都以为试讲之后指导教师或同学指出不足,试讲者只要心领神会,在以后的授课中注意就是了,但是,实验结果表明,经历重教过程与不经历这一过程效果大不相同。试讲的师范生普遍反映,经过重教后对教学技能有了更深的体验,对教学过程中的其他环节也能更好地把握。重教既是一个改进和完善教学的过程,也是对指导意见的检验。

专业理论的最终价值要在实践中体现,语文教学能力只有在语文教学实践中才能形成,因而师范生语文教学能力的培养要重视语文教学实践,尤其要搞好实习前的试讲工作。

做上学

1. 试根据简案的相关特点,围绕蒲松龄的《狼》设计一份教学简案,然后再上网寻找一篇详案,并与之进行比较,体会详案与简案的差异。

2. 请以《短歌行》(高中语文统编教材高一必修上册第三单元课文)为例,设计一份学案,另外再通过网络寻找一篇教案,体会教案与学案的差异所在。

3. 以《故乡》(初中语文统编教材九年级上册课文)为例精心设计一份教案,并在班上进行试讲。有条件的可以在微格教室进行,课后能结合教学录像进行自我反思,并对教案进行修改完善。

本 章 小 结

凡事预则立,不预则废。教案对语文课堂教学来说,是不可或缺的重要环节。作为年轻的师范毕业生,在进行教学设计的时候,提倡多写详案。富有经验的老教师不一定要写详案,但对课堂教学的重点、难点以及其他关键处须了然于胸,做到精心布局,合理安排。相对于教案来说,学案更加侧重学生的"学"。近年来,学案导学呈现出欣欣向荣的景象,我们要尝试设计适合学生学习与发展的学案,不断丰富我们的教学方式和手段,在引领学生、启迪学生的同时实现教学相长。利用教案及学案进行试讲,对完成教学实习和应聘教师岗位来说,都具有举足轻重的意义。我们要创造条件、反复训练,深入领悟课堂教学的规律与特点,增强自己的教学技能,提高自己的专业素养。

资源链接:

1. 《语文教师专业技能训练与教育实习》,武玉鹏主编,高等教育出版社 2007 年版。
2. 中华语文网(http://www.zhyww.cn),语文报社主办。

教学做合一:

1. 组织一次班级语文学习活动,要求大家到学校图书馆过刊室,或登录"中国知网",查阅关于"探究性学习"的文章,形成自己的初步认识。另找时间,以"语文沙龙"的方式,就"探究性的学习方式之于语文的特殊意义"展开交流,后由学习委员将大家的讨论意见整理并上传至"中国语文教育网"(扬州大学文学院主办)。

2. 试搜集和整理古今中外语文教学模式和教学方法,在班级进行交流。结合自己的特点,在试讲训练中选用一种教学模式或方法,后进行反思与总结。

3. 请以《〈世说新语〉二则》(统编版初中语文教材第一册课文)或《故都的秋》(统编版语文教材高一必修上册课文)为例,分析教材,设计教案,并制作一个多媒体辅助教学的课件,同时在某片段教学中穿插一传统媒体(语言媒体、板书除外,亲手制作),后在班级或小组内进行试讲训练。试讲完毕,能与同学交流自己的媒体使用心得,尤其是能比较新旧媒体使用过程中的不同感受。

4. 请登录南京市溧水区东庐中学的主页,了解该校"讲学稿"的内涵与特点,并将之与本篇所学的教案与学案进行比较,找出三者的区别与联系。

第二篇

课堂教学

　　课堂教学,是在课前准备的基础上,按照班级授课的组织形式,实施教学设计方案的教学活动。它由引入新课、展开新课、巩固新课、评价教学等部分组成。它是实现语文教学目标和完成其教育教学任务的基本途径,是认识和把握语文教学过程及其实质和特点,提高教育教学质量的基本保证,也是充分发挥学生发展性主体的作用和教师主导性主体的作用、师生互动、多向交流、进行合作探究式学习的一种好形式。因此,任何一名合格的语文教师都极为重视语文学科的课堂教学。

第五章

引入新课

> **学习目标**
>
> ● 了解新课引入在语文教学中的作用,明确语文新课引入的原则要求。
> ● 熟练掌握几种常用的语文新课引入法,能够根据教学内容与学生特点选择恰当的新课引入的方法。

引入新课是指教师采用特定的教学语言与手段,激发学生学习兴趣,引导学生进入预定学习程序的教学活动。一个好的开头是师生间建立情感联系的桥梁,它既能引起学生的学习兴趣,又能激发学生的求知欲,为整节课的学习打下良好的基础。通过本章的学习,我们将了解到引入新课的作用以及引入新课的方法与要求。

第一节 引入新课的作用

对于语文新课的引入,著名语文特级教师于漪曾经说过:"在课堂教学中,要激发学生学习的兴趣,首先应抓住导入课文的环节,一开课就把学生牢牢地吸引住。课的开始好比提琴家上弦,歌唱家定调,第一个音定准了,就为演奏或歌唱奠定了基础。上课也是如此,第一锤就应敲在学生的心灵上,像磁石一样把学生牢牢地吸引住。"于漪老师的经验之谈,来源于她丰富的课堂教学。众多的语文教学实践告诉我们,新课引入,具有无可辩驳的理论和现实意义。

案例 5-1

《锦瑟》引入新课[①]

教师:课前我们欣赏了根据李商隐的诗歌《无题》谱写的歌曲《相见时难别亦

---

① 邓彤:《〈锦瑟〉教学实录》,《山东教育》2008 年第 32 期。

难》,这一唱三叹的旋律,触动了我们内心最柔软的地方,让我们眼含泪水,让我们满怀感伤。

今天,我们要学习李商隐的另外一首令无数读者着迷的诗歌——《锦瑟》,王蒙先生曾经写过一本书《双飞集》来讨论这首诗,知道这一书名是什么意思吗?王蒙把此书比喻为鸟:一翼是《红楼梦》,一翼是李商隐的诗,我对这双飞翼情有独钟,哪位同学给大家诵读一下这首诗?

(课代表主动站起朗诵,声情并茂,同学鼓掌)

从课例 5-1 可知,特级教师邓彤老师借助音乐的情境创设极大地感染了学生,学生被老师补充的知识讲解和作者的才情打动了,在这样的基础上来学习《锦瑟》这首诗,就显得水到渠成、兴味十足了。语文新课的导入,有以下几方面的意义:

一、能调动学生的学习兴趣

兴趣是最好的老师,凡事只有有了兴趣,才会有激情、有动力,我们在学习中也毫不例外,浓厚的兴趣便是语文学习活动中最直接、最活跃的意象心理因素。如果在上课伊始,教师能够设计出一段别出心裁、与众不同的导入语,这样一下子便牵住了学生思维的弦,这对唤起人的情感体验、增强理解与记忆、激发联想和创造思维,都具有积极作用。著名语文特级教师魏书生老师在给学生讲《〈论语〉六则》时是这样导入新课的:"火之光、电之光能照亮世间的道路,思想之光能照亮人的心灵。谁是世界上最伟大的思想家呢?联合国教科文组织确认了全世界最伟大的十位思想家,例如牛顿、哥白尼等,谁知道这十位思想家中排在第一位的是谁?他就是中国的孔夫子。"几句导语,收到了"转轴拨弦三两声,未成曲调先有情"的效果,使学生的注意力立刻集中到所要学习的内容上来。

二、能将学生引入情境

案例 5-2

命题作文《手》的情境导入[①]

展示两幅画面。

第一幅:5·12 大地震图片。各种各样遇难的人的手,学生通过对这些"手"

[①] 曾发根:《初中语文情境教学策略例谈》,《语文教学通讯》2011 年第 17 期。

的观看,联想想象到震前的状况,生发出许多故事。

第二幅:5月14日,张关蓉在擦拭丈夫谭千秋的手。地震发生的瞬间,谭千秋双臂张开趴在课桌上,身下死死地护着4个学生,4个学生都获救了,谭老师却不幸遇难。谭老师冰凉的手给了大震中4个孩子生命的新岸。要求学生围绕谭老师的手和张开双臂的姿势,展开合理的想象,并运用细节描写来表达内心真实的体验和感悟。

学生的学习都是在一定的情境中进行的,学校生活中的每一节课就是一个特定的学习情境。新近的研究表明,知识与认知技能的获取均高度地依赖于获得它们的情境,迁移更多地由学生当前所处的情境引起,而不是学生自发完成,人类所有的学习都离不开特定的情境,这些情境以一种强有力的方式影响着学习及其迁移。对于语文学科而言,情境愈单一、愈纯净就愈好。比如案例5-2,教师创设了宽松和谐的环境,并引导学生借助联想和想象,不知不觉地进入到新的学习情境里,就能迅速开动脑筋,全身心地投入到新课的学习之中。

信息栏 5-1

情境的分类

情境具有多重层面与分类,以不同的标准进行分类,就有不同类别的情境。所以,情境既可以是观念的、想象的、情意的、问题的,又可以是物理的;既可以是虚拟的,又可以是真实的;既可以是基于学校与课堂的功能性的,又可以是基于社会自然的与日常生活的。

【资料来源】 王文静著:《情境认知与学习》,西南师范大学出版社2005年版,第6页。

三、能建立新旧知识的联系

新旧知识之间无论在内容上还是形式上都存在着或多或少的差异与跳跃,所以恰如其分的新课导入,可以减少或抑制学生认识与思维的断层,帮助他们有效建立新旧知识联系,使前后衔接紧密,为教学活动的进一步展开铺平道路。著名特级教师钱梦龙在《论雷峰塔的倒掉》的第二课时是这样引入的:"上一课我们讨论了关于'憎塔'方面的三个问题。现在请大家回忆一下,然后继续讨论这方面的问题。"简洁的引入语,将两课时的教学内容紧密地联系在一起。

第二节　引入新课的方法

课文的内容和体裁不同,教师的个人修养和施教风格不同,学生的学习基础、学习状况不同,新课引入的方法也自然不同。本节将介绍语文学科常用的引入新课的方法。

一、温故知新法

案例 5-3

《归去来兮辞 并序》课堂实录[1]

师:本诗的作者是谁?

生(齐):陶渊明。

师:那么,你们对他的作品(语音强调)了解多少?

生1:他写过《桃花源记》《五柳先生传》。

生2:"种豆南山下,草盛豆苗稀。"

生3:那是《归园田居》。

生4:还有《归去来兮辞》。

(全班大笑)

师:很机灵! 那他的作品主要表达了怎样的思想内容?

生1:厌倦官场。

生2:想隐居。

生3:喜欢桃花源那样的生活。

生(齐):是!

师:认识很统一啊! 大家都没有忘记旧知识。陶渊明常在其诗文中表达对自由、悠闲的隐居生活的向往和追求。今天,我们学习他的《归去来兮辞 并序》,这篇文章被后人视为其"告别官场的宣言书"。

课例 5-3 中,教师张岚导入新课时温故知新,为学生架桥铺路,让学生从对作者产生兴趣到对其作品产生兴趣,进入到文章的情境中去,从"知人"向"知文"转变,费时不多,收益却很大。就语文课来说,不少课文之间或者在题材、思想内容,或者在体裁、表现方法等方面都有着比较紧密的联系。知识的"网眼"是相通的,

---

[1] 张岚、冯晓云,《〈归去来兮辞 并序〉课例赏鉴》,《语文教学通讯》2001 年第 Z1 期。

因此复习、联系旧课或已有知识可以作为学习新课的开始。由复习导入，温故而知新，这是导入新课的重要方法，在语文教学中使用的频率很高。我国春秋时期的大教育家孔子早就说过："温故而知新，可以为师矣。"叶圣陶先生在指导教学时也曾经说过："既要温故，又要知新，把以前读过的温理一下，回味那已有的了解和体会，效益绝不比上一篇来得少。"因此，语文教师若能合理地利用学生已有的知识导入课文，自然能够架起学生由已知走向未知的桥梁，使知识系统化，并促进学生积极思维，加深对课文的理解。

于漪老师教学朱自清的散文《春》是这样导入的："一提到春，我们的眼前就仿佛展现出阳光明媚、东风荡漾、绿满大地的美丽景色，就会觉得有无限的生机、无穷的力量。古往今来，许多文人墨客用彩笔描绘春，歌颂春。同学们想一想，诗人杜甫在《绝句》中是怎样描绘春色的？王安石在《泊船瓜洲》中又是怎样描绘的？哪个句子写春？哪个字用得特别好？这些是绝句，容量有限，是取一个景物，或取二三个景物来写春的。今天学的散文《春》，写的景物可多了，有草、树、花、鸟、风、雨等。现在，春就在我们身边，我们就是欢乐地生活在阳春三月的日子里。但是，我们往往是知春而不会写春。那么，请看朱自清先生是怎样来描写春天景物的姿态、色彩的。"这样的导入，感情真挚，知识丰富，新旧知识之间联系紧密，启发性强，一下子就把学生的心吸引了过来，使学生张开了求知的眼睛，急切地想进入《春》的景色之中去浏览一番。

二、故事导入法

故事往往具有曲折性、悬念性、趣味性，对中学生颇具吸引力。在学习新课时，如能讲述一个与课文相关的故事，可以帮助学生展开想象，丰富联想，使学生兴致勃勃地投入学习。例如，在学习马克·吐温的讽刺小说《竞选州长》时，为使学生对作者及其作品的语言风格有一个大致的了解，可先给学生讲这样一个小故事："马克·吐温的《竞选州长》发表后，在社会上引起了强烈反响，人们纷纷议论美国州长竞选的各类丑闻。一次偶然的机会，马克·吐温在大街上遇到了纽约州州长霍夫曼。霍夫曼早就对马克·吐温怀恨在心，因此他心怀叵测地对走过来的马克·吐温说：'马克·吐温，你的小说很成功呀！可你知道世界上什么东西最坚固、什么东西最锐利吗？如果你不知道，我可以告诉你，我的防弹轿车的钢板最坚固，我手枪里的子弹最锐利，你知道吗？'马克·吐温听了微微一笑：'尊贵的先生，据我了解可不是这样的，我认为世界上最厚实、最坚固的是你的脸皮，而最锐利的是你的胡须。为什么呢？因为你的脸皮是那样的厚实，而你的胡子竟能刺破它钻出来，能不锐利吗？'"学生听到这里哄然大笑，教师便可顺水推舟地转入课文："同学们,马克·吐温的口头应答幽默讽刺,而他的书面作品又是什么风格呢?请读他的小说《竞选州长》。"教师这样引入课文,看似平常,实则巧妙。

在学习鲁迅先生的《拿来主义》时,有教师设计了这样的导语:"天津有位作家叫冯骥才,他访问法国时,在一次欢迎宴会上,外国记者接二连三地向他提问。其中一位记者问:'尊敬的冯先生,贵国改革开放,学习西方资产阶级的东西,你们就不担心变成资本主义吗?'冯先生回答:'不!人吃了猪肉不会变成猪,吃了牛肉不会变成牛。'他幽默机智的回答,博得满堂喝彩。是的,我们学习资本主义国家的先进技术,不会变成资本主义,同样,继承中外的文化遗产时,只要我们坚持正确的原则和方法,就一定会大有收获,这种做法叫'拿来主义',今天我们就来学习鲁迅先生的《拿来主义》一文。"

三、巧妙设疑法

信息栏 5-2

提问导入的心理机制

巴甫洛夫认为,注意是由周围环境的变化引起的有机体的一种定向反射,当环境中新异刺激出现时,有机体以自己的感受器官朝向来探究其来源,并调整自己的行动,以适应这个新异刺激,发生定向反射,这就是人们有被某种活动吸引的倾向。课堂提问像是对学生的"刺激物",从而吸引学生的注意力。

【资料来源】 三思主编:《教师课堂提问艺术》,学苑音像出版社 2004 年版,第 8 页。

在讲授新课之始,提出一些既符合学生知识水平又启发他们探索新知的问题,能促进学生积极学习。古人云:"学起于思,思源于疑。"人的思维活动常常就是由提问开始的。教学也是不断地引导学生生疑、不断寻求解疑的过程。疑是思维的"导火线",有疑问,才能产生探索的欲望,引发解决难题的愿望,才能激发学生持久的学习兴趣,引发学生积极思维、动口、动脑、动手。宋代朱熹曾言:"读书无疑者,需教有疑;有疑者,却教无疑,到此方是长进。"明代陈献章也曾说:"前人谓学贵知疑,小疑则小进,大疑则大进。疑者,觉悟之机也。一番觉悟,一番长进。"在新课导入中,语文教师向学生提出恰当的疑问,往往能激发学生的兴趣和强烈的求知欲,诱导学生由疑而思,启迪感悟。

钱梦龙老师执教《食物从何处来》一课,这样导入:"今天早餐我吃了一个烧饼、两根油条,喝了一杯水,后来又吃了一个鸡蛋和一个苹果。谁能告诉我,我吃的都是食物吗?无论说是或不是,都要讲出理由来。"钱老师上课伊始提出这样一个"怪"问题,话音刚落,教室里就响起叽叽喳喳的议论声,一时就没有学生敢举手。暂时的冷场说明这个"怪"问题已经吸引了学生的注意,让学生的思维进入紧张运行状态——即"愤""悱"状态。对于这个问题,学生无论回答正确与否,对下面的听课将会起到积极的作用。所以,这就得益于钱老师巧妙设疑的引入。

于漪老师执教《孔乙己》一课,曾经这样导入:"凡读过鲁迅小说的人,几乎没有不知《孔乙己》的;凡读过《孔乙己》的人,无不在心中留下孔乙己这个遭到众人嘲笑的苦命人的形象。鲁迅先生自己也说过,在他创作的短篇小说中,他最喜欢《孔乙己》。这是为什么呢?孔乙己究竟是怎样一个艺术形象呢?鲁迅先生又是怎样运用鬼斧神工之笔去精心塑造这个形象的呢?《孔乙己》的悲剧是怎样的悲剧?"一连串的疑问营造了让学生探求新知的独特情境,巧妙地提出了学习任务,吸引学生去认真读书。

四、名句导入法

根据教材内容,选用相关且为学生熟悉的一些言简意赅、意境优美的诗词名篇、名句来引入新课,能使学生顺利进入佳境。请看一位教师教读《鸿门宴》一课时的教学片段:

师:"生当作人杰,死亦为鬼雄。至今思项羽,不肯过江东。"这是谁的什么诗?

生:宋朝女词人李清照的《夏日绝句》。

师:这首诗表达了作者怎样的思想感情?

生:前两句表达了作者对项羽建立卓越功业的钦佩,后两句则流露出对项羽败亡的叹惋。

师:说得好!项羽随叔父项梁起兵抗秦,所向披靡,巨鹿之战破釜沉舟的英勇,堪称战争史上的经典。然而项羽仍不免陷入韩信三十万大军的十面埋伏中,面临四面楚歌绝境的他不禁洒泪悲歌:"力拔山兮气盖世,时不利兮骓不逝。骓不逝兮可奈何,虞兮虞兮奈若何!"雄极一时的西楚霸王为什么会沦落到如此的境地?学习过选自《史记》的《鸿门宴》后,你们便会知晓。

这个教学片段的新课导入中出现了宋代词人李清照和项羽本人的诗句,教者选用这两首名诗大大增强了项羽一生的悲壮色彩,吸引学生认真读书去寻找项羽个人悲剧形成的多种原因,巧妙地完成了导入新课的任务。

比如在教学朱自清的散文《绿》时,教师可以这样导入新课:"同学们都熟悉王安石的诗《泊船瓜洲》吧,大家一起来背诵:'京口瓜洲一水间,钟山只隔数重山。春风又绿江南岸,明月何时照我还。'大家都知道这首诗第三句写得最好,第三句中的'绿'字又用得最好。据说王安石为选用这一字煞费苦心,曾用过'到''入''过''满'等十几个字。'绿'字用得妙,是因为它形容词动词化,有色有形,化静为动,一字用妥,尽得风流。我们今天将要学习的散文,就以'绿'为题,这表明作者朱自清先生对'绿'的钟爱!这篇散文是一幅明丽诱人的图画,是一块纯洁温润的美玉,是一首情彩横溢的诗歌,是一曲优雅动听的乐章,让我们一起来欣赏朱自清先生的散文《绿》吧!"

如学习《济南的冬天》一课,教师可以这样导入:"同学们,杭州的西湖是我国十大旅游胜地之一,宋代大文豪苏轼早有诗赞美道:'水光潋滟晴方好,山色空蒙雨亦奇。欲把西湖比西子,淡妆浓抹总相宜。'西湖的春天尤其美丽:十里长堤,烟雨蒙蒙,远山近水,尽在画中。漫步湖边,荡舟湖上,令人如在画中游。西湖的春天真的美不胜收!而同学们知道哪儿的冬天最美吗?这就是'泉城'济南。老舍在《济南的冬天》一文中写道:'上帝把夏天的艺术赐给瑞士,把春天赐给西湖,把秋天和冬天全赐给了济南。'在作者的笔下,济南的冬天如诗如画,别具情致。今天我们就来学习《济南的冬天》一课,请大家一起来欣赏济南冬天的美景。"

五、析题导入法

一篇课文的主题思想、主要内容或者文章线索,往往凝聚在题目上,所以从课文的标题分析入手,由此引导学生进入课文的分析,这也是一种很好的导入新课的方法。作者或编者为文章命名总是经过深思熟虑、反复推敲的,它具有提纲挈领的作用。所以,运用解题的方法导入可以牵一发而动全身,使学生尽快获得要领,顺利把握主旨。文章多种多样,文题千变万化,解题的方法也应随之改变:

解释题目内涵。有些文题的内涵比较含蓄深刻甚至艰深难懂,所以揭示题目内涵就成了导入新课的首要问题。例如《土地的誓言》《在山的那一边》等文,就应认真解释题意。

解析文题结构。即从语法的角度对题目的词语关系进行分析,由此引导学生领会文意。例如《白兔和月亮》《花未眠》等文,都可以用解释结构的方法导入。

解释题中名词。有些文题包含某个人名、地名、物名等名称,而这些名称又是学生不知或不详的,从解释这些名词入手可以排除学生学习中的障碍,并使他们产生获得新知的喜悦。例如《应有格物致知精神》一文,学习时必须解释"格物""致知"这两个词,以扫除学生理解上的障碍。

第三节　引入新课的要求

新课引入是极具个性和极富创意的教学行为,因为它所体现出来的是教师对教材内容的独特理解,其中渗透着教师组织教学的独特艺术,新课引入是艺术也是科学,必须遵循相应的教学原则。

一、要围绕教学目标引入

语文导语的设计一定要根据既定的教学目标来精心设计,不可为了使学生产生兴趣而离题万里。教学目标是上课的出发点和归宿,教师每上一堂课,自始至终都要紧紧围绕教学目标来展开。导语的作用类似于引言,无论用什么内容和方式,最终都要有利于学生更好地理解教材,离开了这一目的,无论是多么标新立异的导语都是舍本求末,劳而无益的。一个目的明确的课堂教学导入,应当有助于学生初步明确将要学习的方向指向哪里,而不可游离于教学内容之外,毫无目的地浪费时间。总之,语文教师在设计课堂教学的导入时,必须心有所属,要明确本堂课的教学目标,从教学目的出发,围绕教学内容及重点、难点、疑点有目的地进行设计,而不能信马由缰,为了使学生产生兴趣而乱扯一通。余映潮老师在执教《马说》一课时这样导入:"这节课学习《马说》。《马说》的学习要求是四个字:(大屏幕显示)'诵读,积累'。我想先请同学们把课文读给我听一下,让我来感受感受同学们是怎样读课文的。"余老师的导语简洁朴实,开门见山,直截了当地提出"诵读、积累"的"学习要求"。所说的"学习要求",于学生而言就是学习目标,于教师而言就是教学目标。当代中学语文教学名家之中,魏书生老师上课,也喜欢在开场白中亮出本课时的教与学的目标。这样的做法,指向明确,能够迅速地组织学生进入学习状态。

二、要根据学生的年龄特征引入

案例5-4

《丑小鸭》辩论导入[①]

(学生辩论部分略。辩题为:丑小鸭本来就是一只天鹅,他不需要任何奋斗

[①] 王君:《苦弱个体的艰难抗争——〈丑小鸭〉课堂实录》,《语文教学通讯·D刊(学术刊)》2011年第5期。

就自然会长成为天鹅。这是由他的遗传决定的,而不是由他的自身努力决定的。所以,安徒生《丑小鸭》的故事没有什么意义。)

正方(男同学):同意这种观点。

反方(女同学):反对这种观点。

师(缓缓地):孩子们,听了你们的辩论,老师很感慨。王老师人到中年,走了一些路,遇到了一些人,也读了一些书,经了一些事儿,有了一些人生感悟。但还是决定要经常回过头来读安徒生,读《丑小鸭》。因为,老师越来越感觉到,在《丑小鸭》中,有生命的密码。刚才你们同学之间互相对话了,大家的辩论最后集中到两个问题:一是丑小鸭变成白天鹅到底经过了奋斗没有?二是如果丑小鸭一直生活在天鹅群中,它就会顺理成章地成为白天鹅吗?下边老师将帮助你们深入文本。我们用的方法是"关键词咀嚼法"——就是老师提炼出在文本中反复出现的几个关键词供大家锤炼敲打解读文本。我们读诗文要知人论世。那么读《丑小鸭》,我们则要"知鸭论世"。我们先从第一个关键词"世界"开始。"世界"这个词,在童话中反复出现,耐人寻味。

俗话说"到什么山头唱什么歌",好的导入应该具有明显的针对性,既要有针对教学内容的学科目标意识,也要有针对学生年龄特征、认知心理特征及能力特征的学生意识。导入语中的学生意识还应尽可能包括学生的家庭生活环境、社会生活阅历、语文基础与积累乃至个性差异。教育发展的基本规律告诉我们,教育必须适应学生身心发展的客观规律,学生身心发展的基本规律既有一定的顺序性,又有一定的阶段性。所以,导入设计要符合学生的年龄特征,要与学生的思维水平相适应。林崇德在《我的心理学观——聚焦思维结构的智力理论》一书中指出:"心理发展的年龄特征,是指儿童青少年心理在一定年龄阶段中一般的、典型的本质的特征","这在智力发展中表现出稳定的阶段性,如少年期,主要是以经验型为主的抽象逻辑思维;青年初期,主要是以理论型为主的抽象逻辑思维"。[①] 如面对还处于少年初期的初一新生,我们不能以高谈列夫·托尔斯泰、巴尔扎克、司汤达等来导入新课,而面对高三的学生,在讲授鲁迅等名家作品时,我们就不宜用他是何处人、原名是什么来导入,而应针对具体的教学对象有针对性地进行导语设计。案例5-4的教者是特级教师王君,她非常了解初中生已开始乐于表达自己的观点,从辩题入手,引领大家步步深入丑小鸭的"精神世界",并引出较为时新的观点:丑小鸭本来就是一只天鹅,他不需要任何奋斗就自然会长成为天鹅。这是由他的遗传决定的,而不是由他的自身努力决定的。所以,安徒生《丑小鸭》的故

[①] 林崇德:《我的心理学观——聚焦思维结构的智力理论》,商务印书馆,2008,第50页。

事没有什么意义。以此为基础,逐步深入文本,深入丑小鸭"真实"的"精神世界"。

三、要注意引入的趣味性与启发性

导入设计要有启发性,符合学生认识事物的心理特点。语文教师要通过言语启发,通过创设情境、设置悬念、巧妙设疑、现象展示等方式,激起学生的求知欲,调动他们的学习兴趣,进而打开他们的思维大门。课堂导入不仅要新颖独特,引人入胜,而且要风趣、幽默,通过谈话、说唱、表演、故事等形式,调剂课堂的教学节奏和教学气氛,最大限度地引起学生的学习兴趣,激发他们的学习积极性。仍结合案例5-4来看,王君老师的引入新课颇具新意。本堂课的授课班级为人大附中西山学校初一年级七班,该班为本校"苹果未来"班,学生人手一台苹果笔记本电脑。课前教师在班级语文学习网络平台"thinkquest"上发布辩论题、思考题、拓展材料,要求学生先进行网络投票、辩论、点评,然后学生抽签决定辩论正反方并各自准备。王老师从生生之间的特殊对话开始,用"关键词咀嚼法"帮助学生进入文本深处,细细品味,给学生带来了丰富的体验和享受。

总之,语文教师的课堂导入是否成功,要看它是否一开始就能够扣紧学生的心弦,是否能引起学生对新的教学内容的注意,是否引发了学生对新的教学内容的探求欲望。

四、引入要短小精悍

导入毕竟只是教学环节的一个开端,因此语文教师要掌握好导入的"度",言不在多,两至三分钟足矣,面不求全,引起兴趣即可。中学一节课只有45分钟,如果教师的导语内容过多,用时太长,容易造成学生注意力的分散,兴趣的转移,势必影响新知识的传授,最终与导入的宗旨相悖。语文教师要在"精"字上下功夫,通过言简意赅的导语,吸引学生的注意力,引导学生以积极思维进入到新课的学习中。

五、因文制宜

在中学语文课堂教学中,我们会接触到多种文体、多种面貌的课文,因此教师的导语设计要区别对待。语文教师要依据教学内容、教学对象和教学条件的具体情况,采用不同类型的导入设计。文情并茂的散文可以导之以情,以情激情;平实浅易的说明文宜导之以趣,激发学习情趣;富于哲理和逻辑力量的议论文应导之以理,启发学生思考。在导语设计中,语文教师要防止语言和方法的千篇一律,根据具体情况,突破常式求变式,使课堂教学波澜起伏、跌宕有致。

做上学

1. 选择一则你所听或所读的课例，整理出这节课的导入语，分析其所属的导入方法及特点，并结合后面的教学情景分析其优缺点。若该导入有不足之处，请你写出修改建议。

2. 围绕课堂导入，组织同学，选择下面专题，做一次调查交流。

(1) 选择你生活周边的一位名师，跟踪听课，或阅读其课例、实录，记录他(她)课堂导入的典型例子，分析这位名师的课堂导入特点，形成书面材料后，再与名师交流，判断自己的归纳分析有没有得到他(她)的赞同。

(2) 选择一类课文(如同一体裁、同一专题等)3~5篇，设计调查问卷，调查某校、某片或区县的语文教师导入语设计，分析这些个案有何共性特征，然后撰写一份调查报告，谈谈你对此问题的看法。

(3) 通过网上论坛、微博、沙龙等形式，以"我最不满意(成功、糟糕)的一堂课的导入"为专题开展调查，然后分析不成功的课堂导入有何特点，写成建议，发给全班同学。

本 章 小 结

引入新课是课堂教学的第一个环节，占时不多却影响深远。我们不仅要知道引入新课的重要性，还要了解引入新课的原则与要求。应紧紧围绕语文教学目标，创设虚拟的教学情境，并联系学生的认知基础，充分调动学生的学习兴趣。当然，引入新课是极具个性和极富创意的教学行为，它所体现出来的是教师对教材内容的独特理解，其中渗透着教师组织教学的独特艺术。语文教师要学会因文制宜，灵活采用课前引入的方法，促使教学环节的效益最大化。语文教师要跟上时代脚步，加强理论学习，不断钻研教材，及时摄入新课导入方面的新知识和新方法，只有这样，我们从事课堂教学时才能得心应手，左右逢源。

资源链接：

1. 《钱梦龙与导读艺术》，钱梦龙著，北京师范大学出版社2016年版。

2. 语文潮(https://www.yuyingchao.com)，余映潮主办。

第六章

展 开 新 课

学习目标

- 了解语文课堂中讲解与提问、反馈与强化、演示与板书、变化与管理等概念。
- 熟练掌握讲解与提问、演示与板书的技能。
- 提高反馈与强化的能力,增强变化与管理的能力。

引入新课成为课堂教学的第一步,接下来的展开新课是课堂教学的中心环节,怎样展开新课是每个教师都要精心考虑和认真对待的问题。展开新课是指课堂教学中教师教的活动和学生学的活动相互作用、相互影响所呈现出来的各种行为方式。本章将着重探讨展开新课过程中的常用技能,包括讲解与提问、反馈与强化、演示与板书以及变化与组织等技能。

第一节　讲解与提问

教师的讲解(即讲授)是古今中外教学活动中最基本、最传统的教学方法,是教师以口头语言为主要手段,向学生描述情境、阐说道理、推理论证、传递教学信息的课堂教学方式,即使在教育技术和教学手段高度现代化的当今世界,讲解仍然是课堂教学中应用最频繁、最普遍的教学方式。课堂提问也是语文教学中不可或缺的重要环节,是启发学生思维、传授基本知识、调控教学过程、进行课堂反馈的重要手段。它贯穿于语文教学的始终,直接影响着教学的成败。可以说,没有好的提问就不会有理想的教学效果。

一、讲解的意义与策略

案例6-1

余映潮《故都的秋》讲解实录[①]

师：同学们，上课！今天我们一起学习郁达夫的《故都的秋》，这是一篇长文、美文、难文，我们今天有选择地进行阅读技能的训练，好，我们来看一看背景材料。关于郁达夫，读起来，读。

[屏幕显示，学生齐读]

郁达夫，浙江富阳人，现代著名作家。他于1921年出版的《沉沦》，是中国现代文学史上第一部短篇小说集。20世纪30年代以后他写下的小品、随笔游记等，有不少都是中国现代散文中公认的名篇，《故都的秋》是其中脍炙人口的佳作之一。

师：《故都的秋》，几乎从它的诞生之日起就是教材，它是一篇古老的历史悠久的教材。继续读。

[屏幕显示，学生齐读]

郁达夫从小熟读唐宋诗词和小说杂剧。1913年赴日留学10年。1923年起在北京大学等校任教。1938年抵新加坡，任报纸编辑。1942年流亡到苏门答腊。1945年9月日本投降后被日本宪兵秘密杀害，年50岁。1952年中央人民政府追认他为"为民族解放殉难的烈士"。

师：文人的一生，向往革命的一生。郁达夫殉难后，他的遗骸还不知道在哪里（注：后考证遗骸埋于武吉丁宜附近的丹戎革岱）。好，继续读。

[屏幕显示，学生齐读]

郁达夫于1934年8月写就的《故都的秋》，是现代散文史上写秋的佳作名篇。作家把真切、细腻、丰富、深沉的情感凝于笔端，融进北国皇城的寻常秋景中，绘画出20世纪30年代的故都秋色图。

师：这篇文章的典型性表现在两个方面，第一，北国皇城，写北京的秋色，故都的秋色；第二，写的是寻常秋景，表达内心丰富的感觉。这就是它的典型之处。再看它的语言特点。读。

[屏幕显示，学生齐读]

郁达夫把秋天写得这么有诗意，赋予它以一系列的诗意的高雅的话语然而不

[①] 余映潮：《余映潮中学语文散文名篇教学实录及评点》，长江文艺出版社，2017，第278-280页。

时又穿插一些平民的俗语进去,把大雅和大俗融为一体。

师:大雅大俗的语言风格,这几个字要旁批在课文上,只有像郁达夫这样的大散文家,才有可能做到这一点。雅到极致,也俗得美好。这在咱们课文里也有例子。另外一位作家朱自清的作品,有时候也表现出大雅大俗的特点。我们学过的《背影》。有些文字很"俗",但最后一段抒情的文字却是高雅的书面语,文章表现出大雅大俗的味道。

从案例 6-1 可知,《故都的秋》的教学如果缺少教师的适当讲解与引导,学生不清楚郁达夫的生平经历和创作风格,就很难透彻地理解《故都的秋》这篇文章背后的思想感情。所以,教师的适当讲解,对于语文教学来说必不可少。

信息栏 6-1

对讲解技能的认识

讲解技能有着古老的历史渊源。从两千多年前孔子的"私学"和柏拉图的"学园"至今,讲解技能在语文课堂教学中仍然发挥着重要作用。但随着时代的发展,讲解技能也暴露出不足的一面。在新课程改革的过程中,由于理解上的偏差,有的教师矫枉过正,认为讲得越多越不好,这是值得商榷的。对语文课堂,叶圣陶先生早就指出:"'讲'当然是必要的,问题是如何看待'讲'和怎样'讲'。"熟练地掌握讲解技能,合理而巧妙地运用讲解技能,可以使语文课堂教学锦上添花,可以更好地提升语文教学效果。

【资料来源】 廖圣河主编:《语文微格教学》,中国林业出版社 2009 年版,第 139 页。

(一) 讲解的意义

1. 符合课堂教学的要求

讲解作为教师课堂教学行为,在中国可以上溯到 2500 年前孔子的"私学",在国外 2300 年前柏拉图的"学园"便是它的滥觞。课堂教学的许多功能是通过讲解得以实现的,这是因为课堂教学是在规定的时空里组织学生学习的行为,在时间和空间两个方面突出地体现着教师的教学目的和学生的学习目标的统一。讲解是教师解释或解说知识和专门技术的行为方式,是课堂教学中采用的最普遍、最常用的教学方式。

2. 能提升学生的认知水平

成功的讲解是增进学生认知水平的重要手段,学生的学习和思维的主动性、发展性,必须建立在充分的认知水平之上。从传播学的角度讲,教师成功的讲解是一种有效信息的传播。教师讲解的信息是经过教师选择、甄别、加工过的,它们具有明确的内容价值、学习目标和传播意图,在构建知识体系、点化认知误区、分析材料原理等方面都会成为学生认知的依据和范例,成为他们认知、习得、解决问题、获得经验和方法的样本。真正意义上的讲解是一种师生互动、信息互换的过程,教师个性化的解说、思维轨迹的展示、艺术语言的感染、浓烈情感的熏陶,会产生使学生积极思考、乐于表达、及时反馈、信息重组的良好的认知场。学生的认知水平会在教师声情并茂的讲解中不知不觉地得到提升。

3. 具有独特的功用

教师的讲解行为决定了教师必须优选语言材料为学生建立认知系统,使学生缩短获取知识的周期,以便快捷地进行新旧知识的融合与贯通。与以讨论、自学为主的学习方式相比,两者互有优劣,但教师的讲解也能产生后者难以取得的学习效果。比如,以讨论、自学为主的学习方式有时因教学内容无法控制或学生行为方面的原因而导致肤浅性的学习。再如,有些关涉到作者的生活、情感、经历、背景以及人格的大文化、大语文信息,让学生讨论大多没有结果,而让学生去图书馆查阅资料、上网查询或开书目让学生阅读,也由于种种客观原因而缺乏操作的可能性。这时候,讲解倒可以发挥它特有的功能与优势。

(二) 讲解的策略

1. 要有明确的目的性

语文教师课堂讲解的目的要明确和具体。整节课的教学目的是什么?分成几个阶段来讲解?每一个阶段讲解的目标是什么?教师应做到心中有数,周密安排,详略得当。这样,教师才能讲在"点子"上,讲在关键处,学生听了以后才会觉得有所收获。

2. 要富有启发性

语文教师课堂讲解的启发性包含三层意思:一是要启发学生对学习目标的认识,激发他们的学习主动性和求知欲;二是要启发学生展开联想、想象、分析、对比、归纳、演绎,引导他们分析问题和解决问题;三是要启发学生培养他们的审美情趣,丰富他们的思想情感。总之,现代启发式的讲解要求语文教师多方诱导学生,让他们运用旧知、探求新知、举一反三、触类旁通,引导学生参与讲解的过程。

3. 要具有适应性

语文讲解的适应性是指语文教师的"教"要与学生的"学"相适应,教师"教什么、如何教"要与学生"学什么、如何学"相适应。这就要求语文教师的讲解要由浅入深、由表及里,从具体到抽象,从感性到理性,用已知求未知。教师的讲解要突出重点,攻破难点,澄清疑点,抓住关键,并指明知识的分界点和联系点,以便学生理解知识结构,掌握知识重点。

4. 要展示语言修养

语文教师的讲解语言应该是一种印刻着审美特征的语言,这种语言充满着"抑扬顿挫"、"韵律"、"隐喻"、"婉丽"和"富于变化的表现力"等特征。讲解语言应该是教师学生观的展现,是教师人格的表现。可是,事实上,相当一部分教师缺乏深厚的学养,语言讲解贫乏、苍白,这在一定程度上降低了语文教学的品位和质量。每一位语文教师都要静下心来,多读书,好读书,读好书,博览群书,博古通今。只有这样,当课堂上需要做必要的讲解时,语文教师才会触类旁通,讲得精当恰切,而学生的知识、能力、智力、情操、品格便会在教师春风化雨般的讲解中潜滋暗长。

二、提问的原则与策略

(一) 提问的原则

1. 要目标明确

课堂教学中的任何一种活动都要紧紧围绕教学目标而展开,教师所问要指向课堂教学的目标,这样才能围绕教学的中心任务设计问题。提问是为了引起学生的注意,激发学生的思考,从而让他们体验情感、掌握知识、发展能力。语文教师的课堂提问不仅要指向教学目标,而且目标要明确和具体,这样才能克服提问的随意性和盲目性。

2. 要难易适中

课堂提问要避免以下不良倾向:(1)提问过于简单,没有思维含量,没有思考价值。这类提问通常以两种形式表现出来:一种是极简单的"是不是""对不对"的选择问;一种是极肤浅的填空问,比如问文章的主人公是谁等等。这类提问学生不假思索便可冲口而出,无助于学生思维能力的锻炼。(2)提出的问题空泛,难度大,让学生"丈二和尚摸不着头脑"。如在学生未深入了解文本的前提下,上来就问"这篇文章的主旨是什么""文章有什么写作特点",这样极易把学生问懵。

3. 要新颖,具有启发性

所谓"新颖",就是教师提出的问题要有新意,既在情理之中,又在意料之外,能激起学生探究问题的兴趣和好奇心。好奇之心,人皆有之。同样一个问题,总是"老调重弹",将会使学生感到枯燥乏味,如变换一个角度,使之新颖奇特,学生就会兴趣盎然。提问要尽量避免概念化,不能总在段落大意、中心思想、写作特点上绕圈子、搞循环,而应采用较为新颖的说法,从新的角度巧妙切入,使问题具有挑战性和启发性,以激发学生的学习兴趣,引导他们进行积极的思维活动。

4. 要有梯度,有系统性

所谓问题的系统性,是指所提的诸多问题并不是孤立存在的,彼此之间呈现出难易深浅的梯度和内在联系。语文教师在课堂教学中,能精心设计一些系统性的问题,有层次地激发学生的思维,会收到良好的教学效果。教学问题的设计要根据教学目标和教学重点通盘考虑,使课堂提问主次分明、先后有序。教师可以根据课文内容和学生的认知水平,把大而难的问题分解成容易探讨的小问题,层层深入,把学生逐步引向思维的纵深之地。

(二) 提问的策略

提问的策略大致有以下几种:

1. 在关键内容处提问

所谓关键内容,它是指对全篇课文牵一发而动全身的问题,或是学生不易理解的疑点、难点问题。这些关键内容,往往是课文中能体现主题思想的点睛之笔,或是散文中的"文眼",诗歌中的"诗眼"。教师处理好了这些"眼",再分析全文,会收到事半功倍的效果。如《死海不死》一文,教学起始教师可让学生思考题目中的两个"死"各是什么意思?文题"死"与"不死"矛盾吗?文尾又说"死海"真的要"死"了,这个"死"又是指什么意思?经过这一番提问,学生对文本产生了兴趣,会急切地研读课文寻找答案。

2. 在文句蕴含处提问

在教材选文中,有些句子意义深刻,蕴含作者的写作意图;有些句子字面意思一目了然,然而细细品味,却意味深长,耐人寻味;还有些句子,看上去不难理解,但联系全文则有"一石二鸟"的作用。

鲁迅小说《故乡》的结尾含义深刻:"希望是本无所谓有,无所谓无的。这正如地上的路,其实地上本没有路,走的人多了,也便成了路。"这里正是教师提问的绝佳之处,通过学生的积极参与,他们逐步认识到鲁迅这两句话的内蕴所指:有了美好的希望,只是"空谈一阵,束之高阁,并不实行",那就等于是"无",即"无所谓有";有了美好的希望又积极去实践,努力争取,希望才有实现的可能,即"无所谓无"。在这里,作者用第一句话阐明了希望的有无取决于斗争实践与否这样一个道理。作者又以"路是人走出来的"为喻,指出新的生活要靠革命的实践去创造,体现了鲁迅先生打碎旧世界、建立新生活的信念。学生理解了以上两句话的深刻含义,也就把握了小说的中心意旨。

3. 在内容矛盾处提问

不少课文在内容上看起来似乎有"自相矛盾"的地方,其实这正是作者精心着力之处。在这些地方提问,往往可以使学生的思维步步深入,对课文的理解更加深刻。

如一位教师在讲到《孔乙己》一文最后一句"大约孔乙己的确死了"时,抓住这个对课文起点睛作用的句子,提出这样的问题:"'大约'和'的确'两词是矛盾的,为什么鲁迅先生却又要把它们放在一句话中并列使用?它的用意是什么?"这样的提问一下子挑起了矛盾,引起了学生的争论和深思,力争给予解答。孔乙己是被社会遗忘的人,他的死是无人过问的,因此,鲁迅先生用了"大约孔乙己的确死了"这一句作为这个悲剧的结局。那么,这样的并列使用是不是矛盾呢?这句话中的"大约"与"的确"看似矛盾,其实并不矛盾,因为根据孔乙己当时的遭遇,无疑可以断定他是死了,但是,他的死活无人过问,因此又用了"大约"一词作不肯定的假设。这正是鲁迅用语的精妙、恰当之处。

4. 在比较过程中提问

语文教学实践告诉我们,运用比较的提问方法,可以促使学生的思维向知识的广度和深度进发,防止思维方法上的片面性和绝对化,有助于学生把握不同事物的特征,培养他们的取舍和概括能力。如《与朱元思书》一文写了富春江的水急、猿啼等,作者的用意指向哪里呢?这时教师可以要求学生把它与之前学过的另一篇课文《三峡》进行比较,请他们回答这两处的写景目的有什么不同。学生通过比较逐步认识到,《三峡》中的水急、猿啼渲染的是一种不安、凄凉的感情,而《与朱元思书》中的写景则透露出一种欢快的气氛,突出大自然美景对自己的吸引,两文写山写水的用意并不相同。

综上所述,语文课堂上目标明确、适时、适处的提问,能有效地激发学生的思维,挖掘学生的心智潜能,提高他们的语文素养,是保证和提高课堂教学质量的重要手段。为此,语文教师应精心设计课堂提问,开展积极有为的师生互动,获取新知,提高能力,取得最佳的课堂教学效果。

第二节　反馈与强化

教学中的反馈是指教师在教学活动展开前、进行中或完成后了解学生的学习状况和学习效果,对当前或后续的教学活动产生影响的教学行为。教学中的强化是指教师借助一定的强化物向学生传递对其特定行为肯定或否定的信息,以达到增强或减弱其行为发生概率的教学行为。两者都重视对学生学习效果和学习行为的测定,都肯定这种测定对教师当前或后续的教学行为产生的影响,明显的不同是前者强调教师的宽泛的教学行为的调整,后者则要求借助于一定的强化物来让学生增强或减弱他们的某种学习行为。

一、反馈的技能

> **信息栏 6-2**
>
> ### 反　馈
>
> 　　反馈是指把系统输送出去的信息作用于被控对象产生的结果再接收回来,并对信息的后续输出发生影响的行为。教学中的反馈是指教师在教学活动展开前、进行中或完成后了解学生的学习状况和学习效果,对当前或后续的教学活动产生影响的教学行为。现代教学过程作为一个系统,是由教师、学生、教材等诸多方面构成的,而连接这些方面、使其相互作用的手段,是信息的传递与反馈,它使教学处于不停顿的运动状态,从平衡到不平衡,周而复始,从而使教学系统不断地达到动态平衡。从这个意义上说,教学过程便是反馈与调控的过程。
>
> 【资料来源】　[美]耶伦著,单文经等译:《教学原理》,华东师范大学出版社 2003 年版,第 88-89 页。

　　现代语文教学,要重视关于学生学习情况信息的收集和分析,以随时改进语文课堂教学。语文教师除了课前要从预习、作业、测试等途径中获得学生的学习信息外,课堂上还应当从学习气氛、学生表情、问题回答、小组讨论、口头训练等方面获得反馈信息,只有这样,教师才会获得真正有价值的反馈信息。

　　教学反馈的形式是多种多样的,与此相适应的技巧也是多种多样的。针对不同种类的语文课型和具体教学情况,可以采用不同形式的反馈教学。

1. 前反馈的技巧

　　前反馈是指教师在课前了解学生学习效果,反思以前教学得失,改进后续教学活动的行为。如案例 6-2 所示的教学活动就是一个前反馈的示例。韩军老师知道鲁迅的作品在中学语文课本中占据了重要地位,但因为种种原因,喜欢鲁迅的中学生越来越少,相当多的学生感到与鲁迅有隔膜;鲁迅的小说比较难理解,而且涉及的问题非常多,往往需要花大量的时间来分析讲授,但效果未必见佳。他以前多次教学《药》的效果也不太理想,于是他就改换用另一种教学思路来完成《药》的教学:先引导学生分析夏瑜的口号是否脱离实际,再引导大家分析华老栓们与夏瑜们的关系,从而理解并把握鲁迅对夏瑜们与华老栓们的复杂情感,把握小说的深刻主旨。实践证明他获得了成功,这是他采取前反馈教学带来的结果。

2. 即时反馈的技巧

课堂教学中，难以预料的情况随时都会发生，所以，不管教师上课前准备得多么充分，也不能完全预料课堂上发生的一切。语文教师上课时不能照着教案只管自己讲，而应该随时注意学生的反应。学生掌握得较好，就可加快教学进度；反之，如果学生出现迷惑不解的神情，就应该放慢教学进度，甚至重复一遍教学内容或多举几个例子来说明。教师要根据学生的反馈信息，随机应变，因势利导，及时改进教学。反馈总是带有滞后性的，但是滞后时间不能过长，否则就会时过境迁，反馈教学就会失去效力。在一般情况下，反馈要求迅速、及时，教师要根据反馈信息，迅速调整自己的课堂教学。从心理学上讲，学生对知识的学习，往往会有"先入为主"的效应，即第一印象往往占据重要地位，一旦形成就很难改变。所以，语文教师要迅速获取反馈信息，不要轻易地让学生形成错误的认识。这种在课堂教学内进行的各种信息反馈，称为即时反馈。

3. 延时反馈的技巧

在某种情况下教师对学生的学习行为不宜及时作出评价，有意延长时间后再反馈，这就是延时反馈。延时反馈运用得合理，也能发挥即时反馈不能发挥的作用。比如，有的语文教师在学生出现困惑时，并不马上指出解决问题的路径，而是让学生带着问题去学习下一阶段的教学内容，在后续学习中自己找到解决问题的方法和答案。教师这样巧妙地使用延时反馈，给学生提供了深入学习和思考的机会，刺激了学生的学习热情。延时反馈还可以促使学生带着要解决的问题去学习后续材料，在后续材料的学习过程中，自己找出错误认识的原因，从而反思自己前面的学习活动，形成正确的感性或理性认识。"考后反馈"也是一种延时反馈，"考后反馈"是指教师阅卷、评分后，把试卷及时发给学生，先让学生自己看批改、查进步、挑错误、找原因，在学生对试卷有了一定认识的基础上，由教师分析讲解一些典型错误、共性问题，学生再根据教师的分析、讲评和指导，重新审视自己的试卷，找出自己的差距和今后努力的方向。延时反馈还有单元反馈、半学期反馈和学期反馈等。

需要说明的是，以上是从教师的角度谈了多种形式的反馈教学，其实，学生也是反馈的主体。学生也从教师的语言、神态以及对作业的批改、试卷的评价中获取反馈信息，并以此来调控自己的学习。总之，在语文教学中，语文教师要充分认识到信息反馈对于语文教学的重要性，并想方设法获取多种渠道的反馈信息，调整和改进自己的语文教学，以实现语文教学系统的最佳控制。

二、强化的技能

语文教师运用好强化技能，可以在为学生的成长提供反馈信息、影响学生的学习态度、丰富学生的情感体验及帮助学生形成自我强化等方面产生积极影响。根据强化物的特点,教学实践中的强化可分为语言强化、动作强化、活动强化和标志强化等。

(一) 语言强化

语言强化是指教师运用语言点评的方式对学生的反应或行为进行判断、表明态度,或者引导学生相互鼓励来优化学习效果的教学方式。与言语的分类相应,语言强化分为口头语言强化和书面语言强化。口头语言强化是指教师对学生的良好反应或行为进行口头表扬和鼓励,也可以对他们的不良表现加以批评和指责。如果学生在课堂上精彩地回答了问题,教师就可以用"非常好""这是一个很好的想法"等欣赏语来肯定和激励学生。当学生回答问题不全面,或有错误时,教师也可以用委婉的言语指出学生的错误和不足。书面语言强化是指教师在学生的作业本或试卷上写出评判的言语,对学生的作业或考试表现给予表扬或批评。无论是口头语言强化,还是书面语言强化,都可依具体情况采用正强化或负强化的方式教育和规范学生。

(二) 动作强化

动作强化是指教师运用非语言的身体动作或面部表情,肯定或否定学生的表现,维持良好教学状况的行为方式。它主要包括以下几种方式:(1)面貌表情强化。人的面部表情的变化非常丰富,如微笑、扬眉、张口、眯眼、惊奇、皱眉、眨眼、大笑等。教师面部表情的变化能表达对学生的赞许和鼓励,也可表达对学生行为的不满,它最易引起学生的注意,学生能从中迅速获取反馈信息,调整自己的学习行为。(2)目光变化强化。在教学过程中,教师切忌板着面孔,目光游移。若有学生在课堂中做出不良行为,教师可适当延长时间注视这位学生,这种"警告"一般可有效地抑制学生的非学习行为。(3)体态手势变化强化。教师的身姿、手势的变化,如走近、点头、摇头、鼓掌、竖大拇指、侧耳倾听等,对调节学生学习行为、维持课堂教学秩序能发挥良好的作用。

(三) 活动强化

活动强化是指教师特意给一些特别的学生分派一些力所能及的"代替"教师的任务,让他们做如陶行知先生所说的"小先生"。例如,语文课中的分角色朗读、课本剧中进行角色扮演等活动。另外,还可以组织这些学生进行参观访问、社会调查、开报告会、成立兴趣小组、开展各种竞赛等等,给他们创造一些表现自我的机会,并对其中活动成绩优秀和稍有进步的同学进行表扬。这样的强化活动,对于那些本来不喜欢语文学习的学生,意义尤其重大,可以激发他们学习语文的兴趣和信心。

实践证明，语文教师如果在课堂教学中适时地运用强化技能，会大大激发学生的有效注意和求知欲望，使学生的学习效率得到明显的提高，从而有效地保证教学任务的完成。

三、反馈与强化的控制艺术

（一）要符合学生的特点

教师从反馈中获取信息，根据教学目标达成的需要，对学生的反应进行强化，一定要符合学生的特点。课堂中的反馈与强化符合学生的特点，首先表现在符合学生的年龄与认知水平发展的特点。例如，以反馈来说，对低年龄段的学生，教师往往通过询问、调查就可以获得想要的信息，低年级学生也更愿意举手回答课堂提问；而随着年龄的增长，学生则越来越不愿主动提供信息，课堂上教师通过观察学生表情、神态来获得反馈信息。其次，课堂中的反馈与强化还需要符合学生的心理特点。从心理学角度来说，学生普遍愿意听到教师的表扬和奖励，而对批评和惩罚有一种本能的畏惧与抵触，教师在捕捉反馈信息与运用强化技能时，一定要多用积极强化，少用、慎用甚至不用消极强化。

（二）要时机恰当

反馈与强化要做到恰当有效，首先应当把握好时机。孔子说："不愤不启，不悱不发。"启发这种强化式的教学行为是建立在学生反馈出"愤悱"状态下开展并完成的。反馈与强化的时间对于强化的效果有很大的影响。依据首因效应，应当采取即时反馈，但有时为了达到让学生深入思考的目的，又往往采取"不愤不启，不悱不启"的延时反馈。同样，强化的时间过早，易使学生慌乱，阻碍探究活动的进行；过迟，则易使学生失去获得帮助的良机，甚至可能接收不了正确的信息。教师在施教过程中，应当把握好强化的时机，灵活地运用强化技能，不断地刺激学生做出反应，从而达到使学生接受知识的目的。一般来说，在学生进入新的教学情境、获得成功体验或处于学习困境之时，往往是反馈与强化的最佳时刻。要使反馈与强化时机恰当，效果明确，教师必须采取灵活多样的方式进行，不同学生在教学过程中的不同阶段需要不同类型、不同数量的反馈与强化，教师在采用反馈与强化的方式上就需要注意灵活性，需要根据授课对象与授课内容的特点合理选用。

教师在运用反馈与强化时，应依据学生特点，把握反馈与强化的时机，采取灵活多样的方式进行反馈与强化，这样往往能够获得最大的教学效益。

第三节　演示与板书

讲解与提问是通过语言来呈现和交流知识信息,而演示与板书则是利用直观材料呈现知识信息,它们是教师完成教学任务、提高教学效果的一种重要手段。但演示与板书如果使用不当,也会造成重点不突出、主次不分、学生注意力分散等不良现象。

一、演示的操作技能

从广义上讲,教师上课就是一种教学演示,学校就是集中演示知识和培养能力的场所。从狭义上讲,演示是教师在上课时配合讲解与提问或谈话,向学生展示实物、教具或者运用现代化教学手段,帮助学生把理论知识和实际事物、现象联系起来,以说明或证实某种观点、实现教学目标的一种手段。挂图、照片、实物、幻灯、投影胶片、录像、多媒体课件等教学媒体,是语文演示教学的有力工具。随着信息技术的不断发展,人类社会已经进入信息时代,在语文课堂教学中,基于多媒体技术的电子演示正在成为辅助教学的一种有效手段。

(一) 演示的作用

1. 有助于激发学习兴趣

在语文课堂中,教师正确地运用演示技能就可以把抽象的语言信息转化为具体生动形象的画面,给学生以直观的感受和印象,从而产生认知的兴趣。教学演示通过声音、色彩、形体、动态、静态等全方位立体教学,加大信息刺激量。耳听、目视、手触、脑思等具体活动,必然会引起学生的注意,激发起学生的兴趣,自然就会调动其学习积极性。

2. 有助于培养观察力、想象力

演示既是通过具体和直观把握本质和特征的过程,也是通过已知和个性,认识未知和共性的过程。前者依赖于观察力,后者必须借助想象力。恰当地运用演示,能够培养学生观察的自觉意识,让学生掌握观察的方法。通过具体而形象的演示,可以激发学生的形象思维,激发学生的创造意识,从而使想象力得到充分的锻炼,而学生对直观材料进行感知分析,也将有效地促进学生思维能力的形成与发展。

3. 有助于突破教学难点

通过具体形象的演示,可以将抽象的概念事理具象化,把复杂的现象和状态简单化,把瞬息万变的过程固定化,虚幻想象的事情情境化,所有这些,有助于丰富学生的感性认识,突破教学难点,加深学生对相关学习内容的认识和理解。心理学研究表明,获取信息的感官越丰富,信息摄入量越多且保存的时间也就越长。视听同步时信息保存率可以上升到60%,而视听与动作同步,信息保存率可以增加到90%以上。课堂演示的形象性、直观性的特点,对提高学生的记忆水平与理解能力有着积极的促进作用。不但能激发学生的学习兴趣,而且能够帮助学生理解课文内容,提高学生的口头表达能力和创造思维能力。随着以计算机为核心的现代教育技术媒体进入语文课堂,语文教学发展呈现出广阔的空间和美好的前景。

4. 有助于活跃教学氛围

教学氛围包括学生的学习兴趣、注意程度、思维状态、参与情况等多方面的内容与因素。积极的、良好的教学氛围,会给学生带来愉悦的情感体验,能够激发学生的潜能,高效地完成教学任务。演示活动既可以调动学生的学习兴趣、吸引学生的注意,又可以活跃学生的思维,激发学生的参与热情,无疑也有助于教学氛围的调控。同时,现代教学媒体与手段的运用,如投影、幻灯、视频等,为教学直观化提供了便利,可以帮助学生理解掌握知识,加大学习的信息量,提高教学的效率。多媒体演示还能够创设出优美的意境,创设出特定的情景和氛围,引导学生进入作品,它所带给学生的视听感受,是传统课堂教学所无法企及的,在浓浓的意境里,更能激发学生的注意力和学习兴趣。

(二) 演示的操作原则

1. 要发挥教师的主导作用

在教学过程中,学生是主体,教师起主导作用。在进行多媒体演示教学时,必须注意多媒体演示技术只是教学的辅助手段,其目的是促进语文教师主导作用的发挥,帮助语文教师运用信息技术实现教育资源的优选、加工、存储、共享、利用和创新,实现对教学信息的提炼和升华,而不能完全代替语文教师的教学活动。如果盲目地依赖于多媒体技术,把所有的教学内容、教学环节全部使用多媒体演示手段再现出来,那么整节课就好像是放录像课,语文教师只起到了解说员和放映员的作用,而起不到应有的主导作用。要知道,多媒体设备和信息技术只是为了帮助教师更好地阐述和表现教学内容,而演示教学的成败,归根结底还是要取决于语文教师的活动和学生的反应。

2. 要少而精

多媒体演示不要占时太多,不然的话,面对长时间的画面和声音的冲击,学生的注意力集中到不断变化的屏幕上,他们被动地接受信息,会迷失了自我,来不及分析、消化重要的知识和信息,他们的主体地位将被剥夺,很难全身心地投入到学习任务中去,正所谓"教师手忙脚乱,学生眼花缭乱"。此外,过多的画面、过长的声音和过于频繁地切换都将使学生和教师的交流机会减少,感情沟通变弱,不利于学生的学习和发展。因此,"少而精"应该作为多媒体演示必须遵循的一个基本原则。

3. 要让形式服从内容

多媒体演示文稿集文字、声音、图形、图像等多种信息于一体,有利于把隐性知识显性化,可以很好地满足学生的视听感官需求,激发学生的学习兴趣,有效地吸引学生的注意力。但是,不顾实际教学的需要,在演示文稿里集中了过多的图像、声音等信息,一味追求画面优美、声音动听,而忽视重要教学内容的呈现,造成无效信息的泛滥,同样也会分散学生的注意力,浪费师生的宝贵时间,不仅不能辅助教学,反而会影响教学效果。

4. 要精雕细琢

一个优秀的多媒体演示文稿,应该是结构合理、重点突出、画面美观,并能根据教学需要随意调换内容。为此,语义教师要对演示文稿的设计和制作付出大量心血,并在实践中反复提炼,精益求精。有的语文教师所用的演示文稿,要么形式上花里胡哨,卖弄技巧,要么内容上东拼西凑,粗制滥造,敷衍了事。这样的演示文稿,违背了课堂教学的基本规律,不符合学生的年龄及心理特征、认识规律和审美情趣,造成大量的无效信息,加重了学生的认知负担,其教学效果可想而知。

总之,对于多媒体演示辅助教学这一现代教学形式,语文教师应给予足够的重视,并努力寻找它与传统演示(挂图、照片、实物、幻灯片、投影胶片等)教学形式的最佳结合点,充分发挥其优势与合力,力争使课堂教学最优化。

二、设计板书的技能

(一) 板书的功能

在语文教学中,板书大致有以下几项功能:

1. 激发兴趣,增强记忆

在教学过程中,兴趣是学习的第一动力。如果学生对教师讲授的内容不感兴趣,那么势必会影响课堂的教学效果和质量。语文课中优美恰当的板书则是激发学生学习兴趣的重要手段之一。

2. 疏导疑难,化繁为简

语文教材的选文中,会有一些事件及人物关系都较为复杂的文章。课堂学习中,学生不明白此文事件与时代背景的联系,也理不清复杂的人物关系等,此时语文教师就可以利用脉络式的板书帮助学生理解事件与背景的内在联系,理清文中的人物关系等。语文课堂中科学、精致、醒目的板书设计,能发挥事半功倍的作用。

3. 深化主旨,画龙点睛

板书设计是对课文内容的概括提炼,许多精心设计的板书都能折射文章的主旨,为完成课堂教学任务起到画龙点睛的作用。一幅内容准确、形式新颖、条理清楚、字体美观的板书,能够为语文课堂教学增色生辉。

(二) 常见的板书格式

语文课的板书不能拘泥于一种格式,要根据不同的教学内容、不同的课型、不同年级学生的实际,采用灵活多样的格式。常见的板书格式有以下几种:

1. 脉络式板书

脉络式板书是指以文字表达为主,并用线条、括号等符号把相关内容组合成一个框架,以表现课文内在层次的板书形式。这种板书简洁明了地反映出课文内容的层次关系,能把错综复杂的课文内容明晰化、系统化,具有较强的直观性和概括性。如《事物的正确答案不止一个》这一课的板书:

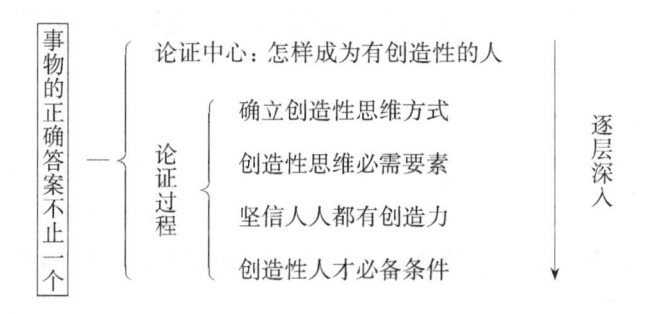

```
                  ┌ 论证中心:怎样成为有创造性的人
事物的              │        ┌ 确立创造性思维方式      ┐
正确答案 ─┤         │        │                        │ 逐
不止一个            │ 论证   │ 创造性思维必需要素       │ 层
                  │ 过程   │                        │ 深
                  │        │ 坚信人人都有创造力       │ 入
                  └        └ 创造性人才必备条件       ┘
```

2. 表格式板书

表格式板书是指将课文内容分门别类地填入特定表格的板书形式。这种板书形式规整,文字简明,内容精要,一目了然。语文课堂中师生合作填写这样的表格,有利于培养学生分析、对比、归纳的能力。如《葡萄月令》这一课的板书:

月份	栽种过程(人)	生长过程(物)
一月	检查	"睡"在窖里
二月	挖窖	出窖
三月	刨坑、竖柱、上架	上架
四月	浇水	喝水、抽条、长叶
五月	喷药、打梢、掐须	抽条、长叶、开花
……	……	……

3. 图示式板书

图示式板书是指由文字、线条、箭头和圆弧等各种符号组成的揭示课文内容递进、因果、转折等关系的板书形式。如《我的叔叔于勒》这一课的板书：

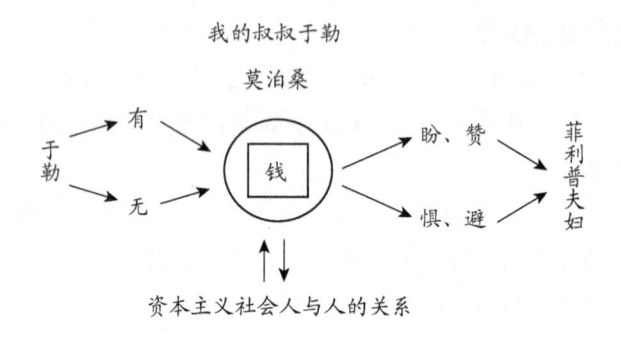

```
            我的叔叔于勒
              莫泊桑

        →有→         →盼、赞→    菲
    于勒      ( 钱 )              利普
        →无→         →惧、避→    夫妇
                ↕
         资本主义社会人与人的关系
```

这则板书形象地揭示了小说人物之间的动态矛盾关系，学生能从中领悟到小说的内在意蕴。

（三）板书的基本要求

优秀的板书，能简练、系统地体现语文教学内容，帮助语文教师激发学生学习兴趣，引导学生思维，且重点、难点突出，帮助学生形成知识结构，实现教学目标。因此，语文教师设计板书，既要精心，又要巧妙，做到符合以下一些要求：

1. 字迹工整

语文板书要字迹工整。板书书写规范，字迹清晰，不能潦草；要求工整，行列分明；力求美观，能够体现汉字之美。要让学生在阅读板书的过程中领略汉字中蕴含的传统文化。此外，板书中所涉及的数字、字母、线条、表格、图画（简笔画）也应当规范、工整、美观。

2. 条理清楚

语文板书要反映教材原有面目，善于揭示其内在的逻辑关系。如《大自然的语言》的板书可设计如下：

大自然的语言

竺可桢

什么是物候，物候学？

物候观测对农业的重要性？

物候来临的决定因素？

物候观测的意义？

语文教师要善于从辨别课文内容纵向、横向上的逻辑关系入手,设计出紧贴课文、条理清楚的优秀板书。板书切忌无计划,序号乱,随手信笔,层次不清,条例紊乱,缺乏内在联系。

3. 重点突出

语文课堂的板书要言简意赅,重点突出,对教材内容的概括要全面、正确而精当。中学语文名篇《出师表》,是臣子诸葛亮上书给皇帝刘禅的一篇奏章,文章彰显了一代忠良诸葛亮的大家风范。此文以议论和抒情为主,但荐才议事、表白忠心也写得很实在,没有半点矫揉造作之处。教师如果围绕"论形势""提建议""荐大臣""讨使命""说原委"这样一条线索来设计板书,就能突出文中上奏的重点内容,又让学生对文章同时使用的记叙、议论、抒情等表达方式有一个感性的认识,既领悟了内容,又感悟了形式,取得良好的教学效果。

4. 灵活多变

在课堂教学中,常有教者课前未曾预料到的情况出现,课前设计好的板书已不能适应新的情况和师生新的认识,这时教者不宜"墨守成规",而应及时调整和修改自己的板书内容。如有一位教师在教读寓言故事《狼》时,板书的主体部分本来设计为:"遇狼—惧狼—御狼—劈狼—议狼"。教学将要结束,他发现这个板书设计有些不妥,因为所谓"议狼"部分已不属于故事情节,表达方式上也与上文的记叙不一致。于是,他便要求学生修改这个板书,经过同学们的一番讨论,板书的主体部分重新调整为:"屠夫:遇狼—惧狼—御狼—劈狼;作者:议狼。"如此一来,通过对板书的修改,学生们更好地把握了文章的内容和结构层次。

第四节　变化与管理

学生上课注意力集中是保证学习效果的必要条件,而注意力不集中是造成学习困难的重要因素之一。所以,语文教师要针对学生学习的具体情况,变换课堂教学的方式方法,并有效应对教学中出现的突发事件,加强对课堂教学的组织与管理,以保证语文教学的顺利进行。

一、变化技能与应变能力

从宏观上来看,教师教学过程中稳中求"变"的变化能力,依据其初始阶段教师心理预期的主动性质和被动性质,可分为"变化技能"与"应变能力"。

(一) 变化技能

案例 6-2

《白发的期盼》课堂实录[①]

师：同学们都习惯于用眼睛去获得信息，欣赏作品。今天，我们要换一种形式，用耳朵来获取信息，欣赏作品。只有目明耳聪，才算得上聪明。我放一段录音，请大家从人物身份、家庭状况、日常生活三个方面，简要地叙述一下录音里采访对象的相关情况。

播放录音。

师：请哪位同学回答，你听到了什么内容？

生：我听到的是一位年老的教师，她的老伴去世了……

师：采访对象是一位什么样的教师？

生：退休的老教师。

师：哪个大学退休的？

生：北京大学。

师：她姓什么？平时怎样生活？

生：姓吴。她的老伴去世了，她的两个女儿在美国。她平时没有事就看看电视，爬爬山。

师：她平时是"看看电视，爬爬山"吗？她的日常工作、日常生活以什么为主？

生：还有做做实验什么的。

师：对，到学校里去做实验。

生：这个老教师一个人住在一个80多平方米的房子里，每天都去学校做实验，等于让自己娱乐娱乐，玩一玩。她觉得不能每天都闲在家里，只看看电视、睡睡觉之类的。

师：好的。现在我再问一个问题，这个记者的这一段录音，究竟想告诉我们什么？

生：我觉得，记者想告诉我们，让我们多关心老人。因为记者采访结束的时候还说，那个老人还在拨着两个女儿的电话。

师：非常好。你引用了你听到的基本素材来说明记者想告诉我们的东西。我们再把问题说得具体一点，你说，对吴老师来说，她的生活当中最缺少的是什么？

生：缺少子女的关爱。

[①] 唐江澎：《〈白发的期盼〉教学实录》，《中学语文教学》2007年第1期。

以上内容是《白发的期盼》这一课的导入部分。该教师一反往常的导入方法，力求变化，采用让学生听采访录音的方法引入新课，收到了良好的导入效果。教者在这里使用了教学中的变化技能，出其不意，用变换信息传递渠道的方法吸引了学生的注意力，为新课的学习创设了情境。

教学中的变化技能是指在课堂教学中，教师为了引起学生的注意、减轻学生的疲劳、提高学生的学习效率，使用变换信息传递方式或教学活动形式的方法来改变对学生的刺激的教学行为。教学中的变化技能有以下几种类型：

1. 教态的变化

教态的变化是指教师说话的声音、表情及身体动作等的变化。这些变化是教师教学热情、教学责任心的具体体现。教态的变化是教学中最基本、最常用的变化技能。教态的变化包含以下几种类型：(1)语调、音量、节奏和语速的变化即声音的变化。这些变化对吸引学生的注意力有显著效果，可使教师的讲述更加生动、富有感染力。(2)目光接触的变化。教师运用扫视全班和注视部分学生相结合的方法，可以表达教师对学生的期待、鼓励、唤醒、探询、肯定、赞许等情感，也可以表示对学生的暗示、警告、批评等意思，从目光接触中教师还可以获取信息，了解学生的兴趣和理解程度等。(3)表情与动作的变化。如前面"反馈与强化"一节相关内容所述，教师的表情与动作的变化可以传递教者丰富的信息。(4)身体位置的变化。授课时，教师可以在讲台上适当地走动，以吸引学生注视黑板上某个部位的板书；在学生活动时，教师可于学生中间走动，这样可以缩短师生之间的心理距离。在实际教学中，教师教态的变化往往是上述各种变化技能的综合运用。

2. 教学媒体的变化

教学中可使用的视觉媒体是多种多样的，如板书、图表、照片、幻灯片、模型、实物、录像及多媒体课件等。视觉媒体具有直观、形象、生动的特点，能有效地吸引学生的注意力。教学中听觉媒体传递教学信息的效率虽不如视觉媒体高，但它不易导致学生的接受疲劳，且能为学生留有一片思考、想象的空间。所以，语文教师在课堂教学中要力求变化，综合使用不同的教学媒体。

3. 师生活动方式的变化

在教学过程中存在着教师与全体学生、教师与个别学生、学生与教师、学生与学生之间相互影响、相互作用的多种活动方式。语文教师要视学习任务的具体情况，安排开展不同方式的互动，因为千篇一律的活动方式会引起学生学习疲倦，导致学习效率下降。

(二) 应变能力

教学中的应变能力，是指教师在教学进程中，面对意外发生的情况，敏锐地洞察学生思维活动的态势,迅速作出反应,及时采取恰当措施的应急能力。许多优秀的语文教师都十分重视培养、提高自己的教学应变能力。他们的一般做法有:

1. 风趣幽默

风趣幽默的语言能引起学生的兴趣和有意注意,学生耳闻老师幽默风趣的"弦外音"会领悟到教师的意图和用心,于是会作出知心、知情、知理的反应,及时修正自己的行为。如有一位教师正在上一堂观摩教学课,突然一只飞鸟悄然钻进教室并不停地叫着,飞转几圈后飘然离去。当时一些学生好奇的目光随鸟移到窗外。这种场景往往是在考验教师的应变能力。你看,这位教师面带微笑地说:"刚才大家上课都很认真,把小鸟都感动得不愿再打扰你们了。"教师这么一说,学生从表扬中意识到上课不专心是不对的,便很快集中了注意力。

2. 暗示提醒

语文课堂上,也存在着学生做小动作、随便讲话、看与教学无关的书等现象,或有意无意地将文具掉在地上,这时教师发火呵斥或挖苦讽刺,会刺伤其自尊心,又会转移其他学生的视线,切断教学内容,耽误教学时间,影响教学进度。此时教师可借读书讲课之机运用眼神、表情对其进行暗示,以目光神情送去所要表达的愿望、态度等,唤起他的有意注意,把学生从另一兴趣中心拉回到课堂教学的情境中。另外教师还可以在走动讲课时,轻点一下那位学生的桌面,以示警诫,这样会收到"此时无声胜有声"的效果。

3. 机智补漏

由于紧张或备课的不充分,教学中常会出现漏缺现象,此时教师要灵活机智,化险为夷。如有一节公开课,教师正有声有色、有板有眼地讲解着《从宜宾到重庆》,可一直讲到结束时才发现竟忘了板书课题,此时教者急中生智,在总结时提出问题:"同学们结合板书想想文章是按什么顺序写的?"然后依学生发言不紧不慢地揭示出课题:"从宜宾到重庆"。听课者纷纷为之叫绝,反倒认为这是别出心裁的设计呢!

4. 缓解冷却

在课堂上,有时学生会提出一些知识性问题,有的是备课时未预料到的,有的是超越自身水平的,这些常令教师措手不及。对此教师不能胡诌一通,不懂装懂,而可用缓解冷却法处理。

由此可知,变化技能显示了教师在教学过程中主动求变的教学胆识和教学智慧,应变能力反映了教师应对突发事件时所表现出来的教学机智和教学才能;它们有所区别,但又你中有我,我中有你。优秀的语文教师绝不放弃对这两种教学能力的磨练与培养。

二、管理的技巧

课堂教学是一个动态的、变化的、发展的过程,既需要按照一定的预设展开,又需要动态生成,在这个过程中,课堂管理是课堂教学得以顺利进行的重要保证。它不仅直接影响整个课堂教学的效果,而且关乎学生的思想、情感与思维能力的发展。

(一)大班教学的课堂管理

信息栏 6-3

课堂管理

15 世纪以前,学校采用的是个别教学形式,即教师分别对个别学生进行教学。16 世纪,一些欧洲国家创办的古典中学里出现了课堂教学的尝试,课堂教学开始萌芽。17 世纪,捷克著名教育家夸美纽斯总结了前人和自己的教学实践经验,在其所著的《大教学论》中首次系统地论证了课堂教学制度,奠定了课堂教学的理论基础。此后课堂教学在世界各地逐渐推广。然而课堂教学优势的发挥,取决于教师、学生、课堂情境等三大要素的相互协调,即课堂管理。所谓课堂管理就是指教师通过协调课堂内的教师、学生和课堂情境三者之间的关系从而有效地实现预定的教学目标的过程。

【资料来源】 皮连生主编:《学与教的心理学》,华东师范大学出版社 2009 年版,第 298-299 页。

我国中学目前班额还比较大,一个班级中有 50~60 名学生的情况还不少见,尽管一些地区已经开始小班化教学的实验,但真正全面地推广还需要时日。在这样的背景下,加强大班教学管理的研究,依然有着十分重要的意义。

1. 分析课堂上产生问题行为的原因

课堂问题行为产生的原因是多方面的,教师要管理好课堂,处理好课堂中出现的问题行为,能够从不同的角度分析课堂问题行为产生的原因。

从心理学的角度来说,导致学生出现课堂问题行为的原因是其需要得不到满足。这里的需要包括注意的需要和认同的需要。一些学习成绩不佳的学生,发现自己无法从学习和竞赛中获得教师和同学的承认,常以问题行为来寻求教师和同学的注意,争得自己在班集体中的位置。从生理学角度来说,学生的生理障碍是诱发课堂问题行为的重要原因。比如:学生的神经发育迟缓或神经功能障碍会造成"多动症",这类学生出现活动过多、情绪不稳、大声怪叫、注意力不集中等多种课堂行为。另外学生的性别特点对课堂问题行为也会产生一定的影响。男同学的问题行为比女同学明显多一些。从教与学的角度来说,可能是教师教学水平欠缺。教师教学观念陈旧,方法落后,讲课缺乏激情,枯燥乏味;教师表达能力差,语言和要求含糊不清;教师教学效率低,常采用拖堂或补课的方法……这些教学水平上的不足,使学生感到不愉快、烦闷、疲惫,也会诱发课堂问题行为。

2. 解决问题行为的方法

课堂问题行为的干预就是在心理学理论指导下有计划、有步骤地对课堂中发生的问题行为施加影响,使之发生指向预期目标的变化。对学生课堂问题行为进行干预,首先要运用行为疗法,减少不符合教学要求、违反课堂规则、影响教学效率的行为,这里主要指对外向性的攻击行为进行干预;其次,运用情感疗法,加强班集体的凝聚力,感化和转化沉默寡言、孤僻离群等退缩性行为;再次,加强班级管理,建立班级常规,尽量避免课堂问题行为的发生。

(二) 小组讨论的管理技巧

1. 分析开展小组讨论出现的不良倾向

新课程理念大力倡导自主、合作、探究的学习方式,小组合作讨论学习,改变了过去教师讲学生听的单向信息传递方式,利于全体学生的自主参与;各种不同质的学生一起进行合作讨论学习时,能有效启迪他人,拓宽他人思路,利于学生学习资源共享,培养创新思维;同时,学生自主解决问题时,心理负荷轻,利于学生良好人格的形成。小组合作讨论学习因其具有的优势,越来越受到广大教师的青睐,教学中使用的频率也越来越高。

但在实际教学工作中,有些小组合作讨论学习的效果并不理想,原因是课堂中小组讨论存在一些不良倾向:

(1) 独立思考时间和合作时间不充足

在小组合作学习时,往往是教师呈现问题后未留给学生片刻思考的时间就宣布"合作学习开始",这时的合作如同无源之水,无本之木。这样的小组合作学习不但达不到目的,而且很容易挫伤学生合作的热情,养成敷衍了事的不良习惯。

(2) 不重视学生的合作交流成果

小组合作学习只是一个幌子,学生在交流合作学习的成果时,教师总是千方百计把学生拉到自己预定的框框中去。学生认认真真地合作了好久,生成了很多新的学习需要和学习内容,在呈现小组合作的"结晶"时,教师没有满足学生这"预设"外的需求,而是不痛不痒地打了"哈哈",以"预设"的内容来"集中"总结学生的交流成果。

(3) 小组成员参与程度低,合作效率低下

有些小组成员如果成绩都较差,个性比较内向,不喜欢和同组的同学合作,在组间进行交流时,别组的同学侃侃而谈,获得教师和学生的肯定和表扬,而这个组永远找不到亮点,这在某种程度上打击了该小组的学习积极性和学习自信心,不利于学生的健康发展。

2. 解决不良倾向的管理技巧

(1) 建立有效的责任制和激励机制

小组合作仅仅依靠学生的兴趣和自觉性是远远不够的,还要在小组内建立有效的责任制,真正使学生明白积极参与小组合作既是一种权利,也是一种义务和责任。建立有效的激励机制,对参与积极的学生给予奖励,让积极参与的学生真正尝到甜头。要真正发挥《小组合作学习记录表》的作用,教师须经常对记录表进行抽查,杜绝小组课代表弄虚作假的现象。同时,对积分高的同学要及时表扬。

(2) 加强对小组合作的指导

要给小组课代表讲清小组合作的意义、方法、原则、技巧等方面的问题。把小组课代表培养成课堂有力的倡导者、组织者和老师的得力助手。对小组活动参与不积极的学生,教师要进行单独的谈话指导,课堂上给予鼓励,课前帮助他们树立信心,寻找课堂发言与知识讲解的技巧。教师还要帮助小组明确分工,熟悉合作成果生成的程序,即小组成员课前对所讨论的问题充分思考,把自己的见解形成文字。然后在小组合作交流的时候大家把每个人的见解进行汇总,整理出一个相对完善的看法。

(3) 重视对小组合作的评价

小组合作时,教师既要有对合作学习结果的评价,更要有对合作学习过程的评价,不能总是"好极了""你真棒"之类含糊笼统的评价。新课程注重学生的个性表达,但这并不意味着教师放弃对学生的评价,一味地肯定表扬。正如一味惩罚不可取一样,一味表扬也是不可取的,对教师来讲,这其实是放弃了对学生正确人生观、是非观的教育,而对学生来讲,过多的表扬会令其上瘾,令其习以为常,令其在以后的学习中浅尝辄止,随意应付。

小组合作是一种全新的教学模式,新事物都是不完善的,但方法总比问题多,只要我们认真研究,在实践中不断改进,小组合作探究定会在我们的语文教学中大放光彩,为教学质量的提高提供源源不断的源动力。

(三) 学习过程的调节艺术

所谓课堂调节是指教师在教学过程中面对意外发生的情况,敏感地洞悉学生思维活动的势态,迅速作出反应,及时采取恰当措施的艺术。实施课堂调节时应做到:

1. 明确目标

教学目标是预期的学生学习的结果或学习活动要达到的标准,它包括知识目标、能力目标与情感目标。教师在课堂中遇到偶发问题,进行调节干预时,也应当紧扣目标,要明确每一个教学环节的目的,也要让学生明确教学环节的目的。

2. 灵活机智

课堂教学是一个错综复杂、瞬息万变的过程,随时有可能发生意想不到的事件,或为外界干扰,或为教师对学生的预见不充分,也可能师生、生生之间存在不愉快,甚至还有可能是学生的恶作剧,但无论哪种情况引起的意外事件,都需要教师有灵活应变的能力,机智及时地处理好意外事件,排除干扰,使教学活动正常进行。

3. 尊重学生

学生是有感情、有自尊的求学者,即使在课堂中出现过失行为后,也渴望教师在批评时不要伤其尊严。教师组织教学、调节课堂时,必须体现出对学生的关心与尊重。在对学生管理时要尊重他们的人格,坚持正面教育,以表扬为主,激发积极心理,克服消极因素。因此,在语文课堂上,教师发现学生注意力不集中,不应当斥责、挖苦、讽刺,而应通过多种方式给予暗示或引导。即使问题行为较为严重,一时难以解决,也应当将局面引向平静后进行冷处理,切忌冲动,酿成师生间更大的冲突。

做上学

1. 自选一节语文课的教学内容,在课后以小组为单位,每人在组内进行10分钟的讲解与提问技能的练习,并运用下面的技能评价表对每人的讲解和提问技能进行自评与互评。

讲解与提问技能训练评价表

姓名:					
评价项目	评价等级				
	10	8	6	4	2
讲解思路清晰、条理清楚、有启发性					
讲解重点突出、难点突破、详略得当					
所提问题针对学情,且有层次					
对学生的回答有反馈和追问					
讲解和提问面向全体学生					
讲解和提问结构完整(过渡—呈现—小结)					
讲解和提问吐字清楚					
讲解和提问语速中慢,且有变化和停顿					

(续表)

姓名：		评价等级			
评价项目	10	8	6	4	2
讲解和提问声音洪亮					
讲解和提问语言富有个性和感染力					
总分以及简评					

2. 选择一位语文特级教师的教学课例,找出教师捕捉信息进行反馈与强化的教学环节(如果是文字式教学实录,请注意分析有关课堂教学氛围、情境的记录;如果是视频,请仔细观察师生的眼神、手势等神态表情与动作),结合课堂教学情境,分析教师这样做的好处。

3. 选择一个课例,找出执教教师演示教学与板书的教学环节(语文学科课堂演示相对少一些,同学们也可以找一个初中物理或化学学科的课例,分析其演示环节,并与语文学科进行对照),注意观察演示与板书的情境,再分析演示与板书的作用。

4. 围绕"语文课堂上的突发事件"这一专题,采访一些语文教师,听听他们的处理意见与方法,同学们再进行小组讨论,看看哪些处理具有实效性,哪些处理更具艺术性。

本 章 小 结

教师的讲解与提问是传授基本知识、启发学生思维、推进教学进程的重要方法。讲解与提问贯穿于语文教学的始终,直接影响着教学的成败。反馈与强化是教师对教学过程进行有效控制的重要手段,有经验的语文教师,在课堂教学中总是将反馈与强化结合使用,不断地调整和优化语文教学过程。讲解与提问诉诸听觉,而演示与板书则诉诸视觉,两者互为补充。我们应借助演示与板书,充分打开学生的感官通道,吸引学生听课的注意力,激发他们的学习兴趣。我们还要针对学生学习的具体情况,注意教学方式的变化,提高应变技能,加强对课堂教学的管理,并适当调节课堂气氛,以有效地展开课堂教学。

资源链接：

1.《中国著名特级教师教学思想录》,朱永新主编,华东师范大学出版社2016年版。

2. 中学语文教学参考网(http://www.zyucan.com),中学语文教学参考杂志社主办。

第七章

巩固新课

学习目标

- 了解语文课结课的方法、作业类型、测试类型及命题的基本要求,明确练习课与复习课的教学侧重点。
- 能熟练使用常用的结课方法,能有针对性地评讲作业。
- 学会命制试卷,并对试卷考点及测试数据进行分析,进而制定矫正教学的方案。

新课的巩固对于语文教学的重要性不言而喻,只有巩固好新课才有利于下一步教学进程的开展,提高教学质量与效果。通过本章的学习,我们可以了解结课的技能,作业的批改与辅导,练习课的教学,复习课的教学,测验及试卷评讲等内容。

第一节 结课技能

所谓结课,就是指在即将下课时,教师通过归纳总结、实践创新、转化升华、拓展运用等教学活动结束教学任务的行为方式。

一、结课的作用

(一)促进新旧知识迁移

一般说来,一堂课要分几个教学阶段,每个教学都各有特点和任务,后面的教学活动往往会冲淡前面的学习内容,学生一时往往难以形成完善的知识结构。恰当的结课可以帮助学生做一番简要的回忆与整理,理清知识脉络。结课的首要任务就是对教学内容进行总结和归纳,把本节课所学到的新知识纳入认知结构中,使其与旧知识形成联系,成为有机的整体,完成学习的正迁移。在结课时,教师还可以运用标志强化的方法,将本课时的教学重点与难点再次强调,加深学生对知识的印象。

(二) 沟通教学信息

恰当运用各种结课技能,能够及时反馈教与学的各种信息。使用练习结课法,让学生在课堂的最后一点时间内完成教学内容的小问题、小练习、小测试,能够有效地检查出教学的效果与学生掌握程度,为进一步调整改进及时提供反馈信息。

语文教学由于涵盖内容广,涉及因素多,为使一段时间的教学内容更加集中、教学目标更加明确,往往将具体设计为分课时完成或分板块完成。当一个课时或一个板块完成之后,结课内容的设计与选择,就必须将前后课时、前后板块的内容有机地关联起来,既总结前一个阶段的教学重点,是旧课的收束,又必须预言下一个阶段学习的主要内容,预示着新课,关联前后的结课,起着承上启下的作用。因此,好的结课应当做到上下勾连、前叙后延。

(三) 拓展思维发展

无论是从时间、还是空间来看,课堂总是有限的。在教学过程中为了突出重点往往是紧扣知识点进行学习,学生所学的知识通常只能局限在教材上。在结课时,教师如果能够把知识与生活、实践活动联系起来,或者把单一知识与专题学习的内容联系起来,将书本上的知识向社会生活、研究性学习活动方向拓展,这不仅能够拓宽学生的知识面,而且能够拓展学生自主学习、自主研究的渠道,迁移学生的能力。此外,教师还可以在结课时设计一些悬念,埋下一些伏笔,引导学生安排好课余学习,促进学生思维向更深层次发展。

二、结课的要求

(一) 及时性

根据艾宾浩斯遗忘曲线,教师结课应当及时。有教师喜欢在拖堂阶段结课,其效果往往是不佳的,因为此时学生已经出现下课的心理暗示,听课也处于消极应对状态,况且学生经过45分钟的专注学习,大脑思维也处于疲劳状态。所以,在接近下课之时,教师应当及时地收束新课,带领全体学生回忆、归纳、总结本课时的教学内容,简明扼要概括课堂教学内容,使之条理化。对语文学科而言,完成一篇课文的学习、一个单元的教学及专题的学习,都应该及时总结,以提高记忆与理解的效果。

(二) 趣味性

处于下课前或新课学习即将结束之时,学生的兴奋点往往已经消退,出现疲倦状况,注意力也容易分散。因此,教师结课时应根据课堂反馈的状况,采取灵活多样、新颖有趣的形式结束课堂,重新刺激学生脑神经,使其兴奋,将注意力集中到结课环节中来,完成对教学内容的课内巩固,提高学习效益。针对此种状况,采用悬念式、拓展式结课,往往效果更为明显。

(三) 概括性

一节课结束时,教师应当根据板书,将本课时内容、本课要点或单元重点进行概括。通过精心加工而得出系统化、简约化和有效化的知识网络、要点体系,帮助学生把分散的知识内容串联成一个有机的整体,并能明确下一个教学环节的发展方向。结课用语不可冗长、繁杂,应当高度浓缩、画龙点睛。教师精练的结课讲解,可使讲课的主题得到升华,使学生对课堂的认识更为清晰、完整与鲜明。

另外,结课必须紧扣教学目标、重点难点,理清教学内容的脉络,有助于学生消化知识、掌握内容。

三、结课的方法

有效的结课可以巩固和扩展教学,加深记忆,创新思维,收到不错的教学效果。在具体的教学实践中,通常可采取以下方式结课。

(一) 归纳总结式

案例7-1

特级教师余映潮教学《登高》一课的结课处理[①]

……

师:同学们,我们这一节课实际上是一节学法课。老师给它取了个名字"一诗四读"(板书:一诗四读)以后你们也可以用这种方法来读古诗。这是文言诗词的一种学法。

归纳总结式是教学中常用的结课方法。它要求用准确简洁的语言,提纲挈领地把整堂课的主要内容加以总结、概括、归纳,给学生以系统完整的印象,促使学生加深对所学知识的理解和记忆,培养其综合概括能力。总结归纳的方式要因势利导,因人而异,恰到好处。这种结课方式既可以启发学生回忆复述课文的主要

[①] 余映潮、汪中苏:《〈律诗二首〉教学实录与点评》,《黑龙江教育(中学版)》2004年第29期。

内容;也可以重读课文的重点句段,强化印象;还可以用简明扼要的语言,强调学习要点。课堂教学的重难点解决后,教师结合课文,对所学内容作概括总结,可以加深学生对内容的理解,使学生对课文的主要内容有明晰的了解和牢固的把握,增强教学效果。余映潮在教学《登高》一课时,其结尾的方式就非常独特(见案例7-1)。他整堂课的一大特点就是学法指导,开始只是引领着大家步步推进,待到结课时,才以学法的归纳进行总结。这既是水到渠成的收束,又是画龙点睛的点拨,令学生们获益匪浅。

(二) 朗读课文式

案例7-2

特级教师董一菲教学《涉江采芙蓉》一课的结课处理[①]

师:《涉江采芙蓉》不是《上邪》,不是《洛神赋》,它是它自己。它是《古诗十九首》那份云淡风轻的人生的不足与人生的残缺,永远难以弥补的东西,请同学们齐背《涉江采芙蓉》。

生:齐背《涉江采芙蓉》。

朗读是语文学科教学的重要内容之一。它对培养学生的朗读能力,增强语感,深入理解文章内容具有不可替代的作用。特别是当课文讲读结束,通过教师引导启发和讲解之后,学生对整篇文章的结构安排、主题思想、作者感情、语言风格等有了切身体会,这时教师选取文章的精彩段落或片段让学生以整齐洪亮的朗读或背诵来结束教学,会进一步强化课文的感染力,加深学生对教材的理解和体会,使整堂课产生余音绕梁、回味无穷的效果。特级教师董一菲对朗读式就情有独钟,比如在教《涉江采芙蓉》一课的结课处(见案例7-2),她安排大家背读,深深地感染了学生,使整节课的气氛达到了最高潮。

(三) 比较分析式

课堂教学进入结课时,教师可把本堂课所学的内容与以前学过的内容或有关联的课文联系起来,使学生能够全面、深入地理解问题。在教学中,常有某些课文的内容及教学方法比较相似,体现在学生那里就是易混不易记。对于这样的内容可设置一个对比式结尾,即把相似的内容逐一进行比较。通过对比可使学生一目了然,并形成准确扎实的记忆。这种结课方式,实际上是教给学生一种学习方法——比较法,它可以引导学生同中求异,既加深了对课文知识的理解,又培养了

[①] 董一菲、高微、董亚君:《涉江采芙蓉》课堂实录,《云南教育(中学教师)》2018年第1期。

他们的求异思维。

(四) 画龙点睛式

精妙的课堂结尾可以说是整堂课的点睛之笔。教师在一堂课结束的时候用声情并茂、抑扬顿挫的语言，恰到好处的板书，引导学生咀嚼回味，展开丰富的想象，能使他们感受到"言有尽而意无穷"的境界。比如教学《孔乙己》，课将结束时，黑板上"孔乙己"三个字赫然在目。老师可以问道："孔乙己有脚吗？"学生不假思索地答道："有啊！"再问："他在离开我们的时候用的是脚吗？"学生肃然答道："用手。"后顺势用低沉缓慢的语调说道："孔乙己就是这样用一双满是泥污的手走了，走出了生活的舞台……"老师一边说一边把黑板上的"孔乙己"三个字擦掉，留下一片空白。这么巧妙地一"擦"化静为动，使学生感受强烈。黑板上留下的一片空白，包含着不尽的潜台词，蕴含着无数的画外音。它让学生在思考体味中去意会，去发现。这样的结课使学生在对人物的悲惨命运上产生了强烈的共鸣，有对人物的同情、对社会的控诉，让孔乙己的悲惨形象在学生的心中永生难忘。

(五) 设置悬念式

在教学结课时用设置悬念的方法，使学生在产生"欲知后事如何"的探究欲望时戛然而止，从而给学生留下一个有待探索的未知空间，激发学生探究新知识的迫切愿望，使"且听下回分解"成为一种学习期待。这种方法既可用于两篇课文之间的教学衔接上，也可以用于一篇课文教学的跨堂连缀处。如教学《老山界》一课，结课时可以说："寒气逼人的夜里红军是怎样入睡的？第二天又能否成功翻越这座高山？欲知后事如何，且听下回分解。"这就吊起了学生的胃口，激起了他们的求知欲望，为上好下一节课作了铺垫。

(六) 拓展式

课堂教学进入结课时，教师除应对课堂上所学内容作出概括总结外，还要把学生的思维活动引向纵深。教师可以提出一个或几个有思考价值的问题，让学生带着这些问题去思考。这种方法能引起学生阅读和思考的浓厚兴趣，培养学生的联想、想象和创造能力。如《皇帝的新装》结课时，可问：游行结束后又发生了什么事情？《桃花源记》结课时可问：陶渊明描绘了美好的桃花源，表达了他对理想世界的期待。生活在今天的你们，一定对明天有着更为美好的憧憬。你希望未来的社会是什么样的呢？请用自己的语言加以表述。

结课是一门艺术，充满着技巧，它具有收束性、归纳性、延伸性的特点。结课形式多种多样，在教学实践中要善于摸索应用。比如，除了上述的方法之外，我们还可以采取画龙点睛和激发感情的方式,用机智幽默、声情并茂、抑扬顿挫、充满激情的语言,恰到好处的板书,引导学生丰富想象,激发他们的美好感情。要做到水到渠成、自然贴切、中心突出、言简意赅、令人回味。实践中要善于延伸,学以致用,讲究形式多样,注重生动活泼,把科学性和艺术性相结合,二者兼备,必将收到事半功倍的效果。

第二节　作业批改与辅导

作业是教师查漏补缺、调整课堂教学、调节教学计划与安排的可靠依据;是激发学生学习兴趣、养成良好学习习惯、巩固所学知识、训练多种能力、促进个性发展的有效手段,具有检测、反馈、诊断、评估、导向等多重功能,也是我们实施素质教育、进行课程与教学改革的重要载体。

一、作业的类型

就类型而言,作业的设计可以包括:

(一) 积累整合型

1. 传统类作业

如学习完一单元后,对一单元的字音、字形、词语、成语等进行积累归类练习,对重点语段、句段进行阅读积累和写作训练;训练学生的基础知识,培养学生的写作能力。此类作业应当少而精,适用于当堂训练,旨在趁热打铁,及时巩固所学知识。

2. 专题类作业

作业形式突破地点和时间的限制,走出课堂、走入生活,鼓励并引导学生开辟语文课外活动新渠道。如教师布置调查活动的主题,学生个人或分组调查本地的历史传说、故事,各种地名来历,或收集现代广告等语文学习资源等等。这样,既锻炼了学生的语文能力,又培养了学生的综合素养。

(二) 应用拓展型

1. 演讲类作业

每节课刚开始,用3—5分钟的时间,让学生就身边耳闻目睹的事,或叙述或议论或描写或抒情,表达自己内心世界和情感。人人参与,形式自由活泼,关注社会,关注生活,牢固树立大语文的学习观念。如"为螃蟹节写贺词""重大新闻谈天说地""班级花絮"等等。

2. 讨论类作业

如就一首唐诗或名篇,谈谈文章的主题或人物形象等,让学生发表自己的观点、见解。这类作业与学生的阅读联系起来,也可激发学生的阅读兴趣。鼓励学生开展读书活动,如写书评、读后感,举行读书报告会、作品讨论会等,分享阅读乐趣,交流阅读成果,共同提高阅读能力。还可采用文学沙龙等形式,结合学生的生活实际话题,组织学生们进行讨论,发表各自的观点,培养学生对生活的态度。

(三) 鉴赏领悟型

1. 阅读类作业

在课堂教学中常常遇到这样的情况,当提问一些书本以外的问题时,即使是一些常识性的问题,学生也会不知所措。阅读面的狭窄,妨碍了学生的理解和判断。同时,让学生对所学知识产生兴趣,需了解更多的知识内容。因此,教师要为不同年级制订不同的读书计划。在阅读中,学生结合课本知识和教师的讲解,了解知识的背景、来源等,从而对教材的内容有进一步的理解。

2. 想象类作业

通过读文本或图片,或描述图片所表现的场景,或想象发生在图片背后的故事,或抓住震撼人心的细节写作。如读了《伊索寓言》和钱锺书的《读〈伊索寓言〉》,可让学生根据故事情节编写想象作文,并加以交流。

(四) 发现创新型

1. 活动类作业

对于小说和戏剧单元,学生可分组分角色扮演不同人物,人人登台表演,学生自己做舞台监制、化妆师、主持人。利用课外活动时间,把课文的语言变成自己的语言,再加上合理想象,并配上一些动作、表情,让全班学生进行话剧表演练习,最后由学生评出最佳创意、最佳演员、最佳合作、最佳编剧等奖项,尽量让每一个学生都能享受到成功的喜悦。组织朗诵比赛,从古代诗歌到现代诗歌,从古代散文到现代散文,通过活动类作业,引导学生把丰富的学习资源内化为自身的财富,从而激活学生思维,激发学生的创造力,发展学生多样的个性。

信息栏 7-1

什么是"活动"

"活动"(其英文形式是"activity")一词,源于拉丁文"act",意思是"doing",即"做"。在西方哲学史上,亚里士多德在《范畴篇》中最早提出"活动"(poiein)这一范畴,并把活动划分为理论活动、制作活动和实践活动。马克思赋予人的活动以现实客观性、自觉能动性、社会历史性等新质,把人的活动理解为感性的、能动的社会实践,因为,"社会生活在本质上是实践的"。

【资料来源】 潘洪建、孟凡丽主编:《活动教学原理与方法》,甘肃教育出版社,2008年版,第3页。

2. 研究性作业

教育家苏霍姆林斯基说过:"在人的心灵深处,都有一种根深蒂固的需要,就是希望自己是一个发现者、研究者和探求者。"新课程理念更是强调培养学生自主、合作、探究的学习方式。因此,教师在教学的各个环节都要鼓励学生主动探究,挖掘自身的创造潜能,开发自身的多元智能,让学生在学习的过程中获得成功的体验,真正成为个性健全发展的人。如学了《智取生辰纲》《复活》《林黛玉进贾府》之后,可布置学生读名著,对作品中各种鲜明的人物形象进行比较分析。在这样的语文学习过程中,教师充分相信学生,为孩子指明探究的方向,提供研究的时间、空间与方法,把孩子们的眼光引向知识的海洋,启迪了思维,激发了想象。

二、作业的批改

(一)批改的方式

教师应根据学情,采取灵活的方式批改作业,提高批改与反馈的效果。

1. 全面批改

全面批改,是全面把握作业的唯一途径,语文教师对学生起始阶段的各类作业,一定要全面批改,以全面了解学生的知识掌握、表达能力、作业态度及书写水平等情况。

2. 重点批改

在时间允许的情况下,对学习发展中需要特别关注的一部分学生,尤其是一些学习困难生的作业,宜采用重点批改的方式。批改时详细地将其错误归类归因,并指出矫正方案,必要时结合面批,面批时除讲解学科知识外,还应当渗透情感教育,转化其作业态度,巩固学科知识,提高作业质量,形成良好的学科素养。

3. 专题批改

即面对综合性的作业,教师要选择重难点、易错点细加批改,而其他方面则稍加注意。如每一次作文训练都有具体的要求,这具体要求即为批改的专题依据。著名特级教师范守纲教每一届新生时,布置第一篇作文的要求就是"不写错别字,不用错标点符号",批改时也只关注这两项,不涉及作文内容、章法与语言。专题批改的好处是针对性强,利于发现问题与解决问题。

4. 面批面改

即学生做作业时,教师要有目的的巡视。对差生要重点辅导,及时捕捉学生作业信息,发现问题后启发学生解决问题。对于成绩较好的学生的错题要让他自己耐心地寻找原因,教师适时加以点拨。采用面批面改的方法,教师可以根据反馈适时调控,使教学达到目标。

除上述几种常用的方式外,还可以采用自批自改/同桌互批互改、小组批改、集体评改等方式批改作业。每一种批改都有其优点与不足,教师可以灵活运用各种批改方式,以取得批改效益的最大化。

(二) 批改的要求

1. 及时批改,做好记录

对于教师而言,对学生交上来的作业及时批改,有助于教师及时了解教学信息,及时总结教学得失,及时查漏补缺;对于学生而言,有利于及时了解自己的作业情况,特别是那些经过学生认真思考的、印象深的、又没有把握的有一定难度的题目,学生想急于了解教师批改情况的心理比较强烈。同时,及时批改作业还有利于学生回忆检查自己的思考过程,及时判断自己的分析过程是否正确,给学生一个对比检查的机会。

教师在批改作业的过程中,要对学生作业的情况作简要的记录。比如,哪些学生哪些地方做得好,好在哪些方面,哪些学生哪些地方做得不好,是什么原因造成的;哪些是学生存在的普遍问题,需要集体讲解,哪些是个别现象,需要个别辅导;学生在知识方面还存在哪些不足,在学习态度方面存在哪些问题,需要做哪些弥补工作。通过记录,有利于教师采取相应措施,增强工作中的目的性、针对性。比如下面的《作业批改记录登记表》(表 7-1)格式可作参考。

表 7-1 《作业批改记录登记表》

登记人: 年 月 日 星期

疑问性质	疑问内容	分析原因、采取措施、解决方法、途径	取得效果	小结
个别疑问				
普遍疑问				
备注				

2. 加强个别辅导

对作业中存在的个别问题要进行个别辅导,教师要认真分析这些个别问题存在的原因,采取有效措施对症下药。如果是基础差导致的,要想办法弥补相应的基础知识;如果是因事缺课引起的,要及时补课;如果是粗心大意或懒惰等原因造成的,应给予相应的教育。争取做到个别问题个别解决,不要把个别问题拿去集体评讲,浪费大家的时间。

3. 及时评讲,学生订正

教师要根据记录把学生作业的情况进行适当的小结,及时进行评讲。一是针对学生作业中存在的普遍问题进行集体讲解,该纠正的纠正,该补充的补充,该深化的深化,该拓展的拓展,做到目的明确、重点突出,既解决问题,又不浪费时间。二是将作业中有新意的、与众不同的、最佳的一些方式方法提炼出来,给全班同学以有益的启迪。

通过讲评和个别辅导后,一定要给学生充裕的订正作业的时间。一是让学生将作业中错的地方认真地修改,二是要让学生认真分析错误的原因,使学生今后不再出现类似的错误,并养成善于分析总结的良好习惯。

三、课后辅导

(一) 课后辅导及其任务

课后辅导是教学系统运行的环节之一,是指在课余时间,以新课知识巩固、方法练习与技能培养为目的的教学形式。不同于课堂教学之处是,课后辅导更具针对性——或面向相同的学生层次,或进行教学内容专题辅导,不一定要求全体学生参加,不要求全面讲授教学内容;课后辅导更具矫正性,多与课后作业批改和讲评互相关联;在通过作业批改发现教学中的问题后也常常要进行课后辅导。课后辅导的主要内容包括解疑答难、查漏补缺、指导方法、拓展提高、专题活动及转化学习态度等。

(二) 课后辅导主要形式

1. 班级辅导

对于学生在巩固类作业中出现大面积错误,或者在测试中出现的共性错误,教师宜采用班级整体答疑的形式进行辅导。辅导前教师要统计学生作业中出现的错误量,要分析其原因,如属于知识概念类的,教师要讲清;如属于技能方法方面,则宜优化设计作业,巩固方法;如属于素养积累不够,教师在今后的教学还需要调整教学重点,丰富学生的积累。

2. 小组辅导

小组有不同类型,可以由能力高低分类,有学有余力小组与学习困难小组;也可以从兴趣爱好分类,让学生自由组合,形成专题学习的课外活动小组。小组辅导要以学习困难小组为主,促进学习困难者的提高。而对学有余力组与专题学习组,则应加强指导与管理,指出研究发展的方向,培养小组成员收集整理资料、总结学习成果的能力。

3. 个别辅导

对两类学生一定要坚持个别辅导:一是学习状况一直不佳者,二是某一阶段中某一专题学习内容掌握不佳者。后者通过个别辅导,往往能够弥补知识的欠缺,跟上学习进度。而前一类学生,多为积累不够、能力不强、学习中存在着一定的困难,因此需要跟踪辅导,不仅强化知识讲解,还需要丰富积累,传授方法,更重要的是一定要坚持情感激励,促进提高。

课后辅导由于内容广泛,人员变化大与形式多样,往往为教师忽视。教师应及时根据学生学习发展情况,设计并修改辅导计划,更新辅导内容,促进学生发展,而不能使辅导加重学生的课业负担。

(三) 课后学法指导的一般技巧

巩固新课所进行的课后辅导还包括课后对学生的学法指导。

1. 做好预习,学会读书

指导学生做好预习,让学生提前熟悉将要学习的内容,是学生听好课、会学习的前提。语文学科要求学生课前预习应当先通读课文,扫清课文中的字词障碍,弄懂课文基本内容;其次应记下预习中的疑难问题,以期在教师讲解时弄懂弄通;有时还需要根据教师的要求做好课前的其他准备,如收集有关文本的背景资料、作者信息、写作素材等等。预习要形成习惯,要持之以恒。

2. 专心上课,记好笔记

教师要向学生讲上课要求。语文学科上课不存在演算、板演,让学生参与板书设计也少,但对"听""记""思""悟"的要求较高。"听""记"是课堂信息的摄入,要求专注听讲,抓住核心内容,及时记忆,及时笔记。笔记包括提纲脉络式的,用于记讲课的主要内容,也包括旁批,在文章中进行圈点批画式的旁注是语文学科的特点。教师要指导学生根据要求及自己的喜好,采用不同但规范的符号进行旁批旁注,也可以用不同的色彩进行旁注,区别内容。

3. 用心多思,学会提问

听课中的"思""悟"是信息加工程序,学生不仅要思考教师提出的问题,寻找答案,还应当思考、体悟教师讲解的方法、语文学习的一般规律,从而形成适合自己的学习方法。鼓励学生对不理解的内容发问,对持有异议的内容提出自己的见解。教师要善待学生的提问,珍惜学生的不同见解,将学生有价值的个性化理解吸纳到教学内容中来。

教师对学生进行学法指导后，还需要在日常的教学活动中跟踪指导，直至形成良好的习惯，内化为一种能力，成为课内学习的有效保障。

第三节　练习课与复习课

语文练习是检测学生掌握语文知识和运用知识状况的一项重要手段。但是对于练习课，有的教师漠然视之；有的虽然重视，却照本宣科。作为一个合格的语文教师，我们必须充分认识到练习的必要性，并认真对待练习的设计、批阅与评讲。

案例7-3
一位中学生关于课后练习的一段独白[①]

我们用的语文课本课后都有思考练习，我觉得它们只是课文的附庸。这些思考和练习的确在一定程度帮助我们理解和巩固课文，但是，我们学习语文不只是学习那几十篇课文。老师常说，通过课文学习，要使我们能够举一反三，培养我们的听说读写能力。可是课后的思考和练习却不能帮助我们达到这样的目的。语文课后的思考和练习，有很多题目，我们在预习、学习课文时就已经解决了，即使是需要在学完课文后才能完成的题目，也大多是语言知识积累的题目，做了那些题目，我也没有感觉到听说读写能力提高了，只是觉得没用，只不过是应付老师罢了。

案例7-3这段学生的独白提醒了我们，语文教师在练习设计与设计练习课时真的要动一番脑子。

一、练习课和复习课的重要性

（一）它们是实施"教学做合一"的重要途径

练习与复习是整个教与学过程的有机组成部分，既是对"教"的内容巩固，又是"学"的重要环节。练习与复习是实施"教学做合一"的重要途径。陶行知先生1927年在《教学做合一》一文中系统地诠释了"教学做合一"的理念。所学习的知识，不能只停留在记忆层面，要形成技能、内化为自己的能力，就必须通过训练加

---

① 罗雅方：《没用的课后练习题》，《语文建设》2002年第10期。

以巩固，而练习与复习是循序渐进的训练，是"学中做"，也是"做中学"，体现在教师指导学生巩固的练习与复习过程中，就是教学过程中的"教学做"的有机整合。

（二）它们是培养独立认识、分析解决问题的重要手段

练习的前提是独立完成，练习过程中，教师虽然也有关注、指导，但更多的是依赖学生自己独立完成；复习也是如此，教师组织全班学生的复习，则是侧重于知识体系的梳理，面向全体学生，学生必须结合自己的实际情况进行自我复习，才能提高复习的效果。练习与复习都由学生自我完成，自己发现问题、分析并解决问题，经过这样的训练，学生才能逐步减少对教师的依赖。

（三）它们是教学过程中信息反馈的重要渠道

教学效果的反馈虽然有许多途径，但练习与复习是反馈信息的重要渠道。教师通过批改学生练习，可以发现学生知识掌握与方法运用情况，也可以分析学生能力的达成度。在复习中，教师通过向学生提问或者学生向教师质疑，都能够发现学生因遗忘等因素造成的薄弱环节，从而能及时地查漏补缺，弥补不足。

信息栏 7-2

练 习 律

桑代克认为学习成功的条件有三个：准备律、练习律、效果律。练习律是指学习要经过反复的练习。练习律又分为应用律和失用律：应用律是指一个联结的使用（练习），会增加这个联结的力量；失用律是指一个联结的失用（不练习）会减弱这个联结的力量或使之遗忘。我们的教学是要通过联结的使用来增加联结的力量。

【资料来源】陈伟等著：《强化学习法的学习方法指导——基于行为主义学习理论的学习方法指导》，《新课程研究》（上旬刊），2011年第6期。

二、练习课的教学要求

（一）有针对性、层次性与开放性

教师要针对教学内容的重点、难点、易混易误点、新旧知识的联系点设计练习，做到重点知识专项练、难点知识分散练、易错易误知识对比练、新旧知识结合练，进而不断强化，提高练习的效益。

层次性包括题目设计本身的梯度性和不同学生不同难度系数性。一方面，教

师要遵循循序渐进的原则,按"基本题—拓展题""单项练习—综合练习"的梯度来安排练习;另一方面,要对不同层次学生提出不同要求:设计必做题,供全体学生做;设计选做题或思考题,供学生选做。这样,既体现了知识本身的层次,又能兼顾学生知识水平的差异,进而引导全体学生充分参与学习。

开放性包含多个层面的内容:(1)开放题目,教师要针对生活实际,设计能解决实际问题和富有挑战性的题目,让学生在自由选择内容时亲历发现、探索的过程;(2)开放答案,教师要设计多种答案,训练学生的发散思维,将自主探索与交流合作相结合;(3)开放评价,教师设计的练习既要评价学生的"双基",也要评价学生的能力和情感态度,既要评价结果,更要评价学生参与活动的过程。

(二) 精心准备

教师的精心准备首先体现在认真批阅练习。批阅的方法很多,可以是全面检查,精心批改;也可以是全面检查,重点批改。批阅时应从学生答题的形形色色错误中筛选出倾向性问题,做好分析笔记,以供讲评之用。

其次抓好讲评重点。讲评之前,首先要对练习作一番全面分析,明确哪些是重点题目,哪些是一般性题目;哪些题目较难,哪些题目较易;哪些是具有代表性、能概括其他类似题目的题目,哪些题目浅显却又极易答错等等。再根据批阅的情况,与学生的实际情况联系起来。只有这样,才能抓准练习课的讲评重点。

再者宜让学生订正错题。在练习课之前,教师应当选择部分失分多的重点练习题让学生重做一遍。这样,可以使学生对曾经做错的题目高度重视,并在重做的过程中,找到错误的原因,听课时可以做到有的放矢。

(三) 举一反三

教师应当做到举一反三。练习课的教学应当从"讲练习"变成"用练习讲",做到触类旁通,根据课堂教学需要对练习进行拓展。现行的教材,课后练习本身就很有层次性,由易到难,我们在组织学生练习巩固时可以很好地利用它,不要就题目讲题目,可以根据课堂教学的需要适当进行拓展。例如,对练习中那些由课内到课外、由浅入深的题目就不应该轻易放过,而应当把它当作学习课文、形成能力的重要环节来处理,并且可以与我们的作文教学有机结合起来,在讲评这些练习的过程中,锻炼学生的语言表达能力和思维能力。讲评之后,要指导学生逐条订正练习中的错误,对重点问题,还需要学生认真分析,研究失误的原因。

(四) 突出学生的主体性和参与性

在传统模式下,教师处理练习的思路就是:教师讲解答案(答案标准唯一)——学生记下(背下)答案以备考试。练习课的最终目的,是为了对学生在练习中暴露出来的知识缺漏和语文能力的薄弱环节进行有针对性地补救,只靠教师讲、教师评,是无法达到讲评目的的。评讲练习的过程应当是学生在教师引导下积极参与的过程,面向的是全体,其活动的核心是学生,着眼点是培养学生创新精神和创造能力。这种模式就注定了练习课的教学与传统的接受性学习有本质的不同,传统的接受性学习以教师为主体,学生为客体。而新的教学模式应当以学生为主体,研究性问答型题目应让学生探究讨论。因此,对于课堂出现的创造性答案,老师要积极鼓励,最起码鼓励他这种富于创新的精神。这就决定了教师应注意以讨论者的身份参与,而并非一味评判对错,宣布答案。

总而言之,我们常常讲语文能力。语文能力从何而来,正是从这些练习中来。处理练习在方式上的转变,看似小,却是教育思想、教学方式在具体教学中的体现,是提高学生语文能力的具体手段。我们语文教师如果在练习课的教学中能够做到以上几点的话,那么案例7-3学生的独白中提出的一些疑问必将会得到顺利解决。

三、复习课的教学要求

复习课效率的高低,不仅影响到复习课本身,也影响到学生学习的成效,甚至直接影响到教学质量。

(一)复习课的要求

1. 查漏补缺

任何高水平的教师在平时的教学中出现一些问题和勤奋细心的学生在学习中存在一些疏漏一样是在所难免的,也是正常的。所以,教师必须经常对所教内容进行反省,对学生已学内容采取多种形式的反馈、检测;学生必须养成经常对已学内容进行反思的习惯,学生间、小组内相互督促、检查,一旦发现纰漏、疏忽及时补上,努力减少疏忽。查漏补缺的过程是复习的基础环节,通常是用复习课来完成,所以复习必须是经常性的、有阶段的进行。无论是单篇复习、单元复习还是期中复习、期末复习,首先要做的一项工作就是查漏补缺,这是复习课目标中的一个底线,是面向全体师生的一项具体措施。但我们必须清楚,这"漏"不能局限在单一知识层面上,应包括知识、能力、情感、方法、行为习惯等涉及学生发展的智力和非智力等诸多因素。

2. 整合知能

我们平时的教学是分单元、分阶段逐步推进的。学生仅仅学会了某项内容、学好了某阶段知识,而缺乏不同内容、不同阶段间的交叉、渗透、整合的学习能力,其学习的基本素质是很难得到健康发展的。这一认知结构的建构和整合过程除了教师平时教育中有意识的渗透和学生的自悟外,在很大程度上需要通过复习课来有意识地培养和深化,通过师生共同努力来完善。如"字、词、句、段、篇"知识和"认字、写字、阅读、写作、口语交际"能力,只有通过知识与知识、能力与能力、知识与能力间的有机整合才能逐步掌握和提高。更何况语文是一门强调语感和整体,人文性、综合性很强的学科,整合就显得更重要。不过这里的整合并不是局限于语文学科范围的整合,复习过程中要关注语文知识、能力与学生个性特点、情感表现之间的全面整合。

3. 提升素养

学习的过程不仅是积累的过程,更重要的是思维发展的过程。在原有的层面上踏步是一种时间和精力的浪费,正确的目标应该是在原有基础上的提升,而且是尽最大可能达到飞跃,充分体现温故而知新。做法上可以在查漏补缺的前提下,提炼原有知识、能力的精华,让学生去解决一些综合性的、学科交叉性的、社会性的、实践性的问题。注意知识能力的运用,解决现实生活中的一些实际问题,充分实现学科知识实践性的特点,使学生知识、能力、思维等多种素养整体提高,提升到一个新的层面,达到复习课的理想境地。如学了几篇朱自清的文章,复习时可安排学生分析讨论朱自清的语言风格,使学生对朱自清的语言风格有更高层次的认识,并且要求学生学习朱自清的语言特点写某一处的景色或某一生活小事。

(二) 复习课的基本方法

如何达到查漏补缺、整合知能、提升素养的目标呢?我们可以以课本为中心,作"辐射式教学"。课本无非是个例子,能否用好这个例子,是语文教学成败的关键。在复习中,可以从以下几个方面进行"辐射式教学"。

1. 超越时空

案例 7-4

简士文老师谈"引入名联巧对"复习法[①]

对联是中国文化特有的一种文学样式,由于它内涵丰富,语言精练,对仗工整,有趣易记,深受人们喜爱。古今名联巧对与中学语文教材中作家作品密切相关的珍品很多。在梳理和归类鲁迅先生的作品时,我引入了鲁迅的好友孙伏园在悼念鲁迅先生时写的一副新颖不俗的挽联:

---

① 简士文:《有趣味的语文复习课》,《中学语文教学》2000 年第 3 期。

踏莽原,刈野草,热风奔流,一生呐喊;

痛毁灭,叹而已,十月噩梦,万众彷徨。

此一联巧缀鲁迅先生的著书及所主编之刊名,既赞扬了先生一生的爱憎分明、永不停息的战斗精神,又表现了亿万民众对先生逝世的沉痛悼念,实在是匠心独运之作。通过这一则对联的品评,既拓宽了学生的知识视野,又学习了对联的一些常识。

对于作家作品的复习,不宜拘于一人、一部作品、一个时代,应以时间为经,空间为纬,做到经纬交织,纵横交错,形成一个知识体系。案例7-4为我们提供了一个高效的复习法。该方法引入了名联巧对,能帮助学生快速掌握鲁迅先生一系列作品的名称,既巧妙,也有趣。再举个例子,复习有关爱国词人辛弃疾诗词的时候,可以抓住爱国精神和爱国诗词两条线索,做超越时空的回顾:一是回顾同时代的爱国诗人,如陆游、李清照等;同时回顾其他时代的爱国诗人,并深入思考时代背景与诗人思想感情的关系。二是回顾、归纳爱国主题的诗词,从古到今,逐一积累,并熟练背诵其中的名句。时常做这样的思索、归纳和整理,能使零散的知识点连缀起来,形成知识网络。

2. 由此及彼

语文复习课教学,要培养学生"一叶落知天下秋"的敏锐感觉。要充分运用联想,由此及彼,让知识无限生发,把思维带入一个无比广阔的天地。读志南和尚写"风"的"吹面不寒杨柳风",应该联想到"二月春风似剪刀",由"风"联想到"雨"等等。总而言之,要能由具体联想到抽象,由历史联想到现实,由政治联想到经济……这样一来,语文复习之路必将越来越宽广。

3. 由点到面

长篇文学作品,课内学习的是"点",课外阅读的是"面",语文复习课便是这两者的结合点。例如复习《林黛玉进贾府》一文,便可设计如下题目:运用在本文中学习的方法,分析《红楼梦》中的其他人物形象;与林黛玉有关的故事情节你还了解哪些?试概括之……如此设计,一方面对课外阅读效果做了一个检测,另一方面也充实了语文复习课堂,增加了语文复习课的趣味性。

在中学语文复习教学中,普遍存在盲目引进各地的复习资料、大量训练、一味模拟与简单讲评等低效现象,这就需要教师在组织复习课时应明确复习目标、精心选择针对性强及富有典型性的复习内容、合理安排复习流程,根据复习课教学的特点和学生的心理状态,优化复习训练程序,做到系统复习与重点复习并举、精当练习与模拟测试同步,这样才能有效地提高复习教学的效率。

第四节　测验及试卷讲评

测验,是重要的教学活动之一,是师生了解教与学的效果、发现问题、改进教法与学法的重要途径。试卷讲评是对测验状况进行科学分析的环节,可以查漏补缺,是巩固新课的有效措施。教师要重视测验试题的命制、批改与数据统计,也要重视试卷讲评,获得测试的最大效益。

> **信息栏 7-3**
>
> **什么是"测验"**
>
> 　　我们常用的测验这一术语,既指测量,又指评价。测验是测量一个行为样本的一种系统程序。这里的系统程序是指测验在编制、施测和评分等方面均依据确定的法则;行为是指受测者对测验的题目所作的反应;样本则指测验所包含的只是所有题目总体中的一个样组,不是全部。一个测验即是一种测量工具或测量量表。
>
> 【资料来源】 邵瑞珍主编:《教育心理学》,上海教育出版社 1997 年版,第 390 页。

一、测验的意义

(一) 检测教学效果

语文测验是检测语文教学效果最重要的手段之一。测验的前提是科学、公正、客观。在这一前提下,测验成绩好的教学效果就佳;差的,教学效果就有问题。测验的对象是学生,因此,测验首先就是对学生学习效果的检测和认定。学生的成绩反映教师教学成绩,教师教得好不好,主要看学生学得好不好。教师只管自己教好,不管学生学好,是教学思想不端正的表现。教是为了学,教师教好是为学生学好创造条件,学生是学习的主体。

测验的成绩一般用分数或等级来标示,分数或等级也就成了教学效果的一种量化指标。同一位教师教同年级两个班,或两位教师教同年级的两个班,用同一试卷考试,而试卷的信度、效度、难度和区分度都符合要求,那么,考试结果哪个班的分数或等级高,哪个班的教学效果就好。

(二) 获取反馈信息

反馈是控制的基础,没有反馈就没有控制。语文教师要能够驾驭语文教学规律,主导学生学习方向,控制教学过程,必须不断地获取反馈信息。根据反馈信息调整教学内容、教学过程和方法等,才能获得良好的教学效果。根据学生考试中答题的情况,了解哪些题目学生回答正确,哪些题目学生回答错误,统计比例,分析原因,总结经验教训,不断改进教学。

(三) 激励学生学习

关心和看重自己的学习成绩,是中学生的心理特点。随时能了解自己学习成绩的学生比那些长时期不能了解自己学习成绩的学生提高要快。测验是学生了解自己学习成绩的一条重要途径。测验的成绩好,学生受到鼓舞,成功的喜悦可以激励学生"更上一层楼"。如果测验的成绩不理想,虽然挫折和失败会使人垂头丧气,但只要引导得法,也能使学生受到鞭策,促使他们冷静地分析原因,总结经验教训,调整学习方法,从而取得进步。

二、测验的形式与方法

(一) 测验的形式

依据语文测评的时间性,可以将语文测验划分为以下四种类型。

1. 当堂测验

课时结束前,对于当堂课的教学内容,可以由教师出一两道题测试一下。可以笔答,也可以口答。或由学生自测、自结,并向教师和同学报告结果,然后,师生进行评议。当堂测验可以为教学过程中的形成性评价提供依据,它能复习、巩固所学知识和技能,检查教学效果,及时提供学生学习成功或失败的反馈信息。

2. 单元测验

语文教学单元一般由 4 至 5 篇课文组成。一个单元教学结束,可以根据同一单元课文共同的教学目的、要求,由老师出题进行单元测验。

单元测验是比当堂测验更为详尽的测验,它可以为教学过程中的诊断性评价提供依据,它能对反复出现的学习困难进行诊断,从而找出原因,制定补救措施。

3. 期末测验

一个学期结束之前所进行的测验,一般由执教教师自己编制试题进行测试。它可以为一个学期的终结性评价提供依据,目的是为了检验教育教学目标是否实现,学生是否掌握了知识和技能,从而对教学质量作出比较全面的评价。

4. 统考

统考一般是教育行政部门实行统一命题的测验。统考是一种选拔性或评比性的考试,直接目的在于选拔学生进入高一级学校深造,或对学校和班级的成绩进行分类排名,其成绩是进行终结性评价的依据。

（二）测验的方法

1. 自测和他测

自测是自己对自己进行测评，他测是由别人对自己进行测评。背书或默写常常自我进行，自己想个题目作文，找个问题回答，也都属于自测。全国著名语文特级教师魏书生提出"六步教学法"，把自测当作一个教学步骤、一种教学方法，是很有创见的。自测最能体现学生的主体意识，表现学生学习的积极性和自觉性。他测一般都是执教教师出题，或者学校组织教师命题，或者从"题库"中选题。统考是由国家教育行政部门组织的，教育行政部门指定多人命题。他测具有客观性、可比性。但是，他测往往是他人或组织依据测试的成绩对自己进行评价或挑选，自己则常有一种听从别人组织评价、挑选的被动感。

2. 笔试和口试

笔试主要检测书面表达能力。学生用同样的试卷在同一时间进行笔试，便于规范化管理，工作效率很高。口试主要检测口语表达能力，被测试的学生必须逐个地进行，而测试的教师，即评分的教师，有时需三人以上。一次口试要花很多时间，要投入较多的人力。但是，面对面口试时，答题的内容和答题的表现可以一并考察。思维敏捷程度，语音语调准确性与表现力，当场见分晓。我国的语文教学，过去长时间忽视听说内容的考试，影响了学生口头表达能力的提高。为了更好地贯彻语文教学读写听说并重的原则，恰当地选用口试的方法进行测评实属必要。

3. 评分和划等

这是对测验结果的两种表示方法。评分指用分数表示测评成绩的好坏。我国传统的评分方法是 100 分制，后来出现了 120 分制、150 分制等。划等指用等级表示测评成绩好坏，一般分优秀、良好、及格、不及格四等，也有用甲乙丙丁表示等级的。这两种方法各有所长。

4. 自改、互改和教师精批细改

这是对测验试卷的三种处理方法。自改就是学生自己批改自己的试卷答案，并评分；互改就是学生相互批改对方的试卷答案，并评分。教师精批细改应是三种处理试卷方法中的主要方法，这是教师的责任和义务。所谓精批细改，就是要有眉批尾批；既用符号修改，也直接用文字修改；既改思路结构，也改错别字和标点符号等。这是很费时间和精力的方法，无法做到每次每人的试卷都如此精批细改，但每次这样批改一两份试卷或一学期批改一两次，是可以做到的。安排学生自改和互改，可以强化学生学习的主体意识，激发学生参与测评的积极性。

三、测验命题的原则与试题类型

测试的方式是多种多样的,目前通用的测试以纸笔测验为主。测验命题的方式也很多,但都必须遵循一些基本原则。

(一) 测验命题的基本原则

从测验的形式来看,不同形式的测验目的不同,巩固新课的测验内容少难度小,而选拔性测试则内容广难度大,因此不同的测验所遵循的原则也略有区别,但以下几个方面是必须共同遵循的。

1. 试题要有科学性、教育功能性和时效性

题目的科学性是试题的生命线,缺乏科学性的试题是无效试题,达不到测验的目的,既不能反馈学情,也不能作为选拔的依据。所谓科学性就是试题内容在学段所学的知识与能力范围之内,不超纲,且符合逻辑、认知规律与客观规律,试题及答案的文字表述科学严谨,无错误、无争议,语言明确准确。

命题的素材、题干的表述必须蕴含教育功能。题目具有教育功能性是指试题立意积极向上,方向正确,体现真理,遵循规范,体现人文精神、科学精神与审美追求,试卷倡导积极的学科价值观与学科学习方式、教学方式,能引领学生的生活方式与教师的教学方式。命题者必须牢固树立阅读试题素材与解答试题的过程本身就是教育过程的理念。

试题具有时效性,就是指试题命制过程要体现时代性,有时代意识,张扬时代精神,试题的素材要能够紧扣时代生活,反映时代的价值取向。2020年全国许多地市的中考卷中都有以新冠疫情作为素材的试题,就充分体现了这一特点。

2. 试题要有全面性与区分度

试题具有全面性,就是指试题覆盖面广,既全面地考查知识点,也能全面地考查各种层级能力点,此外还包括素材丰富而不单一,涉及的生活面广。区分度是试题对不同层次考生的区分能力,即用分数将考生区分为若干部分的系数。区分度与试题难度密切相关,试题难度为该题平均得分除以该题满分,再乘100%。试题难度过小与过大,其区分度都不佳,一般说来,一份试题的难度在0.6~0.7(60%~70%)之间,其区分度效果最佳。但不同目的测试,对区分度要求也有所不同,当堂测验与单元测验此类巩固性测试与形成性测试,旨在进行教学反馈与激励,试题的难度要小,区分度也要小,而选拔性考试,区分度要大一些。一般来说,试题难易度应为7∶2∶1,即容易题、中档题和稍难题比例按7∶2∶1设置,且按照由易到难的顺序排列。

3. 注意取材的多样性和地方性

一份好的试题,其命题素材应当丰富多样,不仅是内容指向各个知识点与能力点,而且形式也丰富多彩。语文试题适当且适量地选用富有地方色彩的素材命题,可以有效地开发与利用地方课程资源,彰显地方文化底蕴,有利于培养学生在生活中学语文用语文的大语文观及热爱家乡的美好情感。

4. 注意设问的新颖性、巧妙性

一般说来,测试题目的设问应当简洁明了,指向明确,但从训练与发展思维的角度来看,试题设问应追求新颖巧妙。著名特级教师钱梦龙主张"问宜曲",就是指题目的设问能够考查学生审读题目的能力。一份好的试题应当注意直接设问与新颖巧妙设问类题目的比例。

5. 注意答案的逻辑性

答案的逻辑性是指试题所设计的答案,学生能够从题干、题料(文字、图画、表格)中提炼、归纳、推理出来,符合学生的认知水平与思维规律。试题答案若有多个要点,则要点须按由易到难、或从题料中出现的先后顺序排列。

此外,一份好的试题还需要注意公平性。公平性是指试题素材和解答要求对所有考生公平,避免偏题、怪题;试题应尽力考虑城市和农村不同的教学条件和能力,避免需要特殊背景知识和特殊解答方式的题目。

(二) 测验试题的类型

试题类型很多,但主要分为客观性试题与主观性试题两大类。

1. 客观性试题

客观性试题也称机械性试题,是指答案唯一的试题,主要包括选择题与填空题两大类。客观题的优点方便阅卷,公正客观。

2. 主观性试题

主观性试题是指要求考生根据命题要求,依据自己的理解作答的试题,其答案往往不唯一,命题者一般提供答案要点或评价参考意见。语文学科的主观性试题包括问答题与作文题。主观性试题更能够考查学生的综合运用能力,但对阅卷提出了更高的要求。

语文试题应当兼顾客观题与主观题,且主观题比例要高于客观题,这是语文学科性质所决定的。

总之,试题是一个系统,命题也是一个系统工程。语文试题的命制必须依据语文课程标准、语文教材,结合考查的目的,规范操作。试题规范是指试题内容应正确无误,表达准确清晰;试卷结构要科学、合理,题量要适当,难易程度符合实际情况;试卷形式要规范,格式要正确。只有这样,测试才能实现预期的激励、反馈、诊断、评价与选拔功能。

四、试卷讲评的策略

案例 7-5

试卷讲评课如何体现新课程教育改革的理念
——对三节中学期中试卷讲评课的教学反思[①]

……

三位语文教师的期中试卷讲评课分别是这样上的：

X 老师的试卷讲评课基本上是语文期中考试正确答案的"新闻发布会"。整个课堂上，X 老师非常辛苦，也非常费劲，整个课几乎全是她一人"包场"，没有提问一位学生，也没有讲评学生的答题正误和得失分情况，一节课下来，X 老师连称："吃力吃力，嗓子吃不消"，因为在一节课四十五分钟的时间里，她几乎是马不停蹄，将整个期中语文考试的正确答案和盘托出给了学生。

F 老师的试卷讲评课比 X 老师讨巧一些，虽然她基本上也是正确答案的公布、强调，但是她对试卷上每道题目的讲评，几乎都是以先提问学生再由老师判定点评的形式出现的，课堂上有较多学生的发言，一节课下来时，F 老师自认为还是比较满意的，她认为"学生基本理解、掌握了试卷中的正确答案"。

H 老师先是总结这次期中语文考试学生试卷的总体得分情况，然后提出，在这次考试的各个板块中，同学们的课外文言文阅读与理解失分较多，在对失分原因进行简要分析的基础上，他强调这一节课的教学重点是评讲课外文言文的阅读与理解问题。在接下来的课中，他围绕期中语文试卷中的课外文言文选段，结合课堂板书，指导学生从"从语段标题开始通读课文两遍""标出文言语段中的双音节词和多音节词并理解词义""对关键单音节字词的理解——一字一词一解释"三个方面正确阅读和理解课外文言文。课堂上学生学习气氛活跃，从他们得意的神情上可以看出，他们既有对扫除期中语文试卷课中的课外文言文语段阅读理解障碍的欢欣，也有对初步掌握文言文语段的阅读与理解方法的满足。

听完三节课后，我惊讶这三节课的特点是如此鲜明而典型：X 老师因初涉教坛，试卷讲评课基本上是教师单向的信息传输，在她的课堂上忽略了学生对知识的主动与生动学习；F 老师注意了学习的主体是学生，课堂上也有了较多的提问，

[①] 汤立宏、卢卫宁：《试卷讲评课如何体现新课程教育改革的理念——对三节中学期中试卷讲评课的教学反思》，《中小学教师培训》2006 年第 9 期。

但是基于此的"师生互动"是低层次的互动,不是新课程改革理念指导下真正的"师生互动",因为在这一节试卷讲评课中,虽然也有学生的活动,但学生在课堂上的视野始终局限于试卷知识点本身;H老师在这一节试卷讲评上不求面面俱到,但求一点突破,那就是学生对"课外文言文阅读与理解"的掌握,贯穿课堂始终的是方法的指导以及围绕阅读与理解方法科学展开的课堂语文学习实践。

语文课程评价的目的不仅是为了考查学生达到学习目标的程度,更是为了检验和改进学生的语文学习和教师的教学,改善课程设计,完善教学过程,从而有效地促进学生的发展。在素质教育大旗高举的今天,考试依然是评价学生学习的重要依据。一次成功的考试包括命题、答题、阅卷、评讲几个重要组成部分。平时,许多老师往往都很重视前三个环节,而忽视评讲环节,特别是语文学科的试卷评讲,与语文课程标准的要求相差甚远,老师往往忽略学生的个性差异,忽视学生学习的实际情况,机械地校对答案,因而造成讲评效果较差的现实。案例7-5表明,采用不同的讲评方式,其效果有着巨大的差异。一般来说,一堂优质的试卷讲评课必须做到以下几点:

(一) 讲评前必须做好充足的准备

教师必须把试卷批改过程中的有效信息收集起来,这是上好试卷讲评课的基础。这些信息包括各题的得分率、学生答题中的典型错误、学生犯了哪些习惯性错误、某些题做不来障碍是什么原因等。教师应统计学生解答的正确率和错误率,统计出学生答题的错误类型,并对照考核目标总结分析错误产生的原因,构思评讲方案,做好讲评准备。教师要逐题做好答案,与语文课程标准和考试要求结合,注明考点,相关内容还应在答卷上作些补充,以便评讲。

(二) 讲评的要求

1. 突出重点难点

试卷讲评最忌平均使用时间,力求做到易者一句话带过,难者深研细究,力求个个听明白。要抓住重点,讲典型。试卷讲评课不能从头到尾面面俱到按部就班地讲,而应有选择,有侧重。

2. 注重方法指导

教师要善于对试题分类,总结解题方法与技巧,并教会学生进行比较性小结归纳。教师要改变学生的思维方法,促其由不自觉思维向自觉思维转变,由习惯性思维向理性思维转变。伴随着教师对相关学习规律的揭示或重申,他们就会感到,这种学习指正无论是来自正面还是反面的,都同样富有意义,因为他们对学习规律的掌握是源于亲身体验的基础上的,这将会更好地激发他们进一步寻找学习规律,产生触类旁通的学习效果。

3. 讲法丰富多样

无论多新鲜的课型,多别致的教学模式,不断地重复,都会令学生产生审美疲劳。试卷讲评课也不例外。一般来说,老师们采用得最多的一定是讲授法。整堂课一讲到底,学生的烦闷可想而知。所以,方式、方法应该力求多样化,比如朗读、谈解题思路、提问等。在教学过程中,也可以穿插一些有情趣的故事,尤其语文试卷的讲评,这方面更是得天独厚,老师大可精心准备,率意点染,让课堂气氛活泼生动,闪出亮彩。评讲试卷时,教师要准确自己的定位,让整个评讲过程都以学生为主,使学生成为学习和发展的主体,老师只是学生学习的引导者和促进者。

(三) 试卷的矫正补偿

试卷讲评过程中经常会出现学生一听就会,但以后碰到照样会出错的题目,这一方面是学生缺少知识迁移的能力,缺乏融会贯通的能力;另一方面是因为老师在试卷讲评后未能留出一定的时间给学生消化。因此,注重测试后的矫正补偿十分重要,试卷讲评后需要抓好以下几个矫正补偿环节。

1. 注重与学生的个别交流

在对全班的试卷作了详细的分析之后,教师应该就各个学生的错误进行个别交流。通过个别交流可以对学生进行学习方法的指导,心理品质、思想品德的培养。例如,在个别交流时,启发他们寻找成功和失败的自然归因,提出下阶段的学习方法和目标。另外,课堂教学面对的是全体学生,尽管通过自纠自评、互纠互评、师生互动等环节,有些问题已经解决得很彻底,但可能还有一些后进生对某一问题仍不清楚。因此,教师要及时对后进生给予个别辅导,以帮助他们彻底弄懂没有搞清楚的问题,强化讲评效果,全面提高成绩。

2. 落实好消化环节

试卷讲评后,教师应当要求学生把错题整理起来,建立错题档案。为了减轻学生的负担,那些字数多的选择题等可采用剪贴法。下一次考试前要求学生复习研究错题档案,从而保证错过的题不再错。另外,一份试卷讲评后,教师应留出一定的时间让学生自我消化,要求学生再次回顾试卷,整理失分知识点,要求学生及时弄懂未掌握的知识点,在消化过程中尽可能提出新的问题。

3. 再次进行检测

在上课前就可以明确提示学生,试卷讲完将再进行当场测试,这样学生听课也就带有功利性,这种功利性可以强化其学习动机,提升学习热情。事实证明,一张试卷讲完后,许多学生对其中的不少题目并未真正掌握。当场测试,既可强化教学效果,也可对教学效果进行检测,以便及时调整下一步教学。

总之,一节高质量的试卷讲评课,需要教师精心准备,在抓住典型、择其要点、精讲精析的同时,延伸发散,创新思维,归纳技巧,达到真正提高试卷讲评课教学效率的目的。在语文教学中,如果善始善终、坚持不懈地抓好试卷评讲这一环节,对提高学生的语文素质极有帮助,一定会为提高语文成绩作出不可估量的贡献。讲评语文试卷大有学问,认真对待与马虎对待,其效果大相径庭。

做上学

1. 收集教学实习中同学所共同执教的某一篇课文,找出各课的结课内容,交流这样设计的理由。查找该篇课文已发表的教学实录,讨论其结课内容,分析其可取之处。有条件的同学,可请语文骨干教师对上述结课内容进行点评,同学们结合点评意见,再撰写结课用语。

2. 结合本章所学内容,选择一篇(或一个单元)课文,组织同学设计相关应用拓展型、鉴赏领悟型、创新发现型作业,并与指导老师讨论。

3. 选择所在地区(地级市或省份)最近的中考语文试题,认真研读试卷内容、参考答案与评分标准,按照下列表格,梳理出试题考查双向细目表,然后总结其命题特点。

_____年_____省(市)语文试题双向细目表

题号	分值	内容	考点	能力级要求
1				
2				
3				
4				
5				
……				

本 章 小 结

孔子早就指出:"温故而知新,可以为师矣。"结课、课后辅导、作业布置、练习课、复习课与测试、作业与试卷的讲评,都属于"温故"的范畴,既是引入新课、展开新课的有力保障,也是巩固与拓展。语文教师既要掌握引入新课、展开新课的技能,也要重视结课、作业设计与批改、练习课与复习课、测试与讲评的策略,使课堂教学的各个环节相辅相成，相得益彰。当然，我们在设计作业练习、命制试题时，要特别强调典范性与针对性，引导学生举一反三，追求训练效益的最大化，坚决反对题海战术，以免加重学生的作业负担。

资源链接：

1. 《语文教育展望》（附光盘），倪文锦、欧阳汝颖主编，华东师范大学出版社 2002 年版。
2. 语文教学通讯网（http://www.zhyww.cn），语文报社主办。

第八章

评 价 教 学

> **学习目标**
> - 了解教学评价的意义和功能,重视语文教学评价的研究和实践。
> - 掌握语文学习评价的各种方式。
> - 掌握教师教学质量评价的基本内容,树立反思教学的意识。

　　语文教学评价是指根据一定的教学目标,制定科学的标准,运用一切有效的技术手段,对语文教学活动的过程及结果进行测量,并给予价值判断的过程。语文教学评价是语文教学系统的重要构成因素,也是检查教学目标达成程度从而调整教学活动以增进教学效果的主要手段。完整的教学评价应该由对教师的评价、对学生的评价这两个方面构成。本章主要介绍语文教学评价的功能、原则和类型,学生语文学习评价和语文教师教学评价等问题。

第一节　语文教学评价

　　谈到教学评价,人们往往简单地认为就是考试。对学生,看他考试成绩高低;对教师,看他所教班级学生均分在年级(区、市)排名前后。在过去教师心目中,教学评价只是衡量和选拔的问题。实际上,无论对于学生还是教师,教学评价都具有多种功能和类型,它体现了丰富的教学理念,值得人们去探索研究。

一、语文教学评价的功能

(一)诊断功能

　　语文教师通过制定评价策略,实施教学评价,诊断教学状况,获得反馈信息,把握学生的特性以及他们参加学习的程度,及时评定学生掌握知识与技能的状况,从而调整师生语文教学活动,决定是否引领学生进入下一阶段学习。语文课程不同于其他的线性课程,语文学习受社会、家庭、学习环境等的影响较大,不同的家庭背景、环境,不同的知识结构、兴趣,都会对语文学习产生不同的影响。语文学习的结果也有较大的弹性,学生间相同的语文成绩(分数)常常有着不同的实际水平。教师通过了解学生的知识基础、实际水平,对制定教学策略、实施教学计划、关注差异教学、为因材施教收集信息依据,都具有切实的意义。评价策略还可以帮助学生了解自己达到学习目标的程度,认识自己学习中存在的问题,从而对症下药解决问题。鉴于评价具有诊断功能,人们习惯将侧重诊断目的的评价命名为诊断性评价,诊断性评价一般是在课程与教学活动开始之前进行预估性或测定性的评价,通常称之为"摸底测验"。评价者在新生入学时,或经过一个寒假、暑假后,通过诊断性评价——摸底测验,了解和掌握评价对象的学习基础和基本情况,为下一阶段的教学活动做准备,为制定教学策略提供依据。在整个语文教学过程中,一切评价也都具有诊断功能,以方便教师有的放矢地开展下一阶段的语文教学。

(二) 发展功能

语文教学评价的根本目的是为了促进学生语文素养的全面提高,语文教师制定评价策略,除了具有良好的诊断反馈作用外,还具有积极的发展功能。语文教学评价对于调动学生"学"的积极性,激发学生的进取精神,促进学生的发展都很有帮助。良好的评价策略,能使师生在评价中发现各自的智慧潜力、主动意识,能激励语文教师更加热爱自己的工作,更加努力地创造新的成果,能激励学生进一步明确学习目标,带着成功的自豪感开始新的学习生活。教学评价会区分出水平的高低,作出评定等级的结论,这就直接影响着评价对象的形象、利益和荣誉等。因此,加强教学评价能激发评价对象的成就动机,促使评价对象实事求是地看待取得的成绩和存在的问题,有针对性地加以改进,不断努力,积极进取。

(三) 选拔功能

语文教学评价也具有评定、甄别和选拔的功能。一般说来,校内组织的期中、期末考试和校外组织的水平考试等都具有评定功能,这种评定不受参评者人多人少的影响,不是在考生中相互比较,它依据的是教学目标,只要"达标",就可以取得或及格(合格)或良好或优秀的成绩。而对学生的升学来说,面向全市全省举行的、包括语文学科在内的中考、高考等则具有选拔的功能,这种评定是让考生相互比较,无论总体状况如何,只能让一定比例的考生通过。考试的这种选拔功能,从目前来说还是其他任何形式所难以替代的,甚至还在不断扩大应用的范围,如招录教师、公务员等,也都采取了考试的方式。当然,评定、甄别和选拔等绝不是评价的全部或最主要的功能,就这种评价本身来说,也要积极改进命题思路和试卷结构,力求真正考出学生的语文素养。

二、语文教学评价的原则

表格 8-1

中山市杨仙逸中学高中语文必修学分认定方案[①]

学业性成绩 50%	过程性成绩 50%				
成绩	单元测验 15%	课堂表现 10%	语文活动 10%	完成作业 10%	学习态度 5%
	各单元的测验成绩	课堂小组讨论及作答情况,上课听课和做笔记情况	语文活动表现,活动性课程作业表现,协作与交流、自由阅读情况	书面作业的完成时间和质量,课外练笔评价	上课出勤情况,对待语文学习的态度,对语文老师教育教学的态度
得分					
合计					
总分					

语文教师要想将评价策略正确落实,就必须在制定评价策略时,遵循以下几方面的原则。

(一)发展性原则

发展性原则是指语文教师制定的评价策略应该着眼于学生学习进步的动态发展,了解学生语文知识是怎样获得的,语文能力是怎样形成的,语文情感是怎样培养的等等。整个语文评价的落脚点,不是学生在群体中的名次位置,而是学生学习发展的过程以及他们发展的状态。语文教师要明确评价目的,树立"促进学生发展"这种新的评价理念,相信每一个学生都有发展的潜力,让每一个学生都能找到自己的亮点,充分发挥评价的激励功能,激励学生走向成功。所制定的评价策略,必须是围绕学生的发展进行的,必须是为学生的发展服务的,其目的是增强学生主动发展的内部动力,形成奋发向上的学习力量,有效促进学生

---

① 赖红武:《高中语文学分认定方案》,《广东教育》,2006 年第 3 期。

的发展。要从注重学习成绩的评价转向注重对学习能力的评价；从注重学生过去水平的评价转向面向学生现在和未来的评价；从注重学生学业成绩的评价转向注重对学生发展潜能的评价；从注重学生统一性的评价转向注重对学生多元化的评价。

(二) 全面性原则

全面性原则是指语文教师制定的评价策略应该关注学生的全面发展。语文课程是综合性很强的课程，它的任务是全面提高学生的语文素养，就语文知识素养而言，它包括字、词、句、章、语、修、逻、文；就语文能力素养而言，它包括听、说、读、写等基本技能；就语文情感素养而言，它包括兴趣、态度、意志、习惯等。《义务教育语文课程标准（2022年版）》要求"加强语文课程评价的整体性和综合性"[1]，"注重考察学生的语言文字运用能力、思维过程、审美情趣和价值立场"[2]，因此，在评价学生学习时也应全面地评价这四个维度的情况，且在每一个维度都要进一步注意评价的全面性。评价语言文字运用能力，不但要像传统的做法那样评价识字与写字、阅读、写作，而且要评价口语交际、综合性、跨学科学习的情况。课程标准对这些都有特定的要求，如：跨学科学习评价"主要以学生在各类探究活动中的表现，以及活动过程中完成的方案、海报、调研报告、视频资料等学习成果为依据"[3]等。思维过程的评价，要关注学生思考问题、解决问题的能力，根据学生"在问题研究过程中的交流、研讨、分享、演讲等现场表现，以及活动过程中产生的文字、表格、统计图、思维导图等学习成果"[4]来评价学生思考的过程和思维的方法。同时，要重视增值评价。审美情趣和价值立场的评价，一要评对语文学习的兴趣，要热爱语文，热爱生活，能够创意性地表达；二要评是否关心科学、人文，关心文化；三要评是否认识自我，珍爱人生，积极参与社会实践等。

(三) 多样性原则

多样性原则是指语文教师制定评价策略应该重视评价方式、方法的多样化。

---

[1] 中华人民共和国教育部：《义务教育语文课程标准（2022年版）》，北京师范大学出版社，2022，第3页。

[2] 中华人民共和国教育部：《义务教育语文课程标准（2022年版）》，北京师范大学出版社，2022，第3页。

[3] 中华人民共和国教育部：《义务教育语文课程标准（2022年版）》，北京师范大学出版社，2022，第36页。

[4] 中华人民共和国教育部：《义务教育语文课程标准（2022年版）》，北京师范大学出版社，2022，第31页。

根据语文教学重感情体验、重语言感悟的特点,语文教学评价不能完全采用量化的评价,而应该采用定量和定性相结合的办法,有针对性地运用好诊断性评价、形成性评价以及终结性评价等手段。表格8-1,教师就采用了终结性评价和过程性评价相结合的评价方法,事实上,这种方法能够比较客观的反映学生的行为表现。实践证明,只有遵循多样性原则,语文教师制定的评价策略才是科学而客观的。各种评价的具体做法也应是多种多样的,如学生参与评价,就可以有个人自评、几人合作评和小组评等,尽可能实现评价形式的多样化。

三、语文教学评价的类型

(一) 形成性评价与终结性评价

形成性评价也叫过程性评价,是在教和学的活动过程中对教师教学和学生学习的动态状况进行的系统性评价。其目的是及时了解教学活动进程的效果,及时反馈信息,以便及时修正,及时调节,及时强化。这种评价意在改进教与学的活动效果,不注重区分等级,评价的频率较高,一次评价涉及的内容分量少,评价内容概括性水平低,常常伴随着各项改正程序等。它是在日常教学活动中,评价者通过背诵、课堂提问、随堂测试、单元小测验等方式,以及对学生的表现、态度的观察,利用提问或测验等方式,不断地了解评价对象,形成对评价对象的某种看法和价值判断,从而及时调整教学策略的一种评价类型。形成性评价实际上是"不带有任何要评成绩的联想"的动态的评价,评价者通过不断的反馈来了解评价对象的学习情况,减少他们学习中的失误,并通过随机的表扬,鼓励他们纠正学习中的错误;评价对象也可及时了解自己的学习情况,适时调整学习方法,确立正确的学习态度,当看到自己的学习成果时,可以强化学习动机,增强学习信心。

终结性评价是在教学活动告一段落时,为了解并确定其最终成果而进行的评价。其主要目的是对评价对象在教学目标上的实现程度作出结论,评定成绩,并给教师或学校提供某种教学思想是否有效的依据。这种类型的评价,着眼于对评价对象的总体认识,评价内容概括性较高,实施的频率较低,通常为期末考试、毕业考试,以及统考和会考等校外统一考试,要评定出学生语文学习的真实水平,反映出他们在某个阶段某个学期语文学习的实际情况,就必须做到客观、公正。因此,终结性评价强调评价的效度(有效性)和信度(可靠性)。它要求"教考一致",评价"什么"取决于教"什么"和学"什么",即评价的目标与教学的目标相一致;评分要力求客观、公正。这类评价不同于形成性评价,形成性评价目的是为了取得反馈信息,改进教与学的方法,更多地关注评价对象的学习兴趣、态度、行为变化,以及学习方法正确与否。而终结性评价的目的就是给学生评定成绩,并将成绩反馈给学生、家长、学校及有关的教育行政部门,更为关注的是评价对象的现时学习结果(分数)。人们常说"一考定终身",往往指的是升学考试,但终结性评价中的某些考试也大体带有这样的性质。

在对学生的学习评价中,形成性评价和终结性评价都是必要的,但应加强形成性评价。在实行目标教学的课堂教学中,"示标""达标"之后往往有"测标",这实际上就是一种形成性评价。这种"测标"为后面的"补标"提供了依据,以进一步收到"达标"的效果。

(二) 定量评价与定性评价

定量评价又称量化评价,是指人们对事物的属性或特征进行某种数量化的确定,即对学生各方面的发展,从量的规定性上予以确定和描述的过程。要弄清楚一个学生经过一堂课的学习后,学到些什么,掌握程度如何,有哪些变化,语文教师必然要使用考核和测试来予以教学测量。定量评价具有简单明了的特点,如果使用得当,能凸显某些教学现象,发现一些教学中的问题,并且能提供具有说服力的根据。

定性评价即描述性评价,是指通过自然的观察、调查,力图全面充分地描述和揭示评价对象的各种特质,从而揭示其中的意义,促进理解的一种评价方式。由于语文教学活动还涉及学生的兴趣、好奇心、投入程度、合作态度、意志力、探索精神等等,这些内容都难以通过客观的量化手段来加以判断,于是就需要引入定性评价。定性评价能全面评价学生的发展,在充分肯定进步的同时又能提出问题;在鼓励和表扬的同时又能看到缺陷。

过去的定量评价往往简单化为分数评价,导致学生的学习为分数所驱使。因而对学生语文学习的评价要将定量评价与定性评价相结合,要对学生的语文学习档案资料和考试结果进行分析,客观地描述学生语文学习的进步和不足,用最有代表性的事实来评价学生,以鼓励、表扬等积极的评价为主,采用激励性的评语从正面加以引导。目前,定量评价正在从百分制方法转变为等级制方法,利用等级制记分的"模糊性"淡化分数意义,减轻学生心理负担。

(三) 单项性评价与综合性评价

单项性评价,是对学生掌握某一种语文知识或能力进行的评价,如订正错别字、成语运用、诗歌朗诵、作文等方面的评价,这种评价主题明确,内容单一,往往同时带有诊断、选拔的功能,既从中发现问题,又从中选出尖子进一步参加某一方面的比赛。

综合性评价,既有对基础知识的评价,又有对基本技能的评价。学生的语文能力是由多层次、多维度的不同成分组成的综合化能力,既有听说读写的能力,也有概括分析、评价鉴赏的能力,还有对思维品质的培养。传统的语文教学评价,以"试卷"考试为主要评价形式,往往重知识,轻能力;重书面,轻口头;重理性分析,轻实践操作。合理的或者最优的评价应是对以上各种能力进行评定的综合性评价。随着信息时代的来临和信息科技的发展,语文能力又增加了新的时代内容,将在互联网上搜寻知识和使用网上搜集资料的能力也包括在内,这就使语文教学评价的内容更加综合。

(四) 自我评价和集体评价

学生语文学习评价需要学生、教师、家长共同关注,并参与评价,实现评价主体的多元化。学生自我评价要求学生进行反思,明确自己的进步、成绩与问题。新课程语文教材都设计了学生自评的项目,有表格或评价表。教师要帮助学生学会自我评价的技能,更重要的是要让学生持之以恒,养成习惯。每个学生自评的同时,还要为同伴的课堂表现写评语,主要写优点和改进建议。这样既可以促进同学之间的了解、关心和帮助,也可以全面地、公正地看待自己和他人。在传统评价中通常体现为教师给学生打分数,写评语。现在,教师还可采用日常记录、日志、评价表、座谈等评价形式,描述和分析学生的学习行为,提出对学生的希望,并指导和管理学生自评和互评,同学生一起反思,听取学生对教学的意见,确定改进语文教与学的目标。家长评价也很重要,因为家长最了解学生,学生自评、互评以及教师评价的材料应让家长定期阅读,并作出反馈。如今,家长往往直接介入孩子的学习行为,设计孩子的发展方向,采用记录、日记或周记、交谈等形式参与评价,定会加强家长和子女之间的亲密关系,促进学生的发展。

第二节 学生语文学习评价

学生语文学习评价是对学生语文学习的知识水平、发展潜能、过程方法、情感态度等的评价。长期以来,在学生语文学习评价方面存在着诸多问题,比如评价目的片面,只是为了衡量和选拔;评价手段单一,只是纸笔测验;评价主体局限,学生只是被动接受评价等。关于评价的功能、原则和类型等问题,上节已经作了阐述,本节主要介绍学生语文学习评价的方法问题。

一、纸笔测验

案例8-1

2016年福建省三明中考卷

请你参加"为文明点赞,为三明点赞"综合性学习活动。(8分)

【点赞青山绿水】

日前,2016全国百佳深呼吸小城榜单发布,将乐县以最高分"三连冠"荣登榜首。百佳深呼吸小城评选由中国国土经济学会主办,在全国各地反响十分强烈。

无山不绿,有水皆清。将乐,纵横交错的48座千米以上峰岭间散落着矮山丘陵,山地间又镶嵌着47条大小河流串联的山间盆地,森林覆盖率达81%。神奇瑰丽的玉华洞,怪石嶙峋的天阶山,原始生态的龙栖山,杜鹃绽放的宝台山……还有客家擂茶、西山造纸、龙池宝砚,让人流连忘返。闽学鼻祖杨时曾写诗赞叹家乡将乐是个"枕上隔篱闻鸟语"的人间福地,并立下"故山田园,先祖遗留,应守其世业"的家规,传承至今。

(1) 用一句话给这则新闻拟写恰当的标题(限20字以内,标点不占格)。(2分)

【点赞历史名人】

三明有这样两位历史文化名人:一位是宋代的朱熹(字元晦,号晦庵),他传承了程颐、杨时理学思想,潜心研究,自成体系,终成一代大儒,泽世万年;一位是元代的郭居敬,他一生虽无功名,但编纂了《二十四孝》故事,弘扬了孝道文化,成为朝野推崇的人物,流芳千古。

(2) 结合上面材料,把下面这副对联补充完整。(2分)

上联:郭居敬,_____,流芳千古 下联:朱元晦,_____,泽世万年

【倡议文明旅游】

(3) 营造清新和谐的旅游氛围,展示文明美好的游客形象,是每位市民应尽的责任和义务。请你以文明旅游志愿者身份向游客发出"做文明游客"的倡议。(不少于40字)(4分)

传统的语文学习评价往往以书面形式举行,纸笔测验法就是我们常说的书面考试、笔试,其典型表现是在一份份书面试卷上答题,基本不考虑学生各方面的实际表现。这是传统教学实践中常用的方法,根据测试范围不同,它可以分为课堂测试、单元测试、学期或学年测试等,评价学生在一个教学单元,一个学

期或一个学年教学目标的达成情况。测验法要根据课程改革的要求，改变传统的考试内容和方法，将知识与能力的考查有机地结合起来，将开卷考试与闭卷考试有机结合起来。一是强调试题的真实性和情景性，以使学生形成对现实、生活的领悟能力、解释能力和创造能力。二是强调学生的解题过程，尽量减少客观试题，增加主观开放试题，不仅重视已解决问题的结论，而且重视得出结论的过程。

纸笔测验的结果一般以分数的形式显示出来。考试分数固然不能作为评价教学质量和人才的唯一标准，但我们也不能否认分数评价法在评价体系中所起的重大作用，特别是升学、招录等考试，一分之差就可能失去机会，关键在于要力求考出学生真正的语文素养，并做到客观、公正。这就要求在命题时要兼顾知识与能力考查，妥善处理好客观题和主观题的比重，把握好试题的难度和区分度，增加命题的信度和效度。多年来，人们在纸笔测验方面也进行了不少探索和尝试，如案例8-1所示，在中考语文试题中设置语文"综合性学习"试题，就是一道引人瞩目的亮丽风景。这种综合性试题主要有如下表现形式：①提供一定的甚至是多则语言材料，要求提炼出其中隐含的观点并形成自己的评价；②设计具体的语境，要求考生在具体的语境中表达自己的创意、表现自己的积累；③设计一定的情景，要求考生在具体的情境中表达自己的情感与观点，表明自己的联想与想象，表现自己的知识积累与语言表达；④设计具体的话题，要求考生表达自己的探究成果。这种试题，现在已越来越多地在中考试题中出现。

信息栏8-1：
1987年广东高等学校招生试行语文标准化考试

标准化考试，是20世纪40年代以后，首先在美国出现的一种新的考试形式。它是在工业社会中随着教育的标准化应运而生的对水平测试误差作严格控制的考核方式。1983年开始，我国在语文高考试卷中，出现了客观型的标准化试题；以后这类试题逐年有所增加。语文学科如何全面开展标准化考试，是项极为复杂细致的工程。按照当时国家教委的部署，先在广东试验。该省于1985年成立了语文标准化考试试验研究室，对语文标准化考试的理论与操作办法认真地进行了探讨。1987年，广东省高等学校招生考试在全国率先试行了语文标准化考试。

【资料来源】 顾黄初主编：《中国现代语文教育百年事典》，上海教育出版社，2001年12月版，第658-659页。

二、档案袋评价

档案袋评价是一种将课程教学同评价结合起来的较全面的、注重实绩的评价方法,它是评价"学生进步过程、努力程度、反省能力、发展水平和学习效果"的较为理想的模式,因而是形成性评价的主要方法,是学生在某一阶段语文学习状况的一个汇总。档案袋评价彻底改变了长期以来只凭分数或只凭感觉来评价学生的不合理的做法,既有助于语文教师形成对学生语文学习的准确预期,提高评价的信度,也使得教学评价和语文课程教学得到较好整合,使得语文课程与学生语文能力的发展保持趋势一致,提高了评价的效度。语文学习成长档案袋可因不同的阶段、不同的使用目的选择不同的内容,具体来讲有以下两种方式:

(一)课堂记录卡

课堂记录卡就是将学生在语文课堂内发生的事件如实地记录下来,客观地描述学生在课堂内的表现,以帮助学生即时地诊断学习过程,了解自己的学习方式。课堂记录卡的内容有:遇到的疑难问题及解答;在学习过程中的最出色的表现;被否定的观点;通过自己的努力最后解决的问题;自己提出的最佳设想和创意。课堂记录卡由教师设计,学生自行填写,注明具体时间,及时收集在档案袋里。它的主要意义在于,学生通过自己的全程参与,学会反思判断自己的努力与进步,同时也为教师最大限度地提供有关学生的学习与发展的重要信息,以便于教师形成自己对学生的准确预期,检查学生的学习过程和结果,从而反馈语文课堂教学效果,达到评价的目的,不断完善语文课堂教学。

(二)个人作品档案袋

学生在学习过程中通过各种形式的探究、实践活动所得到的成果和体会,可以收集到个人作品档案袋里,以帮助师生了解在一个时期内学生的收获和成果。其内容包括:语文心得、日记、文学习作获奖作品及证书、小论文、他人评价结论、自我评价结果等。个人作品档案袋一般以一学期为时限,评价方法可以采用成果展览会的方式,由家长、教师、学校领导和学生共同参与,家长和教师分别对学生进行评价,写出评语,并提出建议。

采用学生语文学习档案袋评价的方法具有如下优点:①能通过自我反思、自我评价增强学生在语文学习过程中的能动性;②有助于学生多元能力的培养,并通过彰显自己在某些方面的独特能力,提升自尊,获得成功的体验;③更好地发现和诊断问题,为有效反馈提供扎实的基础;④加强多方面的沟通与联系,发挥教育的整体性功能。

关于成长档案袋材料的收集,从理论上讲,只要能见证学生成长的都可以。山东省滨州实验学校张晓媛、刘秀青两位老师对所在学校各年级各学科成长档案袋中的材料进行了归类,表格 8-2 可供参考。

表 8-2　滨州实验学校档案袋中材料的来源

材料分类	具体内容
评语	1. 家长的评语　　2. 老师的评语 3. 组员的评语　　4. 学生的感想
测试	5. 测验、考试卷子　　6. 成绩单
计划	7. 个人计划　　8. 集体计划
总结反思	9. 学期总结　　10. 违纪反思和保证 11. 测验或考试成绩反思
作品	12. 体现个性的作品　　13. 课外学习的作品 14. 日记　　15. 发表的文章
作业	16. 课堂练习　　17. 小组中完成的作业　　18. 家庭作业
奖励	19. 各级教育部门的奖励证书　　20. 各级、各类竞赛、表演获奖证书 21. 亮点卡、小喜报
其他	22. 个人基本信息

三、活动表现评价

活动表现评价是通过观察、记录和分析学生在各项学习活动中的表现,对学生的参与意识、合作精神、分析问题的思路,对知识的理解认识和应用,以及表达交流技能等进行的多方位的评价,它克服了传统学业评价对学生的情感、态度、价值观等非学业素质测评的无能为力。活动表现评价既可以是给学生评分,也可以是对学生的学习情况进行诊断,其重点是后者。关注的主要不是知识和技能的回忆和再认,而是知识和技能的应用和非智力因素的发展。实施活动表现评价的情境越真实,越能显示出学生认知、技能的发展状况。对语文教学而言,表现评价非常适合于活动课程或综合实践课,学生的知识储备、言语能力、合作能力以及情感、价值观都能真实地展现。活动表现评价体现了重视过程性评价、重视质性评价、重视非学业成就评价等最新评价理念。活动表现评价既可在学习过程中进行,也可在学习结束时进行。评价主体不只是教师,学生也可自评表现。

活动表现评价一般以等级显示评价结果，如用"优—良—及格—不及格"，或用"甲—乙—丙—丁"，或用"很好—较好—中等—较差—很差"等来评价学生，其优点是将分数有意模糊化，有利于充分调动学生的积极性，为此，较低的等级可尽量减少使用。

四、专题作业法

专题作业法不是以评价学生掌握语文知识为目的，而是以评价学生解决实际问题的能力为目的。这种方法包括现场调查、撰写小论文、辩论赛、演讲大赛、作文赛、诗歌朗诵比赛、现场设计等。用专题作业法能有效地考查学生的创新精神和实践能力。专题作业的评价可请评委评定，也可由师生共同评定。根据专题作业的难易程度可采用不同的等级来评分，对学生的作业可以评出一、二、三等奖，只要学生能认真独立完成，也可以一律得优。对学生的专题作业，要有一定的评语，用简明的评定性语言记录评定的结果，反映学生的学习特点、兴趣爱好、主要的优缺点、今后要注意的事项等，有较强的针对性和指导性。要建立激励机制，将优秀专题作业在板报、校报上发表。

信息栏 8-2：

三种国际阅读评价体系给我们的启示

阅读能力不仅是学生语文素养的重要组成部分，更是学生在这个信息社会中参与社会生活的必备能力之一。学生阅读能力的培养是学校语文教育的一项重要内容，学生的阅读能力发展水平也是学业评价的重头戏。对阅读能力的评价一直是语文评价中的难点。国际学生评价项目 PISA（英文全称是 The Programme for International Student Assessment）、国际阅读能力进展研究 PIRLS（英文全称是 Progress in International Reading Literacy Study）、美国国家教育进展评价 NAEP（英文全称是 National Assessment of Educational Progress）都是在国际上有很大影响的学业能力评价体系。在这些评价体系中，阅读能力评价都有非常系统、明确的评价框架设计和具体的操作规划，对于国内学生阅读能力评价有很多可资借鉴之处。

【资料来源】 付雪婷著：《三种国际阅读评价体系给我们的启示》，《中学语文教学》2007年第 2 期。

第三节　语文教师教学评价

从教育的理念出发，教师教学评价的指标应该是二维的，一个维度是教师的教，一个维度是学生的学。由于上节侧重谈了对于学生"学"的评价，本节将侧重谈对于教师"教"的评价，即教师教学质量评价。教师教学质量评价的主体包括自己和他人，而我们通常又把教师教学质量自我评价称之为教学反思。教师教学质量评价着眼于整体性的、阶段性的评价，而第十章的评课只涉及对教师某一堂课的具体评价。

一、教师教学质量评价

教师教学质量评价主要由两部分构成，即教学过程评价和教学成果评价。

教学过程评价，历来都受到人们重视。对教学过程的评价，从全面质量管理的立场来理解，它分课前、课堂和课后等几个基本环节，具体包括备课、上课、作业、辅导、课外活动等指标。其中，上课（课堂教学）是教学过程评价的核心。评价教师备课、上课、作业、辅导、课外活动等5项指标，评价主体可以是教师本人，也可以是他人。他人评价的"他人"，指教师所在教研组（年级）的同行教师、教师所在学校的领导（校长、主任等）、学生和上级主管部门。

教学成果评价，主要由三项评价指标构成：教学成绩、教学效果和教学科研成果。教学成绩与教学效果主要是通过学生的学业成绩、学习目的、学习态度以及人格变化等来评价的，也就是说，教学质量的最终结果是通过学生表现出来的。但是，必须看到，学生学业成绩的优劣是受到多种因素制约的，不能简单地把它作为评价教师教学工作的依据，而要作具体的分析。教学科研成果包括立项的课题、论文获奖以及论文发表等形式。

浙江省绍兴市教科研究院对教师教学质量有过专门的研究，并提出了建构教师教学质量评价体系的具体方法。研究指出，教师教学质量评价只有实行全程评价，教与学的评价相结合，过程评价与终端评价相结合，才能达到科学、全面、合理、有效的评价目标。而教师教学质量评价指标体系包括以下三个部分：

（一）教学能力评价

对教师教学能力进行评价，是否具备教的基本能力。通过评价，使教师了解自我，不断提高自身素质，以适应素质教育的要求。表格8-3显示的是教学能力评价指标。

表 8-3　教学能力评价指标

一级指标	二级指标	三级指标
A 教学能力 (0.3)	1. 搜集教学资料能力	能根据教学需要选用有关资料、工具书
		能从教学资料中选择补充教材及课外阅读材料
		能根据资料提供的信息,挖掘课程标准、教材的内涵
	2. 钻研与组织教材的能力	能根据课标、教材确定教学的目标要求,制定好单元与课时教学计划
		能根据教学目标,确定教学的重难点,组织教学内容,对教材提供的内容进行详略、增删处理
		能分析和选定课本中的练习和作业
		能挖掘教材中的德育因素,准确找到渗透的结合点
	3. 选择与运用教法的能力	掌握教学法的理论,会运用多种启发式教学方法
		能根据具体的教学内容、教学对象,选择和运用教学方法
		能指导学生的学习,使教与学有机地统一
	4. 教学科研能力	每学期至少有一篇论文公开发表,或获市级以上的论文奖,或在市属范围公开交流
		能承担学校或上级教研部门教研课题的研究,并按要求完成
		能从教学中找到教学科研的题目,每学期至少有一个主题,解决一个问题,且计划完整,材料齐全
	5. 口头与书面表达能力	能用普通话教学
		教学语言准确、流畅,条理清楚,逻辑性强,有启发性
		能设计布局合理、新颖醒目、提纲挈领的板书,粉笔字书写规范、美观
		作业批语准确恰当、简洁
	6. 教学实践与动手操作能力	会使用本学科常见的教具
		会维修简单的教学设备,制作与改进简单的教具
		能指导学生使用简单的学具
	7. 组织课堂教学能力	掌握组织教学的有关理论,如原则、方法
		能维持课堂良好的教学秩序
		能采用适当的教学组织形式,合理安排一节课的教学
		能处理课堂中的突发事件
	8. 教学诊断评估能力	掌握教学测量、评估的有关知识
		会从学生作业中了解研究学生
		会运用问卷、提问、听讲、观察等方法评价学生的学习,获取教与学的反馈信息
		能科学地编制诊断性测试题,从试卷分析中了解学生

(二) 教学工作评价

对教师教学工作进行评价，使教师能自觉按教学常规去做，不断改进教学方法，逐渐形成自己的教学风格。表格 8-4 显示的是教学工作评价指标。

表 8-4　教学工作评价指标

二级指标	三级指标
1. 备课	能按要求备课，写出保质保量的教案
	备课中能做到既备教材，又备学生
	能准确把握教材的知识体系，抓住重点，精心处理教材，合理组织内容
	能准备好教具
2. 课堂教学	课堂结构安排合理，组织严密，教学密度适中
	坚持启发式教学，做到因材施教，教学语言准确生动，板书清晰规范
	注重学生能力的培养和学法指导，能正确处理主导与主体的关系
	寓德育于学科教学中
	合理使用现代化手段教学
3. 作业的布置与批改	能根据课堂教学需要，合理选择与编制作业
	作业的量和度适中，对学生的作业有明确的规范和要求
	能用多种方法及时批改作业，认真规范
	能根据作业反馈的信息调整教学计划
4. 课外辅导	有辅导计划，设有分类辅导档案
	能指导学生科学地安排学习时间，督促学生养成良好的学习习惯，有措施
	能准确地分析学生的学习状况，有成效地辅导学困生
	会指导学生兴趣小组，并取得一定的成绩
5. 测试与质量分析	会运用多种方式评价学生的学业状况，方法科学合理
	会编制教学目标的双向细目表，并据此编制测试题
	能及时做好各种测评结果的分析，对教学效果作出较准确的判断
	能根据测评所反馈的信息，改进教学

（B 教学工作 (0.4)）

(三) 教学效果评价

对教师教学效果进行评价，起到诊断、比较、促进的作用。表格 8-5 显示的是教学效果评价指标。

表 8-5　教学效果评价指标

	二级指标	三级指标
C 教学效果 (0.3)	1. 学习习惯与方法	学生具有良好的学习习惯,多数学生能做到课前预习,听课认真,课后及时复习,完成作业
		学生明确上课的常规要求,能自觉遵守课堂纪律
		学生掌握正确的学习方法,懂得制定学习计划,安排学习时间,学习自我小结和自我检测
		学生能主动与教师配合,及时弥补知识缺陷,主动克服学习困难
	2. 学业成绩	考试合格率达到学校规定要求
		考试优秀率高于其他平行班级
		学差生的低分率控制在学校规定范围内
		学差生的成绩有显著提高
	3. 能力发展	学生能积极主动地学习,学习能力明显提高
		学生具有较强的独立完成作业的能力
		在学科竞赛中,所教学生成绩显著
		辅导学生取得好成绩

要使评价客观、公正,在制定指标的评价标准和具体操作时,需做到"三个结合":定量评价与定性评价相结合,随机评价与定期评价相结合,公开性评价与公平性评价相结合。

二、反思教学

在传统的观念中,教学的完成是以教师完成授课为终结。但在新课程理念下,教师在完成一次教学之后,工作并没做完,还要反思自己的教学过程是怎样的。这个过程是检查、研究教学的过程,也是教师成为研究型教师、促进自身成长的过程。

(一)反思教学的意义

案例 8-2

黄厚江老师教学《老王》后的反思记录[①]

1. 由"读老王"到"读杨绛"

作为现代散文或者说作为写人的现代散文,它的教学内容应该重点关注什么

[①] 黄厚江:《〈老王〉教学实录及反思》,《语文教学通讯》2012 年第 25 期。

呢？这就首先要把握现代散文的个性特点。要全面讨论现代散文的特点是一个比较复杂的话题,简单地说:现代散文,最主要的特点就是个性化地抒写作者的心灵和性灵,表达作者内心的个我;和小说相比,写人的现代散文不能或者说主要不能关注作品中作者所写的人物,而应该更多地关注藏在字里行间的那个"我"。可是,我们遗憾地看到,不少老师教学《老王》仅仅是着眼于老王或者主要着眼于老王,即使有时候也在关注"我",但似乎总是把老王作为关注的重点,对"我"的解读也只是为了解读老王,我以为这样把握文本是有问题的。在这次教学中,我更自觉地把教学的重心放在对"我"的解读上;而对老王的解读则是一个陪衬,通过老王和"我"的对比,进而更为深入地理解"我",理解作者。

2. 由"善良""不幸"到"需求""渴望"

我们说学习《老王》的重点不应该是理解老王,而是理解作者杨绛。这绝不是说不需要解读老王,但我们对老王的解读却不能仅仅着眼于他的善良和不幸,而要在解读老王善良不幸的基础上,更为深入地解读他的内心需要。老王固然是善良的,作者通过几件事写出了他的善良。这是显而易见的。但我们又不能只看到他的善良,而应该把这种善良放到特定的背景中,看到它更为深层的内涵。在那么多有知识或没有知识的、有文化或者没有文化的人变得冷漠的年代,为什么老王能够坚守这样的善良呢?为什么连作者这样的人也很难做到那样单纯的善良而老王能够做到呢?当然,这或许不是重点。更为重要的是,老王固然是不幸的,但我们仅仅需要了解他的不幸吗?我们不应该深入一点关注一下不幸的老王、善良的老王的精神需求是什么吗?我们对于作者和老王之间的隔膜,对于老王送鸡蛋和香油的真正目的,对于"我"后来的"愧怍",缺少应该有的深入理解,这都与我们对老王的内心需求缺少关注和理解有关。看起来,作者对此似乎没有用很多笔墨去表现,其实只要我们用心品读文本,并不难发现老王对温暖亲情的企求,而关于"家"的回答则最为明显。

也许我的生活经历,使我容易对老王有先入为主的解读,读到他的言行,我总很容易就想到我们村庄中那些近似老王一样的人物(无论是老王那样的年代还是今天这样的年代)。我从他们的眼睛中很容易读出他们精神的孤独和对亲情的渴盼(无论是当年贫困的年代还是今天这样富裕的年代)。我很肯定地说:老王是非常孤独的,老王对亲情有着强烈的渴求。所以他和作者在车上有着很投机的聊天,所以他才说那住了多年的地方并不是他的家,所以他才反复强调最后送鸡蛋和香油不是为了换钱,甚至他说送钱先生看病不要钱。

3. 由读懂到学会读懂

我曾不厌其烦地强调:阅读教学的主要目的是让学生在阅读中学会阅读。

可惜的是，很多阅读教学还仅仅是追求让学生读懂文本。《老王》的教学尤其如此。不少老师教学《老王》，就是让学生得到某一个思想。我以为，这是远离阅读教学的价值追求的。所以，在教学中，我时刻关注对于学会阅读的训练。比如读《老王》，我引导学生从这样几个层次去读：抓住文章中概括性的词语读；抓住作者写的主要事件读；抓住别人对老王的态度读；从老王的内心需求去读；从老王和"我"之间的关系去读。这是阅读的角度，是阅读的层次，也是阅读的方法。解读"我"和老王之间的距离，先从文章最难理解的描写僵尸一样的老王的那一段中去感受"我"和老王的距离，再抓住"我知道"那一句话进行突破，再通过对老王心理的揣摩解读老王内心对"我"的定位，明确了两个人之间的距离之后再回读课文从中寻找"距离"的具体表现。如此用心的安排，并不是为了实现我的什么教学意图，而是要引领学生学会解读文本。

另外，解读这篇文本，大家都会强调如何抓住关键句读懂全文，而我在强调这一点的同时更想强调如何由全文读懂"一句话"。这并非是要标新立异，其用意正是为了让学生掌握辩证的阅读策略。

作为教师，我们如何提高自己的教学水平？很多教师都存在过这样的疑问。在新时期教学改革中，人们提出了"教学反思"这一概念。教学反思又叫反思性教学。教学反思具有以下特征：①批判性。教学反思是对教学检查评价的过程，是发现问题解决问题的过程，所以，反思要有深度和广度，既要从每个教学细节上反思，又要从教学的根本任务、性质层次上反思。②自主性。教学反思是教师主动寻求自我教育发展的过程，是教师根据自身的教学实践主动探索的过程，因此，教师的积极反思意识是教学反思的基本实现条件。③实践性。教学反思是在教学实践中进行的研究，不能脱离教学实践，否则就不能称之为教学反思了。④创造性和发展性。教学反思是不断优化创新教学实践的过程，促进教师的专业发展的过程。

语文教学反思是语文教师在教学实践过程中对语文教学中的问题进行主动反思研究，探索重新建构教学理论，使自己学会教学，使学生学会学习的过程。案例8-2是常见的语文课教学反思样式，反思者是江苏省著名语文特级教师黄厚江。从某种程度上讲，没有反思，就没有今天的黄厚江。

语文教学反思具有重要的意义：

1. 它是提高语文教学质量的需要

随着社会的发展，人们对人才的观念有了全新的认识。新世纪的人才应该具有自我提高和创新的能力，而在很长一段时间内，我们的语文教学变得僵化，学生的个性被压制，缺乏创造性，这是教学过程技术化的后果。在20世纪末，我国语文教学遭到最严厉的批评,甚至被冠以"误尽苍生"的帽子。人们认识到,学生不应该是被动的受教育者,更应该是积极主动的学习主体。当今社会要求学校培养有创新意识、具备自主发展能力的学生。在普及教育的过程中,不仅要求数量上的提升,更要求质量上的提高。教师是教育的直接实践者,教师对教育理论与实践的理解把握直接关系教育的质量。教学的反思过程,是教师检验自身的理论修养和实践效果,并不断优化教学的过程,是理解教学新理念的过程,有利于教学质量的提高。所以,语文教育教学的发展要求教师学会在教学中反思。

2. 它是促进语文教师专业化的需要

过去,人们把教师叫"教书匠",意味着教师的工作无非是一种技术性的操作,教师只需按照规定教学程序进行,而现代化教学要求教师是专家型、研究型教师,教师应该专业化,教师本身就是教学研究者、实践者。所以,语文教师要有较高的素养。语文教师素养的一个重要方面是能够把先进教育理论与教学实践进行有效结合,而反思性教学的过程正是提高这方面能力的过程。反思性教学的理念唤醒了教师的主体意识。教师消除对理论研究的神秘感,重新审视自己的教育理念与教育行为,意识到自己是教育实践的承担者。这样,教师的教学过程融教育、学习、研究为一体。同时,教师的自我教育、自我监控评价的元认知能力对教师的发展是至关重要的,这在现代教师培养中已达成共识。教师只有发自内心的产生研究需要,教师专业化发展才有可能成为现实。可见,教师准确地理解并有效地进行教学反思,对促进教师专业化发展具有重要意义。

3. 它有利于语文新课改的顺利实施

新世纪开始,我国进行了新一轮的课程改革。这次语文课程改革是中华人民共和国成立后语文教学改革力度最大的一次,在课程理念、课程目标、课程结构、课程内容以及课程实施与评价上进行了很大的突破。在新课程改革的背景下,教师教育理念、教学方式的改变是新课程得以实现的关键。反思性教学能否形成教学理论与教学实践的对话,是教学理论真正付诸实践的重要环节。教师是新课程教学的直接参与者,任何一项课程改革最终都需要教师在实践中实现、完善。因此,语文教师在教学中学会反思自己的教学,既是推进新课程改革的必然要求,也是教师适应新时期作为专家型、研究型教师的必然要求。

(二)反思教学的内容

1. 反思教学理念

有什么样的教学理念,就将会有什么样的教学行为。需要注意的是,即使教师理解了先进的教学理念,也不见得能真正转化成自己的教学理念,很多情况是教师对教学理论讲得头头是道,但实际教学行动还是老一套。所以,反思自己的教育教学理念是个关键问题。比如可以这样反问自己：这堂课的教学目标设置是否切合学情？以学生当前的知识储备、经验积累能否理解教学内容？教师的主导作用是否得到发挥？学生的主体地位是否得到了体现？自己在这堂课中的表现是否符合新课程标准提倡的精神？这些都是教学反思中应首先考虑的，因为没有先进的切合实际的教学理念，所以很难收到理想的教学效果。

2. 反思教学过程

教学过程中需要反思的内容很多，诸如：教材编者的意图、教材（教学内容）所体现的课程价值在哪？对教材的调整、挖掘是否科学合理？教学目标界定得是否准确、恰当？教学内容的选择是否有利于达成教学目标？新课的导入是否为学生营造了一个良好的学习情境？各教学环节设置是否合理、顺畅？衔接是否紧密？有无设计之外的情况发生？处置是否妥当？有没有值得仔细回味和认真分析的"神来之笔"？哪些地方自己觉得处理得不够满意？是什么原因造成的？就现实学情而言有无改进的可能？如何改进？相对而言，教学过程的反思是比较容易把握的。

3. 反思师生关系

教学过程中，教师和学生之间从社会学意义上说是人际关系，讲求交往中的相互尊重与平等；从认识论意义上说，教师是主导，学生是主体，教师和学生都要发挥各自的主动性、积极性，教师主动性的发挥最终也是为了激发学生的主动性。因而，我们要反思教师是否充分调动了自己的教学积极性，是否充满热情；反思自己对学生的态度和方式，观察了解学生的情绪状态；反思在与学生交往中是否尊重学生，平等对待学生；在传授知识时，是否调动起学生的主动性，反思自己对学生的知识掌握情况了解多少，怎样考察学生的知识接受情况等等。

4. 反思学习行为

要反思学习行为，首先要反思学生的课堂行为。比如说，要了解学生有没有做好笔记，如果有的话，那证明更有成效；如果没有的话，要帮助他找到原因，并做好改进工作。此外，语文教师还要反思学生关于语文学习的情感与态度，观察学生是否真的参与进来了，是否真正喜欢上语文课等等。魏巍在《我的老师》一文中，回忆了老师"援助"并"劝慰"他的一件事，深情地议论道："一个老师排除孩子世界里的一件小小的纠纷，是多么平常；可是回想起来，那时候我却觉得是给了我莫大的支持！在一个孩子的眼睛里，他的老师是多么慈爱，多么公平，多么伟大的人啊。"不难看出，老师对幼时魏巍情感世界的关注，对于魏巍人生价值观的树立发挥了不可估量的作用。

信息栏 8-3：
反思：作为一种意识——关于教师反思的现象学理解

日常含义上理解的教师反思，通常是指一种反思行为，即教师事后对自己工作的审视、分析、批判或对自己的经验总结，这样的反思行为只能是在事后发生，不可能与实践相随。然而，当从现象学的视野出发，"反思本身就是一种意识行为"，反思意味着一种对自身意识的敏感和觉察，它是一种有预期的构成性意识。教师反思作为一种反思意识，总是能够伴随、激发和指引着教师的教育教学实践，正是这种主动的、积极的反思意识使得教师在独特、具体的教育情境中，表现出一种对教育机会的敏感和自觉。

【资料来源】胡萨著：《反思：作为一种意识——关于教师反思的现象学理解》，《教育研究》2010年第1期。

（三）反思教学的形式

语文教学反思的形式很多，常见的有教学笔记法、比较法、对话法、录像法、档案袋法、行动研究法等。

1. 教学笔记法

教学笔记是教师教学经历的一种经常性总结，一般是一周一次，也有一日一次的。它不是一般地记录教学情况，而是要求教师以研究者的眼光审视、反思、分析和解决自己在教学实践中遇到的问题，把日常教学工作与教学研究融为一体。对照新课程的理念，反思教学过程中对课程标准的把握，对知识与能力、过程与方法、情感态度价值观三位一体课程功能的落实等。在这个过程中，教师由单纯的教学者成长为研究型、专家型的教师，由"传道、授业、解惑"者变为"学习型"教师。因此，教学笔记是一种有目的的反思性的工作文件，它是可以产生回馈的工具，是一种对学术反思和专业发展强有力的工具。采用教学笔记的形式，既要总结教学中的成功之处，也要总结教学中的不足。如特级教师于漪坚持写教学笔记，一记自己的"一孔之见"；二记教学中的疏漏失误；三记学生"闪光的亮点"。

在写教学笔记时可以采取自我提问的反思形式，如：

- 在这周教学中，哪节课我感觉跟学生关系最密切，学生学得最开心？
- 在这周教学中，最不满意的一节课是哪节？原因是什么？
- 在这周教学中，学生学到哪些知识和方法？
- 在这周教学中，如果再给我一次机会，哪些教学环节我会处理得更好？

以上只是列举了几个反思自问的问题,教师可根据实际进行具体设计。在一段时间之后,教师整理回顾教学笔记,将很容易从回答问题的频率中发现存在或暗示的问题。

2. 对话法

对话可以是自我对话、与同事对话、与专家对话、与学生的直接对话。自我对话,是对自己的教学进行自我评价的过程。与同事对话,是虚心求教的过程。作为同事,他们在教学领域也具有同样的问题,他们解决问题的方式会对你有很大的帮助。与专家对话是理论水平提高的重要促进力。教育专家具有丰富的理论知识,他们从更深、更广的方面来考查教师的教学实践,可以使教师站在更高层次上思考自己的教学问题。与学生对话,是从学生眼中的教育教学角度来反观教师自己的教学行为。了解学生的学习体验和对教师教学的看法,无疑能帮助教师建立令人信服的师生关系。

3. 录像法

录像反思是通过录像再现教学过程,让教师以旁观者的身份反思自己的教学过程的方法。教学录像可以让教师对自己的教学作出确切的观察、反思。如课堂上的教师、学生的活动时间分布情况,教学方法的实际安排,教师的讲课语调、仪态等方面。从旁观者角度来看自己的教学,很容易发现自己的缺点。如教学语言中的口头禅,在教学过程中是不易察觉的,如果自己看自己的教学录像,就会发现里面有很多明显的"废话"。再者,可以从高层次的理论角度客观的评价自己的教学过程,考查自己的教学过程是怎样进行的,是否符合教学原则,是否符合新的教学理念。

4. 档案袋法

教师专业成长档案袋是第八次基础教育课程改革中萌生的新生事物,对促进教师队伍尽快走上专业化的道路,起着重要作用。有的学校根据校本教研的核心三要素:"自我反思"——教师个体对自身教学实践的反思,"同伴互助"——教师集体在教学研究中的平等交流、经验分享和学术互助,"专业引领"——专业研究人员对校本教研的专业指导和支持,从以下五个方面构建档案袋项目系列:①基本信息,包括教师个人的简历,教师和教学的基本信息及个人的三年专业发展计划。②专业引领,包括教师和专业人士学习交流的笔记,阅读专业书籍的读书笔记,专家听课评课建议,参与课题研究的课题方案等。③自我反思,包括教学日记、教学札记、与学生的心灵对话、优秀的教案设计、精彩的教学实录、教学案例与论文、学生作品等。④同伴互助,包括听课笔记、公开课教学与评价、同伴交流记录评价表等。⑤科研成果,包括个人获得的各种奖励著作等。教师可以将上述语文教学资料和学生资料(学生成绩、课上表现、日记或周记等)以档案的形式进行保存,进行纵向的研究,研究自己教学发展轨迹,研究学生的发展轨迹。这种追踪调查很能说明问题,它能更有效地体现出实际的教学效果,为教学实践的研究提供可靠的依据。档案袋兼有成长记录、评价方式、学习工具的功能,创建一个完整的教学档案袋确实会消耗一定的时间,但这种工作的意义却是非同寻常的。在创建教学档案袋的过程中,教师能感受到评价的意义和成长的快乐。

总之,语文教学反思,是教师对自身教学实践的监控、批判、反思的过程,是语文教学理论和实践相统一的考查研究过程,目的是促进教师的专业成长,促进教学的发展,使学生学会学习,实现自我发展。

做上学

1. 你是否已有一定的语文教学实践活动经验,如班级试讲、大班上课、个别辅导等?在语文教学反思过程中你喜欢哪种反思的形式?你是如何做的?请与其他同学作些交流,并整理完成教学反思笔记。

2. 请选择2023年语文中考、高考卷各一份,并对命题立意、价值、类型、特征等试作分析,后登录"中国语文教育网",以发帖的方式与其他网友展开讨论。

本 章 小 结

教学评价是课程实施中非常重要的环节。如果一门课程最终没有一个比较科学的评价方法,课程管理就会落空。语文教师要有志于研究教学评价。一方面,应致力于构建符合素质教育要求的学生评价机制,拒绝"一锤定音",倡导参与互动;拒绝"知识本位论",倡导综合性评价;拒绝"唯一机会",鼓励创造成功;拒绝"单一量化",实现多样整合。应建立促进学生发展的语文学习多元评价体系,全面了解学生的学习状况,激励学生的学习热情,促进学生的可持续发展。另一方面,语文教师要学会进行教学反思,对自己的教学理念、教学过程,特别是课堂中的学生行为进行深入反思。新世纪要求高素质的专家型、研究型教师,因此,语文教师要努力提高自己的工作效能,提高自己的评价水平。

资源链接:

1.《面向明日世界的学习:国际学生评估项目(PISA)2003报告》,经济合作与发展组织

(OECD)、上海市教育科学研究院与国际学生评估项目上海研究中心译,上海教育出版社2008年6月版。

2. "新语文教学"尖峰论坛博客(http://xywjflt.blog.163.com),浙江师范大学浙派语文教育研究中心承办。

教学做合一:

1. 选择一位语文特级教师,阅读他(她)的代表性课例,将课例中导课、展开、结课部分的主要思路或步骤找出来,分析他(她)的教学特点,并想一想这样处理的好处是什么。可以通过书信或社交网络平台与这位特级教师交流。

2. 在新课程理念下,怎样才能把自主、合作的学习方式融入作业批改中,把教师从繁重的作业批改中解放出来,同时又能有效提高学生的语文素养?试就这一点与你以前的语文老师进行交流,形成自己的认识。

3. 素质教育的提出与当前应试教育之间的矛盾是一个经久不息的话题,学完本章之后,小组交流:如何在一张语文试卷中体现素质教育的理念?

4. 长期以来,关于语文教学"无效性"的话题不绝于耳。仅就改革开放新时期而言,就先后有1978年吕叔湘先生对语文教学"少、慢、差、费"现象直言不讳的批评,1997年《北京文学》第11期"世纪观察"栏目在王丽、邹静之、薛毅等人的文章中对语文教学的猛烈炮轰,2005年《人民教育》第9期徐江教授直指中学语文"无效教学"的尖锐批判等。当前,新课改有没有从根本上改变语文教学面貌?你怎么看待对语文教学的这些评价?你能否作一些调查,并在调查的基础上作一定的分析研究,就局部或宏观地区的语文教学作出一定的评价?

第三篇

课外拓展

　　课外拓展包括开展课外活动、教研活动及其促进教师个体的专业发展的活动。它是课堂教学的自然延伸，是整个语文教育教学体系中不可或缺的有机组成部分。课外拓展活动不仅有助于培养学生的语文智能，丰富语文生活，陶冶高尚情操，发展独特才情，促进精神发育，健全学习人格，而且也有助于教师的专业成长、角色塑造与校本研修。因而，每一位优秀的语文教师都十分珍惜课外拓展活动的开展，并有意愿将其化为真实而具体的行动。

第九章

开展课外活动

> **学习目标**
> ● 了解语文综合实践活动的概念及意义,明确专题研究、社会调查、体验式语文课外活动的特点。
> ● 掌握开展课外阅读、课外写作及课外口语交际等各种活动的方法,掌握开展语文综合实践活动的方法与步骤。

语文课外活动是指语文课前预习、课堂教学、课后复习及课后作业以外的语文活动。语文课外活动是全面发展学生个性的舞台,它可以增强语文与生活的联系,它是语文课程的重要组成部分。本章将着重介绍课外阅读、课外写作、课外口语交际以及语文综合实践活动。

第一节 课外阅读、写作和口语交际

读写听说是四项基本的语文能力,也是当代人生存与发展所离不开的四项基本能力,语文课外活动的重点就是着力于这四项基本能力的培养。

一、课外阅读

阅读是获得信息和储备资料的过程,是写作和听说的前提,阅读能力是四项基本能力中最为基础的能力,所以无论课内课外,阅读最受重视,消耗的时间也最多。开展语文课外阅读活动,通常有以下三种途径:

(一)组织各种具体活动,激发读书兴趣

兴趣是最好的老师,学生只有对阅读产生了兴趣,才会形成读书习惯。组织各种各样的活动是培养学生阅读兴趣的重要途径。

首先，可以通过组织读书交流会鞭策学生读书。让全班同学按阅读兴趣自由结组，可按喜欢的文章体裁结组，如小说组、戏剧组、诗歌散文组等；也可按喜欢的作者分组，如李白组、陶渊明组、鲁迅组、老舍组等；还可按题材分组，如思乡类作品组、感悟生命类作品组、科技发展类作品组等。同一个人可以属于不同的组。分组完毕，各组选出小组长（也可由组内成员轮流担任组长），定期开展读书交流会，既可以组内交流，也可以各组之间交流，互相吸取读书经验。

其次，通过组织竞赛类的活动激励学生读书。人人都有向别人展现自己的欲望，在中学阶段，这种欲望更加强烈。组织各种竞赛类活动，让学生充分展示自己，这是激励学生读书的一种很有效的方法。竞赛的形式包括故事会、佳作欣赏会、读书报告会、阅读知识竞赛等。

（二）建立班级图书馆，营造读书氛围

建立班级图书馆，让各种好书一直呈现在学生眼前，这在一定程度上可以引导学生进行课外阅读。班级图书馆一般可通过三个渠道建立：学校出资购置图书、订阅杂志分发给各个班级；教师和学生共同筹款购买；教师或学生贡献个人图书、报纸杂志。这样，每个班级就会有一个不小的图书资源库，学生就可以在这个基本由自己建立起来的"图书馆"中遨游，享受阅读带来的快乐。当然在建立的过程中，语文教师应把好质量关，那些对语文课外阅读帮助不大，甚至有害的书要排除在外。

（三）为学生创造课外阅读的条件

结合语文教学实践的经验，我们应当从学校、家庭、社会几个方面为学生创造课外阅读的条件。

1. 创设良好的学校阅读环境

语文学习的工夫在课外。学校图书馆、阅览室不是摆设，也不是教师专用的场所，应充分发挥图书馆、阅览室等课程资源的作用，采用定时与分散相结合的原则，统筹安排，合理使用，建立健全学生图书借阅制度，保证有充足的时间向学生开放。特别是对于经济条件落后地区的学生来说，开放学校图书馆，使他们有课外书可读，是完成课外阅读任务的重要措施。有条件的学校还可以为学生逐步创设阅读电子书刊或阅读网上书刊的条件。

2. 营造浓郁的家庭阅读氛围

信息栏 9-1

家庭语文

美国教育工作者越来越重视家庭语文教育的重要性。他们认为家长才

是学生的第一位老师。为了引起社会重视,搞好家庭的语文教育,有些有关提高语文教学效率的指导性文件还专门对家庭语文教育提出了许多建议。比如,父母应该怎样帮助孩子进行文学欣赏呢?让孩子看到自己正在阅读,并让他们听到自己在讨论有关的书籍。为孩子读或背诵简单的诗歌,和孩子一起唱歌,帮助孩子以图画书为基础再创作故事。

【资料来源】 宿宏波著:《关于中美语文课外教育的审视》,《科教新报(教育科研)》2011年第27期。

良好的阅读氛围包括物质环境和心理环境,在家庭中,家长对青少年的心理特点要有大致的了解,了解他们的兴趣、爱好和情感特征,摒弃狭隘的教育观念和短期的功利目的,了解孩子课外阅读的重要意义,为孩子创设优良的家庭读书环境。家长既要帮助孩子选择他们感兴趣的图书,更要向他们推荐优秀的书籍,保证孩子的书籍来源,让孩子多读书,读好书。同时,家长还要率先垂范,以身作则,和孩子一起享受阅读的快乐。

3. 营造良好的社会氛围

积极健康的社会文化氛围也能对学生的阅读产生正面影响,如果国民都沉浸在游戏与娱乐氛围当中,那对下一代,对学生无疑会产生消极影响。当然,作为公民的学生,也应主动培养良好的阅读习惯,形成良好的阅读能力,从而影响家长,影响周围的人。此外,应加强管理甚或取缔街头、学校周围的网吧、游戏室。虚拟的网络世界、游戏挤走了宝贵的阅读时间,甚至成为祸害心灵的毒瘤。只有当各种书吧取代网吧,各种阅览室取代游戏室,琅琅的读书声取代嘈杂的喧哗声时,课外阅读才能走得更远,走得更好。

总之,课外阅读的实施主渠道在课外,学校、家庭、社会需要一体化运作,积极创设理想的课外阅读环境,营造良好的阅读氛围,培养学生课外阅读的兴趣,提高阅读品位,让学生感受到读书的快乐。

二、课外写作

写作教学是语文教学的重要部分,写作能力的高低直接影响语文素质,影响学生的前途。因此,语文教学必须重视学生的写作训练。从根本上说,提高学生写作能力的途径只有一个:多写,即经常练笔。但语文课堂教学范围内的作文训练次数远远达不到提高学生写作能力的要求,因此开展课外写作活动是必需的。

那么,课外写作应如何开展呢?我们认为,除了在课外阅读活动中指导学生

的写作(如读书笔记)之外,还应从以下三方面着手:

(一) 通过日记让学生喜欢写作

提倡让学生写日记,是许多教育前辈的主张。叶圣陶先生在他的"练习与应需相统一的原则"中谈道:"日记的材料是个人每天的见闻、行为以及感想,包括起来说就是整个生活。我们写日记,写作这件事就跟生活发生了最密切的联系。"又说,"从日记练习写作,这就跟现代语文教学同其步趋。由此锻炼出来的写作能力,必然深至着实,决不会是摇笔展纸写几句花言巧语的勾当。"①

写日记是提高学生写作能力的一种好方法,但这种方法必须长期坚持才有好的效果,所以在课外让学生写日记既是对教师的一种挑战,也是对学生的一种挑战。学生在开始练习写日记时,可能会觉得无话可说、无事可写,所以教师必须引导、督促学生有一个良好的开端,为学生能够长期坚持做好准备。在开始写日记时,教师可每天为学生提示一些可写的内容,如班级里出了什么新闻,举办了什么活动,对于日记字数,可不作要求,有话则多,无话则少。教师还可让学生以漫画形式表现自己生活中发生的事情或想法,但每一幅漫画旁边都要有文字说明,形式就类似于漫画集。学生的漫画集还可以在班里进行比赛或交流。

(二) 举行办报征文活动

陶行知先生说过:"要创造,非你在用脑的时候,同时用手去试验;用手的时候,同时用脑去想不可。手和脑一块儿干,是创造教育的开始;手脑双全是创造教育的目的。"②现代科技的发展,要求一个人不仅能动脑,同时又能动手;不仅要善于研究探索,又能勇于实践;不仅要有知识创新,还要有技术创新、工艺方法的创新。语文课外活动中如何提高学生的语文素养,如何培养创新意识和动手能力,是我们语文教师亟待解决的课题。我们认为,举行板报征文活动是一个极好的途径。众所周知,办好板报,要经历收集采编、设计排版、书写绘画等一系列复杂的过程。这些过程的完成要靠学生作出许多努力,做多方面工作,其中体现了个体的创意和操作水平,是学生综合能力的展示。另外,在办板报的过程中对所需内容进行征文,让学生的作品发表在板报上,可以大大激发学生的积极性和主动性。

另外,还可以为学生提供条件创办文学社,定期出版文学杂志。案例9-1显示,洛阳市第一高级中学明菁文学社的成立,给校园文化增加了生机盎然的色彩,激发了学生写作的激情,培养了学生学习语文的情趣,使该校的语文教学逐渐脱离了狭隘封闭的应试教育轨道,踏上了开放性的大语文教育的广阔道路。

---

① 董菊初:《叶圣陶语文教育思想概论》,开明出版社,1998,第281页。
② 陶行知:《陶行知全集:第3卷》,四川教育出版社,1991,第526页。

> **案例 9-1**
>
> **洛阳市第一高级中学明菁文学社**
>
> 洛阳市第一高级中学明菁文学社成立于 2016 年 10 月,以"以文会友,以礼达人,团结进取,开拓创新"为口号,以培养"能写、能说、能干"——"三能"型人才为宗旨,通过社团内部成员日常交流活动和举办校内活动等方式提升文学素养和社会实践能力。主张自由创作,不规定写作作业,不限制文体、主题,力求在交流中碰撞出思维的火花,同时关注高考,设置对接高考内容,是河南省文学社联盟的一分子,同时也是洛阳市文学社联盟的主力之一,2017 年 3 月出版了第一份社刊《明菁》。

(三) 组织学生对社会问题进行调查研究

学生大部分的时间虽然是在校园里度过,但 21 世纪已不是一个"两耳不闻窗外事,一心只读圣贤书"的时代。对于很多社会热点问题,如环境污染问题、社会公德的维护问题、重大突发事件等等,学生都有兴趣也应当去关注,所以,走出校园、开展社会调查也应成为锻炼学生写作能力的一种有效方式。况且,进行综合性学习、研究性学习,开展调查研究是新课程提出的要求。关于学生如何开展语文社会调查的问题,本章将在第三节专门论述。

三、课外口语交际

"语言是重要的交际工具",口语交际能力,即听说能力是学好语文的基础,也是现代人必须具备的素质。口语交际能力的培养是一个长期的过程,作为教师,要将语言训练既立足于课内,又延伸至课外。既要通过口语交际教学的专题训练,使学生比较系统、快捷地掌握口语交际的有关知识,提高相关技能,更要让学生在课外生活中不断地实践,运用口语交际,逐步提高学生的口语表达能力,最终达到叶圣陶先生的愿望:教是为了达到不教。

(一) 参加读书报告会

"独学而无友,则孤陋而寡闻。"同学间的交流是最直接的思想传递、情感碰撞,通过参加读书报告会,畅谈读书感受,交流读书心得,不仅能达到取长补短、共同提高的目的,而且能沟通学生之间的联系,活跃学习气氛,刺激疏于阅读摘录的学生多读多记,提高口语交际能力。举办读书报告会,不必拘泥形式,关键是让参加者自由表达,畅所欲言。可以设计一些独抒己见的小话题,如"读报偶得""美在瞬间""心有灵犀"等。教师也可参与读书交流,把自己的读书心得告诉学生,把自己的读书笔记展示给学生,这样不仅能增长学生见识,更能产生一种身教重于言教的感召力。

(二)参加演讲辩论会

演讲辩论会是当前蓬勃开展的语文课外活动,也是督促学生阅读、提高口语交际能力的有效途径。教师可针对演讲和辩论的基本形式、基本要求给予学生指导,事先拟好演讲或辩论题目,要求学生认真准备,精心查阅资料。学生的准备工作做得充分细致,在演讲台上,就会沉着冷静、态度从容、引经据典、慷慨陈词;辩论会上,就会短兵相接、唇枪舌剑、谈古论今、妙语连珠,展示出良好的学识风格和高超的论辩技巧。演讲辩论的成功,会大大激发阅读兴趣,巩固阅读效果,提高口语交际能力。

(三)参加课本剧排演

课本剧是以课本内容为主体,以戏剧为形式的语文实践活动,具有浓厚的趣味性、艺术性、创造性。排演课本剧可以激发主动欣赏文学作品的兴趣,培养"听、说、读、写"等基本功。排演课本剧,先要认真阅读、品味作品,细致地去搜索相关信息,深入地去揣摩文本语言,与作者在文学情境中进行交流。阅"读"文学作品是第一步,在参与编剧的过程中,改"写"成课本剧是第二步,参加课本剧的排演,把台词"说"出来是第三步,最后学生们在欣赏表演时,分享排演成果时,"听"是最后一步。学生编剧时,在充分领悟课文内涵的基础上,经过思维加工,变换表达方式,运用角色的对白、旁白、台词来体现剧本内容,更深层的锤炼语言表达能力与语言想象力。

第二节 语文综合实践活动

语文的学习和运用是综合的,不可能局限在课堂内或语文学科的某一领域内,要在多种不同领域的实践运用中整体发展读写听说能力,要在实践中亲身体验语文,提高语文素养。语文综合实践活动(高中称"语文综合实践活动",初中称"语文综合性学习")是"语文"和"综合活动"的整合,是语文学科体系中的一个板块。

信息栏 9-2
创设真实而富有意义的学习情境,凸显语文学习的实践性

创设学习情境,教师应利用无时不有、无处不在的语文学习资源与实践机会,引导学生关注家庭生活、校园生活、社会生活等相关经验,增强在各种场合学语文、用语文的意识,建设开放的语文学习空间,激发学生探究问题、解决问题的兴趣和热情,引导学生在多样的日常生活场景和社会实践活动中学习语言文字运用。

【资料来源】 中华人民共和国教育部制定:《义务教育语文课程标准》,北京师范大学出版社,2022年版,第45页。

一、语文综合实践活动的概念

语文综合实践活动是学生将学过的语文知识、语文技能在实践中应用,又在应用中获得知识、提高能力的过程,侧重在实践活动中体现语文学科的特点。开展语文综合实践活动主要目的在于培养学生全面的语文素养。它以语言文字为媒介,以对语言文字的思考为诱因,以学生广泛涉猎自己所喜欢的学科为手段,把不同学科的相关知识聚焦在语言文字这个核心上,加以融会贯通,进而在学生头脑中形成更概括、更高级的知识信息,达到优化知识结构、提升思维品质的目的。它的主要特点是:语文、综合、活动,三者缺一不可。

语文综合实践活动是语文教学的扩展和延伸,能提高学生综合运用语文知识的能力,让学生的读写听说能力得到整体的发展。为了让学生乐于学语文,学好语文,提高语文实践能力,有效地提高学生的语文综合素养,可以广辟渠道,组织学生开展丰富多彩的语文综合实践活动。以下着重介绍语文专题研究、语文社会调查、体验式语文课外活动三种活动类型。

二、语文专题研究

(一)语文专题研究的意义

语文专题研究是指学生在语文学科或跨学科领域选择、确定研究专题,以独立或小组合作的方式进行探索性学习的过程。语文专题研究是以核心问题为出发点,以学生的亲历性学习与研究行为为载体,旨在培养学生创新精神与综合实践能力的一种课程形态。

语文专题研究有助于体现语文学科的人文价值,培养学生的社会责任感。长期以来,学生的发展与当代社会生活的有机联系被学校人为分离开来,导致过分关注自身的成绩,而对社会问题却有一种隔膜感。解决这个问题的办法是鼓励学生在与真实世界的际遇中学习。学生要解决真实世界中的种种现实问题,如贫穷、环境危机、社会不平等等等,就需要把种种来自学术与非学术领域(如科学、技术、人际关系、交往等领域)的知识、技能整合起来。

语文专题研究有助于唤醒学生的主体意识和人格体验。它从学习主题的策划到学习内容的选择,学习方式,学习步骤的安排,以及学习成果的呈现,都充分听取学生的意见,尊重多数学生的选择,有利于学生在感兴趣的自主活动中全面提高语文素养,培养团结合作、主动探究、勇于创新的品质。

语文专题研究也有助于拓宽学生语文学习的运用思路,通过跨学科学习和现代化科技手段的运用,使学生学会将不同内容、方法相互交叉、渗透,开阔视野,提高学习效率。

(二) 语文专题研究的目标

语文专题研究要力求达到以下目标:

1. 建构一种新型的、具有实践操作性、指导性的语文课堂教学模式。
2. 培养学生搜集、利用、加工现代信息的能力,教会学生应用多种现代媒体手段进行研究性学习。
3. 把学校和社会中的实践当作学习渠道,促进学生对社会文化、人文精神、社会发展等若干问题的思考,提高学生独立思考能力和语文实践能力。
4. 在教学中体现人本精神,减轻语文学习负担,提高语文课堂教学的效益,使不同层次学生都有所进步。
5. 把语文教学和学生以后的发展结合起来,培养学生的"终身学习观",为以后的发展做好方法和能力上的准备。

(三) 语文专题研究的实施步骤

语文专题研究是一种以专题为中心的合作探索型教学模式。它的基本环节有:

1. 选取研究专题

语文专题研究的第一步就是选择专题,选择那些值得研究又有条件研究的专题。选题是研究工作的真正起点,它关系到语文专题研究的发展方向、价值、方法、效果,是语文专题研究成败的关键。

在专题确定上一般要考虑三个因素:一是专题本身要有内容、有意义,值得学生去挖掘与研究;二是要能引起学生兴趣,学生喜欢研究;三是容易获得研究资料。

语文研究专题主要有四方面的来源:

第一，从语文教材中确定研究专题。语文教材选篇多选自名家名著，具有极高的研究价值。教师要善于引导学生开拓教材的研究价值。

从教材中确立研究专题，有三条渠道。(1)单篇研读：学生自主选择学习方式，对文章作深层解读。如学习统编版教材高一选文《芣苢》时，可以设计围绕《诗经》反映的社会现实、诗歌结构形式特点、对现代爱情观的影响等确定研究专题。(2)教材指瑕：调查、论证、注释教材中的细节。比如《梦游天姥吟留别》中的"半壁见海日"语文课本注为"在半山腰看到从海上升起的太阳"，"半壁"是指半山腰吗？"壁"可以作山腰讲吗？解决这个问题，就可以采用文献研究法，通过查阅大量的文献资料来验证这一观点是否正确。查阅《古汉语常用字字典》就可以发现"半壁"不是"半山腰"，而是半边的意思。因此，"半壁见海日"应注为"朝东的半边山峰被从海上升起的太阳照耀着"。通过这样的质疑，就会发现课本中存在的问题。(3)多篇比较研究：教师可以为学生寻找与课文相匹配的内容，指导学生开展比较研究。所选择的点可大可小，比如《荷花淀》与《祝福》比较研究。这种阅读以课文为基点，引入若干篇有一定关联的文章，让学生在比较中加深对课文的理解。当然，这里用作比较的对象，可以是老师提供，也可以让学生自己去寻觅。

第二，从教材之外、学科体系之内寻找研究专题。语文学科的范围极广，除教材外，教师还要注意开发学科体系之内的其他资源。语文学科领域的综合专题可以有以下三类：(1)作家作品专题研究性阅读。(2)基础知识专题研究性学习。基础知识专题研究的价值取向应在语言的实际应用上，如对联、诗词格律、成语典故、特定称谓等古代文化知识，文字、修辞等语言基础知识都可以引入研究之中。例如，关于错别字的专题研究，让学生去收集作文、商品标签、报纸杂志上的错别字，然后适当归类，分析总结误用的原因，提出改正消除的办法。对收集到的自己不能确定对还是错的字，可通过查阅有关工具书解决。(3)语文学习方法专题研究性学习。语文学法研究即指导学生针对语文学法中存在的问题，拟就一些值得研究的专题。比如：读书笔记的最佳记法，语文课堂上的最佳心态，如何增加语文的感性积累，如何背诵名家名作等。学生可以在研究别人经验的基础上，通过自己的摸索和体验，写成小论文，并将研究成果应用于语文学习，在应用中进一步探索和提高。

第三，从生活实践中选择与语文有关的综合研究专题。语文专题研究是开放式、综合式的"大语文"，包括课内的、课外的和自我语文学习方法的研究。按照研究对象性质的不同可以将社会"大语文"综合研究专题分成若干类别：(1)文化专题。文化是我们社会生活的重要组成部分，任何人都不能脱离社会和文化的影响而独立存在，教师可引导学生加强对社会文化现象的研究。比如：电脑游戏的文化取向、姓名与时代、歌曲与时代、社区文化调查、旅游与文化资源调查、动漫文化研究等。(2)文学专题。《普通高中语文课程标准》有18个任务群,其中第一个任务群便是整本书阅读与研讨,我们可组织学生对此开展文学专题研究。无论是纯文学还是通俗文学,对它们的研究可以看出人类内心深处的梦想。比如:武侠小说研究、影视文学研究、文艺思潮研究等。(3)语言应用专题。这里主要是指语文知识在社会当中的应用。如:地区方言研究、大众传媒研究、广告语的修辞方法、网络语言研究。(4)社会问题专题。这类专题应该属于既与语文学科相关,又与其他学科相关的边缘专题,其综合性和实践性都是最强的,如校园师生思想状况研究。

第四,从跨学科综合学习中选取研究专题。在研究性学习中,由于每一个问题的研究和解决都会涉及很多的知识,学生在学习活动中很自然地在各学科之间架起桥梁,运用各学科的知识来探寻未知的知识,使自己原有的知识沿着深、广两个方面拓展。语文专题研究可以从语文学科拓展到数、理、化、天文、地理等,进行与语文知识内容有关的诸如时代背景、风土人情、人物地名、天文地理、历史事件、动物植物等多种内容的研究探索。一方面解决课文、文献中的疑点、难点,另一方面丰富自己的知识储存。如《〈诗经〉所反映的社会现实》这个课题是语文与历史的结合,而《〈诗经〉中的风土人情》是语文与地理的联姻。

2. 设计研究方案

确立专题后,教师应指导学生设计具体可行的专题研究方案,以确保专题研究有序、有效地进行。一份好的设计方案应包括以下内容:(1)专题的提出,包括专题提出的原因、专题内涵的界定、研究的预期目的;(2)研究采用的主要方法;(3)开展课题研究的活动安排;(4)研究成果的结题形式。

设计方案重点要考虑的是选择研究方法和手段。教师要告诉学生,如果研究目的是形成新的科学事实,且对象又是活动形态,就应选择观察、调查、实验等方法;如果研究对象是文献形态的,就应选择文献研究法和内容分析法;如果研究目的是要形成新科学理论,就应选择归纳演绎等理论研究方法。从语文研究课题看,绝大多数是文献研究对象,因而文献研究法和内容分析法是主要的研究方法。

在设计方案时,要注意两点:一是要有"长计划",即设计出研究实施的总体目标计划,包括完成时间、研究方法、成员分工、最终要实现的目标、形成的成果、所需的条件等;二是要有"短安排",即设计出研究实施的阶段性目标计划,包括实施分几个阶段、每个阶段的时间分配、研究目标、主要内容、可能遇到的问题及解决办法等,尽可能完成得详细些,使今后的课题实施能顺利进行。

3. 收集整理资料

资料浩渺烟海,学生却往往无从下手,教师可以通过开讲座的方式,对学生进行方法上的指导。重点指导学生做好三件事：(1)利用图书馆、阅览室,为自己的学习服务。借助图书馆查阅资料是必要的手段,然而受规模限制,学校的图书资源是非常有限的,教师可以在开学初就指导学生去较大的图书馆借阅图书、查阅资料,并在节假日安排学生针对某个研究专题集中借阅。(2)开发媒体资源。现代社会影视、新闻报刊等媒体的影响无所不在,对于社会某个时段的热点问题来说尤为如此。对于影响范围大、意义深刻的事件,很多专业报刊都能从不同的角度进行比较深入地分析报道,这有助于学生们提高独立分析能力。电视的普及让学生能直观地感受文化的脉动和变迁,许多电视节目,如《焦点访谈》《东方时空》等,对于学生认识社会,提高社会实践能力有着难以估量的作用。(3)利用网络资源,建立学习资料库。无论是传统的教学模式,还是研究性学习的教学模式,网络都可以给语文的教和学提供大量的相关资源。

了解查找资料的途径,学会查找资料的方法之后,还要学会收集资料、整理资料。收集资料、整理资料要经过以下三个步骤：

首先,精筛细选,提取有价值的信息。在确定研究专题后,对信息要有提取、筛选的过程。要能去粗存精,去伪存真,抓住主题和中心内容,提取能服务于论题的有价值的信息。提取信息包括汲取观点、搜集论据、感受文章情感等。

其次,研究探讨,深入解构文本信息。对于提取的信息,要善于质疑,加强讨论,最好形成正反意见,提出自己的看法,或辩论或演讲,通过自己的思考去解构文本信息。

最后,分析评价,归纳整合文本信息。在探讨的基础上,进行系统分析评价,归纳自己的观点。分析评价过程包含着逻辑推理,要求逻辑严密,论据充分有力,体现一种思辨的特点。归纳的过程包含着对各种问题、各种信息的整合,是知识的延展,能力的提升,思维的外显。此环节,既要独立思考,又需共同研究,它具有发展个性、形成健全人格的作用。

4. 展示成果

语文专题研究应注重过程,但也不能轻视结果。

(1) 研究成果须多样化

研究成果应当是多姿多彩的,这样才能使研究生动活泼地开展起来。研究成果形式有：研究论文、研究报告、调查报告、设计的方案、组织的语文活动、自己总结的语文学习方法、编辑的语文资料或试卷、创作的文学作品、自办的报刊表演、研究体会、图片展等。

(2) 写专题小论文须有规范意识

小论文是总结专题研究成果,进行学术交流的基本方式。写小论文也是一种综合素质的体现,是语文专题研究的重要内容。首先,教师要告诉学生学术论文的一般知识,必须讲明基本要求,让学生有专业意识和学术意识。其次,教师要指导学生掌握写论文的基本方法,要把小论文的基本形式告诉学生,让学生懂得如何入题、展开、阐述、归纳。其三,学生写好小论文后,教师要指导学生反复修改。写作小论文能巧妙地挖掘研究深度,激发思维潜能,拓宽知识视野,实现知识、能力的相互渗透、促进与提高。

(3) 要预防研究成果剪贴化

从目前情形看,大多数学校学生所展示的研究成果非常令人担忧。很多学生缺乏实事求是的求知精神,对自己的研究课题压根儿就未认真思考过、探求过,只是从书上、网上、报刊上、杂志上把别人的东西剪下来,拼成一篇篇的文章,充当自己的研究成果,没有一点自己的东西。如此的语文研究,不仅无法实现开展这种新学习方式的初衷,反而增加了新的问题,那就是学风的破坏。久而久之,研究会流于一种形式而中途夭折。

5. 注重评价

语文专题研究评价应以多元智力理论为基础,摒弃以标准的智力测验和学生学科成绩考核为重点的评价观,在评价主体、评价标准、评价方式等方面都体现出多元的特点。

评价不仅为了鉴定学生,最主要的目的是指导学生更有效地进行专题学习。评价要涉及学生参与研究的态度,如在学习中排除困难的毅力,在活动中的合作精神,如探究过程中是否乐于帮助同学、主动和同学配合、认真倾听同学的观点和意见,对班级和小组的学习作出积极的贡献等。评价要涉及学生创新精神和实践能力的发展情况,考查学生在活动中从发现和提出问题、分析问题到解决问题的全过程所显示出的探究精神和实际操作的能力,通过学生参与活动前后的比较和几次活动的比较来评价其发展状态。评价还要涉及学生对学习方法和研究方法的掌握情况,评价学生对查阅资料、实地观察记录、调查研究、整理材料技能、方法的掌握和运用水平。

三、语文社会调查

社会调查是指有目的、有计划、有系统地搜集有关研究对象现实状况或历史状况材料的方法。社会调查法也是语文课外活动中常用的基本研究方法。语文社会调查是指综合运用观察法等方法以及谈话、问卷等科学方式,充分利用广阔的语文环境,把语文学习的成果运用于生活实践,对周围的事物和现象进行有计划的、周密的和系统的了解,并对调查搜集到的大量资料进行分析、综合、比较、归纳,从中概括出规律性结论。

(一) 语文社会调查的意义

伟大的教育家陶行知先生说过:"你能行动,行动才生困难,想法解决了困难,才是真知识的获得。""因为唯其行动到行不通的时候,方才决定困难,困难而求解决,于是有新价值的产生。所以我说行动是老子,思想是儿子,创造是孙子。"[1]这段话告诉我们,语文的学习既不限于语文课堂,也不限于一般意义上的课外阅读和写作,要关注社会生活。这就是说,生活的范围有多大,学习语文的范围就有多大。语文教师的任务在于充分利用广阔的语文环境,引导学生在生活中学习语文,并把语文学习的成果运用于生活实践,从而沟通语文和生活的联系。让学生通过实践调查,撰写调查报告,实际上是对学生收集处理信息能力的培养。这是一项难度较大的实践作业,需要学生综合运用课堂所学知识,并且在实践过程中仔细观察记录,从中获得课堂上所接受不到的、多层次、多感官的信息,然后在教师的指导下对信息进行筛选、提炼,获得系统的知识,得到能力的培养。在语文课外活动中开展社会调查的意义重大,主要体现在以下几个方面:

1. 有助于提高学生参与语文课外活动的兴趣

兴趣是最好的教师。只有学生参与感兴趣的活动,他们的主动性和创造性才能得到充分体现。语文课程标准中也强调,在语文教学中,要加强自主的语文实践活动,引导学生在实践中主动地获取知识,形成能力。在平时的教学中,语文社会调查活动更有助于提高学生学习的兴趣,更能发挥学生的潜力和创新精神。

2. 有助于增强学生收集处理信息的能力

课程标准提出,阅读教学中要注重培养学生初步的收集资料和处理信息的能力。学生收集处理信息的能力是学生掌握良好科学方法的基础,而语文社会调查的开展更需要学生具备这一方面的能力。

在语文课堂教学中,应重视学生这方面能力的培养,为学生的社会调查活动作好准备。从查阅图书到收集有关的资料等方面,对学生进行训练,使学生掌握基本的收集和处理信息的能力。

3. 有助于学生课堂知识的内化

过去的课堂教学所传授的知识与社会生活联系并不紧密,培养出来的学生在面对生活中的问题时常常感到束手无策。因此,使课堂与社会生活联系起来,培养学生收集处理信息的能力就十分重要了,而语文社会调查的开展就成为联系课

---

[1] 陶行知:《陶行知全集:第3卷》,四川教育出版社,1991,第526页。

内外的桥梁。它把学生在课堂上所获得的感性认识上升到理性的高度,最后又把理性的认识渗透到感性的实践中去。由此可知,进行语文社会调查是学生学习知识的必要环节。

(二) 语文社会调查的一般步骤

语文社会调查是一种有目的、有计划、有系统的活动,需要有严格的工作程序。就调查过程的顺序来说,大致可分为四个步骤:

1. 做好准备工作

语文社会调查前的准备工作是搞好调查研究的基础和前提。它包括:

(1) 确定调查课题

这是调查研究中首先要解决的问题。一般情况下,课题选择不宜太大,涉及的范围不要太广,要根据自己的能力和需要确定选题。在确定选题时还要考虑课题本身的科学价值和实际意义。

(2) 选取调查对象

调查对象就是被调查的单位或个人。调查资料的获得,主要来源于调查对象。调查对象的选择是否恰当,直接影响调查结果。有的课题的调查对象很多,无法进行逐一调查,这就需要用抽样的方法去选取,如高中生看电视情况的调查,我们不可能对所有的高中生进行调查,只能采取抽样的方法。总之,调查对象应根据调查课题与调查目的来选取。

(3) 列出调查提纲

调查提纲,就是调查项目,是收集资料的依据。有了提纲,调查工作才能有序地进行。调查提纲其实是调查报告的梗概,其内容必须符合调查的需要。在调查过程中,调查提纲往往要修改好几次,有时要增加原来没有的项目,有时则要取消一些可以不要的项目。这就需要在调查过程中对调查提纲做必要的增删和修改。调查了以后,还要根据调查提纲的要求,设计必要的调查表、问卷、测验题目等等。

(4) 制定调查计划

调查计划是调查工作的程序安排,一般应包括如下内容:调查课题和目的;调查对象及范围;调查地点及时间;调查的方式方法;调查的步骤及日程安排;调查的组织领导及人员分工;调查报告完成的日期。调查计划的制定要切合实际,尽可能详细、周密。

2. 开展调查,收集资料

收集资料是调查的关键。一般来说调查资料有两大类:一是书面资料;二是来自调查对象的口述资料及由调查者观察所得的事实材料等。资料的收集力求全面、系统、典型、客观和真实。

3. 整理资料

用各种方法搜集得来的资料，必须进行整理，使之系统化、条理化。整理资料的方法，通常是按资料的性质分为两大类：一是叙述的材料；二是数和量的材料。前者要求用明白流畅的文字加以整理；后者则要用统计法、图表法等加以整理。

4. 撰写语文社会调查报告

调查的材料整理完后，应对调查事实进行分析和讨论，在此基础上，作出结论，提出建议。结论要准确、有概括性；建议要从实际出发，中肯可行，并写成文字报告。至此，调查研究的全部过程结束。

比如，为了解北京市初中生的阅读水平、阅读障碍及其形成的原因，北京市"阅读障碍及对策研究课题组"初中组实施了调查研究。该调查课题为《北京市初中语文阅读教学质量调查》（调查报告见案例9-2），本次调查得到了不少真实可靠的数据，不仅为教育行政部门今后的决策提供了依据，也为广大教师和科研教研人员提出了亟待研究解决的一些重要课题。

案例 9-2

北京市初中语文阅读教学质量调查（节选）[①]

一、调查背景与目的（略）

二、调查内容与方法

调查内容包括两类：一类是问卷（教师问卷，学生问卷）；一类是测试题（教师测试题，学生测试题）。

教师问卷调查的内容有：阅读教学的目的，阅读障碍——教师在阅读教学中的障碍、教师认为学生在阅读方面的障碍，阅读教学的策略，对学生阅读水平的评价。

学生问卷调查的内容有：课内阅读情况，课外阅读情况。

教师测试题为，记叙文阅读《蓝色》。

学生测试题为，记叙文阅读《高贵的施舍》。

调查对象是北京市16个区（县），普通初中的语文教师和初中一至三年级学生。

三、调查结果与分析

（一）教师问卷结果与分析

1. 阅读教学目的

2. 阅读障碍

[①] 王俊英：《北京市初中语文阅读教学质量调查》，《教育科学研究》2001年第2期。

3. 阅读教学策略

4. 对学生阅读能力的评价

(二) 学生问卷结果与分析

1. 课内阅读

2. 课外阅读

(三) 学生阅读测查成绩与分析(略)

(四) 教师阅读测查成绩与分析(略)

四、调查结论与建议

(一) 结论

1. 问卷测试工具较好地体现了先进的教育思想、教育政策,以及语文阅读教学的本质、特征,用这套问卷去调查,得到了许多反映教师、学生价值观念方面的想法,以及在某种价值观引导下的做法的真实情况。

2. 从总体上看,北京市初中语文阅读教学质量不高,尚存在不少问题。

3. 造成我市初中语文阅读教学质量不高的原因。

(二) 建议

1. 研究和构建"以人为本"的初中语文教学体系。

2. 加强阅读教学理论的研究,澄清概念,摆正学生主体与知识客体之间的关系,态度、能力、技能、知识之间的关系,作品内容与形式之间的关系等。

3. 给教师更多地参与课程设计与处理教材的权利。

4. 研究学生的阅读障碍、阅读能力的形成规律,制定学生阅读水平标准。

5. 探索"建构主义"的学习理论及教学方法。

6. 研究阅读的基础知识,在语文阅读教学中增加"章法学"的知识。

四、体验式语文课外活动

信息栏 9-3

体验式语文教学

体验教学是后现代课程观的重要关键词,是时代的选择,体验式语文教学以生为本,重视学生的学习主体地位,重视学生学习经验在传统的语文听说读写中的作用,利于提高语文学习兴趣及创造性的培养。语文体验式教学设计从学生的智慧技能、情感态度、动作技能三方面着眼,核心是情感体验。

> 体验式语文教学是众多语文教学范式的一种,是传授式语文教学的延伸。
> 【资料来源】 贺卫东著:《体验式语文教学的意义与建构》,《教育实践与研究(中学版)》,2009年第6期。

所谓体验式语文课外活动是指在语文课外活动中通过"角色换位""角色扮演"等,创设一种逼真的情境,使学生在"角色承担"中完成一种人生体验,从而达到教化目的的课外活动方式。这种语文课外活动方式,淡化教师作为纯粹管理者的角色形象,而强化在教育教学活动中艺术家的特征,使语文课外活动教学成为一个具有浓厚艺术氛围的创造性活动过程,最终使学生陶醉于一种情境,并在此情境下完成一种人生的领悟。

体验一般是从主体对事物的亲身感受开始的。在感受的基础上形成对事物的情感反应,情感又促使主体对事物进行深入理解并产生丰富联想,进而对事物产生领悟和生成意义,领悟和意义反过来又加深情感反应,从而在完整意义上完成一次体验。这是一种包含感受、情感、理解、联想、领悟等诸多心理成分在内的复杂心理活动。我们可以把体验式语文课外活动划分为五个阶段,即阅读阶段、理解阶段、内化阶段、展示(外化)阶段、迁移阶段,这是体验式教学的总思路。下面就以中学课本剧《触龙说赵太后》为例来具体谈一谈体验式语文课外活动。

(一) 阅读

阅读是感知、理解教材的前提,是课本剧生成的基础。在这一阶段,教师对学生提出三个要求:

1. 熟读课文——整体感知故事梗概;
2. 品读课文——体会、把握文章的情感基调,品味人物个性化语言;
3. 扩展阅读——丰富拓展课文内容,造成更大更广的感知场。

学生按照教师的要求,首先熟读课文,掌握故事发生的时间(战国时期)、地点(赵国)、人物身份(太后)、性格特征及人物活动的社会环境,故事发生、发展的经过等,学生通过熟读课文对课文内容有一个从宏观到微观的整体性把握,为下面的工作打下坚实的基础。

品读,也就是精读,它要求学生字斟句酌地去细细品读课文中极富个性化的人物语言,比如极有概括性的叙述语言和极富哲理性的点化语言。例如"老妇必唾其面",一句高度概括了赵太后生气的情景。学生只有抓住了这样的精妙之句,才能从课文中品味出更丰富、更深刻的内涵。

扩展阅读是让学生在课下读一读《赵威后问齐使》,这种扩展阅读可以扩充课文容量,有助于理解赵太后这个人物性格,加深对课文内容的感知和理解。

从教学的角度看,阅读的整个过程,也正是一个感受语言、触发语感,品味语言、领悟和积淀语感的知识习得过程,知识和情感相辅相成、齐头并进。

（二）理解

这是在教师指导下学生对课文内容进行分析、综合、比较、抽象与概括、把握内在联系的过程,也是重点突破的阶段。教师先引导学生找出课文中所涉及的主要人物:触龙、赵太后。然后从文中找出对这些人物的描写,包括语言、动作、心理情绪和神态等。接下来学习小组对这些信息进行加工分析,概括、讨论人物形象,挖掘出这个形象深层的思想内涵和社会意义。

（三）内化

所谓内化,是指主体将外在的东西纳入自己的心理结构之中的过程。它并不是一个独立出来的阶段,而是潜移默化地开展在整个工作之中,从阅读一开始,内化也就开始进行了。内化的过程是在深刻理解的前提下进行丰富联想、大胆想象,产生个人领悟和生成意义的过程。由于主体只会对与自身相关联、相契合的东西产生认同、接受和融合,并生成独特的意义,因此,对事物与自身的关联或意义的发现始终是形成体验的前提条件。而内化正是主体以自身的全部"自我"为基础,去发现和构建事物在"我"心目中的意义的活动,是造成同感和移情的过程。所以,在教学中要强调学生的感受、体验与合作,注重思考、探究与表现,密切联系现实生活,使学生的学习过程成为不断积累素材,积淀情感的过程。

具体操作是让每个学习小组推举成员来承担某个角色,学生试着领会角色的性格特点,试着与角色合二为一,以故事人物的思维逻辑运思,通过人物情感基调运情,凭借他的人生哲学处世,试着把自己放在角色所在的坐标上,体悟此情此境此种人格下的一种人生。这种人生包含了真善美假丑恶,学生也因"善"而感悟到善,所以更趋近善;因"美"而体味到美,所以更追求美;因"恶"而洞察到恶,所以更厌弃恶;因"丑"而感觉到丑,所以更排斥丑。以身体之,以心验之,体验式教学充分体现了教育的心理化。

（四）外化

外化,即展示过程,是课本剧编、导、演的过程,也是经内化、生发了的情感和领悟外现出来的过程,是主体对客体的诠释。如果说以前的工作是蓄势和准备的话,表演剧情可以说是整个过程的高潮阶段。学生将自编自演的课本剧展示在舞台上,主人公经学生们解读之后又加之自己独特的领会和感悟,以独到的艺术表现方法展示出来,从而完成了表演者对人物形象的再塑造。例如课本剧《触龙说赵太后》中"赵太后"生气时说的"老妇必唾其面",这个细节性的语言充分表现了赵太后对让长安君到齐国做人质这件事的抵触。表演时学生形象逼真地展现了她的内心活动,将一个顽固的老太太呈现在同学们面前,这便是表演者的创举,是艺术的再创造。

(五) 迁移

这是教学成果的验收阶段,也是教师引导学生借题发挥、迁移运用的阶段。教师可以采取分层教学的方法,根据学生的不同水平布置作业。有相当文学素养和理论水平,对语言文字驾驭能力高的同学,可以试着对编、导、演的课本剧写写剧评;中等水平的同学可以对剧中的某个人物作分析;水平欠佳的可就编、导、演整个流程中的某一点或某一方面写心得体会。仁者见仁,智者见智。这样,每个学生都有所启发,有所收获,并且整个教学也成为一个听、说、读、写相得益彰的过程。

做上学

1. 班级分工协作大行动:分头行动,查找资料,收集并整理课外阅读、课外写作、课外口语交际的技巧与方法,后编辑成册,为以后的实习和工作做好准备。

2. 自选一篇初中或高中课文(比如《孔乙己》或《雷雨》),同学之间展开合作,将其改编成课本剧,并分角色饰演,后把体会写下来,进行交流。

本 章 小 结

课外活动将语文学习推向课外,推向生活,它创生了丰富多彩的内容和生动活泼的形式。课外语文学习活动能满足学生个人的兴趣爱好,有利于提高学习语文的主动性、积极性,推动语文教学改革。课外语文活动为语文实践提供了广阔的空间和优越的条件,学生通过课外阅读、课外写作与课外口语交际,经过专题研究、社会调查及各种体验式课外活动,在真实的语文生活情境中运用语文,可以提高包括语文能力在内的社会交往能力、组织能力等综合素质。

资源链接:

1. 《语文活动式教学课例研究》,"语文活动式教学"课题组编写,语文出版社2010年版。
2. 闽派特色教育研究所网站(http://www.mpjyyjs.com),福建教育学院创办主办。

第十章

参加教研活动

> **学习目标**
> - 了解语文教研活动的组织机构及特点,了解说课、观课、评课的内容和要求。
> - 熟悉语文教研活动的内容和形式。
> - 掌握说课、观课、评课的步骤和方法。

语文教研活动是为解决语文教学中的问题而共同进行研究的活动,它为语文教师提供了一个相互交流、学习借鉴的平台。语文教师教学水平的提高,离不开语文教研活动;语文教学的生机与活力存在于语文教研活动之中。积极参加语文教研活动,既是语文教师的本职工作,又是专业发展的必由之路,它对于保证语文课的教学质量,提高教学科研水平具有重要意义。本章将着重介绍语文教研活动、说课、观课和评课等内容。

第一节 语文教研活动

社会的发展促进教育的发展,也对教师提出了更高的要求,语文教研活动已成为语文教师工作的重要组成部分。

一、教研活动的组织机构

教研机构的设置是由教研机构的性质、任务、地位和职能作用决定的。从全国范围来看,各级教研机构隶属于教育行政部门,组织形式为教育局教研室,教研工作直接受教育行政部门的领导。

（一）各级教育行政部门下设中学教研室

国家教委《关于改进和加强教学研究室工作的若干意见》（教基〔1990〕013号）中指出："省、地（市）、县（区）各级教研室在职责上应明确职责，合理分工，各有侧重。具体职责划分，由省、自治区、直辖市教育行政部门确定。"原江苏省教委在《关于改进和加强教学研究室工作的若干意见》〔1990〕219号文件中也明确指出："要稳定和强化已经形成的省、市（地）、县（区）、校四级网络，做到统一思想、统一步调、分工协作、互相促进。"用四级贯通的工作网络保证国家教研机构和省级教研机构工作重点和工作计划的顺利完成。

省、市（地）、县（区）、校四级教研网络有着不同的工作职责，他们在各自的工作岗位上发挥着不同的职能作用。省级机构主要是按照原国家教委、原省教委工作计划和工作重点，制订本省区域工作年度（几年）或阶段性工作计划，负责指导全省的业务工作，并向原省教委、原国家教委汇报本省执行课程计划，教学、教改中主要成绩和主要存在的问题，为原国家教委、原省教委制定教学、教改指导性意见提供理论依据或实践结论的参考。

市（地）级教研室负责本市（地）的各类教研工作，行政上受本市教育行政部门的领导，业务上接受省级教研部门的指导，对本市（地）区域内的县（区）教研部门负有指导责任。

县（区）级教研室行政上接受本县（区）教育行政部门的领导，业务上接受省、市（地）级教研部门的指导。县（区）部门工作网络和工作立足点主要在学校，学科则依靠各校教研组开展工作。学校是教育教学的主阵地，又是上述三级部门工作的载体，行政上受本县（区）教育行政部门的领导，业务上接受上述部门的指导，由此构成省、市、县、校四级网络。

学校是四级网络构成中的基层单位。涉及贯彻教育方针、整体改革、培训教师等工作，由学校组织贯彻教育行政部门指令性意见，接受教研部门的业务指导。涉及学科领域的教研活动，则由学校具体组织教研活动或派人参加上级教研部门的教研活动，接受上级教研部门的业务指导，并把实施过程中的具体情况反馈给教育行政部门或教研部门。

（二）各学校设教研组或备课组

教研组、备课组是学校组织学科教学研究和教学业务管理的基层组织，是学校开展教学、教研、教改活动的基本单位。它们在学校工作中起着组织本学科进行教学研究、教学改革、教学业务管理的职能部门的作用。语文教研组一般由语文学科教师组成。人数较多的语文教研组，下设年级备课组。教研组、备课组教师在一起集体备课，互帮互学，互相观课、评课，进行工作经验交流，按计划开展形式多样、切实有效的教研活动(观摩课、研究课、教学讲座、语文竞赛),进行集体性的课题研究、教学实验活动,大胆创新改革,开拓语文学科教学特色、风格,不断提高课堂教学质量。

另外,新课程所倡导的学科综合化的基本理念要求各学科教师加强联系,增进了解,共同探讨相关问题,要求学校建立跨学科的综合性教研组,以改变"学科孤立"的状态。

信息栏 10-1

综合性教研组

建立跨学科的综合性教研组,实现课程内容的有机整合和教育观念、方式方法的融会贯通。教学的学科综合化联系的基本理念,要求各学科教师加强联系,增进了解,共同探讨相关问题。因此,学校建立跨学科的协作教研组,通过对各学科教材内容的共同分析研究,有机整合其他学科中的相关知识,利用、借鉴其他学科相关知识和教学方法,促进学生综合素质和能力的形成。教师在这个过程中开阔了视野,也会实现专业的增值。

【资料来源】刘滟霞著:《语文教研活动的常用形式》,《教育实践与研究》(中学版),2008年第4期。

二、语文教研活动的特点

教研活动,是学校有目的、有计划地组织教师按照一定的程序,对具体课题的教学实践进行研究的形式。通常情况下,"教研活动"这个词语中的教研,是教学研究的简称,是一种微观研究、实践研究,是学校教师经常进行的、对具体课题教学的研究。语文教研活动则是语文教育工作者参与的一系列有组织、有目的、有计划的语文教学研究活动。语文教育的发展与改革离不开广大语文教育工作者对教研活动的积极参与。语文教研活动的特点包括:

(一) 教师是活动的主体

传统的教学活动和研究活动是彼此分离的,教师的任务只是教学,教师大多处在被研究者地位,研究被认为是专家们的"专利",教师参与教学研究,只能处在辅助的地位,配合专家、学者进行实验。如今的教研活动,尤其是语文校本教研的开展,要求教师从一个单纯的教书匠转变为一个自觉的研究者、主动的实践者、严肃的反思者,使日常教学工作和教学研究、教师专业成长融为一体,形成在研究状态下工作的生活方式。教师应做到教学、科研并举,积极进行教学论文撰写和课题研究,真正做到教研合一,让理论服务于教学实践。

语文教师要把自己的教学行为作为研究的对象,研究自己的教学观念和实践,反思自己的教学行为、教学效果,不断更新教学理念,提升教学水平。这是研究向学校回归、向教师回归、向教学实践回归,也是当今世界教学研究的共同趋势。

(二) 学校是活动的主阵地

学校是教研活动的主阵地,学校为教师科研的群体反思、集体探究和个人实践提供了平台和机会。教研活动是基于学校、以学校为单位进行的,尤其是校本教研,教学研究的重心下移到学校,是一种学校层面上的"基于学校""为了学校""在学校中"的教育教学实践研究活动。"基于学校",意从学校的实际出发,所组织的各种培训、所展开的各类研究,都考虑学校的实际,挖掘学校所存在的种种潜力,将学校资源更充分地利用起来,让学校的生命活力释放得更彻底。"为了学校",意指要以改进学校实践、解决学校所面临的问题为指向。"在学校中",即教师要置身教育教学之中,参与学校发展与改革问题的研究,围绕学校自身问题所形成的各种解决方案要由学校校长、教师共同探讨、分析,由学校中人来解决。近年来,许多学校正在充分利用校本资源,从学校出发,开发出有声有色、多姿多彩的语文校本课程。

(三) 教研机构及大学是活动的支持系统

学校教研活动要想得到理论提升,取得比较理想的效果,获得教研机构和大学的支持与帮助是一个关键因素。教研机构的研究人员和大学学者、专家是教研的先行者,相对于一线教师而言,他们专攻教育理论,专门研究课程与教学,具有系统的教育理论素养,并且,经常处于信息交流中,熟悉课程和国内国际教育的发展趋势,在信息和资源方面具有优势。尤其值得注意的是,中学语文教师实现专业化发展,需要大学文化的参与,需要走进学术前沿,寻觅创造、发展的新支点。对中学语文教师而言,建立大学与中学的合作关系,在资深教育专家的指导下,进行教学和研修,为自身专业的成长提供了可能。可以说,在当今的学习化社会,要使教师在不脱岗的情况下整体提高反思能力,成为研究型的教师,建立中学与大学的合作制度是有效途径之一。

三、语文教研活动的内容和形式

(一) 语文教研活动的主要内容

1. 组织学习,交流信息

当前,语文教育改革步伐较快,因此,学校、教育主管部门要经常性地组织教师参加进修学习、业务培训,提高教师的理论水平与教育教学能力。广大语文教师要树立终身学习的理念,把学习作为自己专业发展的重要途径。一方面加强理论学习,学习本专业及其相关知识,学习先进的教学思想、方法和手段;另一方面,学习身边教师的先进经验。通过学习,不断充实自己,转变教育教学观念,为反思提供理论基础。理论的指导是促进教师专业提高有效的保证,理论学习要有计划、有形式、有时间保证、有检查落实和效果,要更加指向实践中发生的真实问题。

2. 组织集体备课,帮带年轻教师

伴随着语文教学改革的深入发展,传统的封闭式的个人备课形式已难以满足教学的需要,集体备课的形式已逐渐成为当前备课的发展趋势,成为教研活动的重要形式。集体备课一般按照这样的流程进行:个人初备—集体研讨—完善整理—预案补改—实施反思。具体做法是:事先把备课的内容通知备课组成员,要求大家自备,写出发言稿。由主备人作重点发言,备课组其他教师参与讨论,围绕主题,从如何处理教材、设计教学过程、提高课堂教学的有效性等方面各抒己见。通过集体研讨,优化教学方案。在集体研讨的基础上由备课组组长和主备课人将组里提出的问题进行汇集和筛选,在达成共识的基础上进一步整理、完善,形成规范的教学设计预案。预案补改主要体现教师的个性化教学。备课组成员在主备课人教学设计的基础上根据自己的教学风格、学生的实际情况以及自己对教材的独特处理方式等进行修改使用。最后就是组织反思,获得提升。

集体备课提供了一个互相交流和学习的空间,大家团结在一起出谋划策,打磨课堂,取长补短,群体共进,反思明辨,培养了教育机智,提高了个人备课的水平和质量。集体备课中,老教师耐心指导年轻教师,年轻教师虚心向老教师请教,能学到许多在书本上难于获得的宝贵财富,并加速自己的专业成长。

3. 组织教学检查,实施教学评价

教学检查是指依据一定的教学管理目标与教学规范要求,对具体的教学情况和教学效果进行相应的考察,鉴定和评价其教学目标的实现情况,以便采取相应的措施改进教学、进行教学质量监控的管理活动。教学检查一般分为期初、期中、期末三次,不同时期教学检查的目的、内容、形式、手段都应有所不同。学校要根据办学特点、专业要求、教学实际制定切实可行的检查方案。教学检查方案应包括检查目的、检查时间、检查内容、检查形式、检查结果五方面内容。

教学检查中,应客观进行教学评价。教学评价可采取定量与定性相结合的方式,由教务处根据检查中的各项内容制定出量化考核标准,对各项内容的不同评价等级作出明确要求,检查人员根据量化考核标准对所查项目进行等级划分。制定量化标准的目的不是对教学检查内容的教条化与格式化,而是统一评价指标,提高检查结果可信度,避免主观臆断、随意打分。

4. 组织师资培训,选拔优秀教师

语文教师培训是加强教师队伍建设的重要环节,是推进素质教育、促进教育公平、提高教育质量的重要保证。各地教育行政部门、各级各类学校要高度重视教师培训工作,做到认识到位、政策到位、管理到位,将教师培训纳入地方教育发展整体规划,统筹安排,优先保证。要以"统筹规划、改革创新、按需施训、注重实效"为原则,有目的、有计划地对教师进行分类、分层、分岗培训。应当按照基础教育改革发展的要求,遵循教师成长规律,着力抓好新任教师岗前培训、在职教师岗位培训和骨干教师研修提高等几种类型的培训,坚持全员培训与骨干研修相结合、远程培训与集中培训相结合、脱产进修与校本研修相结合、非学历培训与学历提升相结合,促进教学名师的培养,全面提升中学语文教师队伍的整体素质和专业化水平。比如,近年来,江苏省与南京市均组织了各级各类语文教师培训活动,包括省级农村骨干教师培训班、"市优青"语文培训班、市级高中教师网络培训班、市级"学带"与"特后"班等等。

(二)语文教研活动的主要形式

语文教研活动就其组织形式而言,大致可分为两类:

1. 个体行为方式的教研活动

这是语文教师个体层面的自主研究。教师的专业发展带有明显的个人特征,它不是一个把现成的某种教育知识或理论学会之后应用于教育实践的简单过程,而是蕴含了教师将一般理论个性化并与个人的情感、知识、观念、价值、应用场景相融合的过程。如何融合?这就要靠教师自主的研究,需选择那些对课堂专业生活有影响的"关键事件"进行研究和反思。教学中的"关键事件"是指教师个人在教学活动中所面临的重要事件,教师要围绕该事件,对可能导致自己特定发展方向的某种特定行为作出关键性决策。教师在反思关键事件的过程中可以实现自我超越。比如21世纪以来,许多教师都在学习余映潮,都在思考主问题的设计,思考板块教学法的实际运用,并在学习过程中提高自己的语文教学效益。

2. 集体行为方式的教研活动

集体行为方式的教研活动包括本校教师的集体教研、教研员与学校教师合作的集体教研、中学教师和大学专业研究者合作的集体教研。

由本校教师开展的集体教研是学校组织层面上进行的研究活动,它可以由单个语文教研组或备课组自身组织,也可以由教师自发组织,这是本校教师在教研方面的交往、互助与合作,其基本形式可以是对话,也可以是合作。目前许多学校都在推行校本教研,这种教研形式就属于本校教师开展的集体教研。

教研员与学校教师合作的集体教研是语文教研员和学校教师共同参与的教学研究。为适应形势，教学研究机制要建立教研员与学校合作的校本教研共同体。教研员要发挥民主合作的精神，将教师视为共同参与研究的平等主体，与教师双向、平等地互动、交流、探讨，并且抓住适当的时机对教师进行专业引领。学校和教师应当成为研究的主力，教师不能让教研员完全从事教学研究，自己却变得可有可无。目前，各级语文教研员由于工作精力有限，再加上浓郁的应试氛围，专门扎根于某些学校进行语文教学集体研究的尚不多见。

语文教师与大学专业研究者合作的集体教研是中学与大学的一种合作方式，这种方式既能提高实践教师的理论水平，又能提高专业研究者的实践意识，双方互相汲取营养。大学的专业研究者与语文教师合作开展校本教学研究，可以是全面合作，建立长期的合作关系，也可以就某一个课题进行合作。中学可以组织聘请专业研究者偶尔就某一问题进行具体指导，其具体形式有学术专题报告、理论学习辅导讲座、教学现场指导以及教学专业咨询等。近年来，许多中学与知名师范院校进行合作，聘请语文课程教学论专家走进中学，进行类似于"有效性课堂教学"的研究，就是这种类型的教研形式。

第二节　说　　课

说课是在观课评课活动中逐步发展形成的一种新型的教学研究模式。作为一种教学、教研改革的手段，说课是深化教育改革，探讨教学方法，提高教育教学业务水平，培养造就研究型、学者型教师的重要途径。

一、说课及其常见类型

信息栏 10-2

"说课"的来历

1987年，河南省新乡市红旗区教研室的人员，结合中小学教学研究的实际情况，为解决"教"和"研"的严重脱节问题，提出了"说课"这项科研课题，用以大面积提高教师素质。说课，是教师面对着假想的学生，在认真备课的基础上，用形象的语言描述如何完成某一部分教学内容并阐述其理由的一种活动。说课提出之后被广大教育界人士认可，得到很多教育专家的肯定。

著名比较教育专家钟启泉教授评价说:"说课是应用研究、中国模式。"
【资料来源】 程全、樊宇著:《说课:培养师范生教学能力和专业素养的有效方法》,《周口师范学院学报》,2011年第5期。

所谓说课,是指以教育教学理论和教材为依据,针对所授课的具体特点,由说课教师向其他教师或教研人员口头表述该课题的教学目标、教学内容、教学方法、教学程序及理论依据。说课既可以展现教师在备课中的思维过程,又可以显示教师对课程标准、教材及学生的掌握水平,还可以考察教师运用有关教育理论、教学原则分析处理教材,指导教学设计,优化课堂教学的能力。说课是备课和讲课之间的一种简单易行且具有较强参与性和合作性的教研活动,适用于包括语文课程在内的不同课程。

因为每次说课的目的不同,说课的类型也有所不同。语文的说课,若按其目的、要求分类,可分为以下三类:

(一) 研究型说课

这种类型的说课,一般以教研组或备课组为单位,常常以集体备课的形式,先由一位教师事先准备好说课稿,说课后大家共同评议修改,变个人智慧为集体智慧。这种说课可以每周组织一次,组里的教师可以轮流说课。

研究型说课是对说课本身进行探索性研讨的说课,其目的是为了改进说课中存在的问题,帮助教师进一步认识和掌握说课的规律及方法,以期不断提高说课的水平和质量。此种类型的说课,一般可按下列程序进行:确定该次说课所要研讨解决的主要课题(如怎样说教材、怎样说学法等)—选择统一的教材—指定专人或有关人员各自写出说课稿—由指定的对象说课或各人各自进行说课—剖析、讨论、总结。

(二) 反思型说课

反思型说课是一种课后说课,是教师按照既定的教学设计进行上课,在课后向所有观课教师或教学研究人员阐述自己教学得失的一种说课形式,是建立在教师个体教学活动基础上的一种集体反思与研讨活动。

反思性说课不同于课前说课,课前说课多为预设性说课,重在说预设课堂中可能出现什么问题,如何去解决。而反思性说课,重在上课的基础上,说一下通过实践后,这样做的效果如何,成败在哪里,怎样改进,也就是把预设与产生的效果结合起来分析,是按照"教得怎样? 为什么会这样? 如何改进"的思路展开,侧重于从实践效果的角度分析认识。反思性说课注重的是课的研讨过程,在说课中要说出课的主要部分的改动及改动原因,要把自己的思想变化呈现给大家。

(三) 筛选型说课

这种形式的说课带有选拔、竞赛性质,多用于教师招聘或教师技能竞赛活动。这种说课,通常要求说课教师按指定的教材,在规定时间内自己完成说课稿,然后登台演讲,最后由评委进行评价,挑选出优秀人员。评委一般是语文学科的教研人员和专家。这种类型的说课,有时除了说课外,还要上课,或者把说课与交流有关教学经验结合起来。

二、说课的基本内容与要求

案例 10-1

《大自然的语言》说课稿(第一课时)[①]

一、说教材

1. 说教材的地位、作用

《大自然的语言》是 2017 年教育部审定人教版义务教育教科书,语文八年级下册第二单元的第一篇课文。本课是一篇教读课文,也是学生在 7—9 年级学习的第一篇事理类说明文。对本单元另外三篇事理类说明文的学习具有指导性。作者在介绍物候学这门学科时,善于多方联系,运用众多的事例来展现物候学的研究对象和基本方法。本篇课文教学设计用 2 个课时完成,下面对第一课时说课。

2. 说教学目标的确定

(1) 积累生动、典雅的词语,了解作者说明语言特点;了解关于物候的知识,把握研究物候学对农业生产的重要意义;从课文中自主筛选信息,提高概括能力,理解文章阐述的道理;把握文章基本结构和主要内容的基础上,体会文章的说明顺序。

(2) 笔记标注提取的主要信息,理清说明顺序;阅读对自然现象说明的语段,批注勾画课文内容,欣赏作者说明语言生动、典雅的特点;阅读语段,思考并体会课文说明事理的严密性。

(3) 学习竺可桢的爱国情怀和求真严谨的科学精神;丰富学生的物候知识,

---

① 王艳:《〈大自然的语言〉(第一课时)说课稿》,天津电子出版社,2019。

激发质疑探索的志趣;从文本中感悟作者对我国古代人民的赞美之情。

3. 说教材的编写思路、结构特点

文章先从自然现象入手,提出物候和物候学的概念,继而说明其对农业生产的意义,再说明决定物候的因素,最后指出物候学研究的重要价值,暗含着呼吁大家重视物候研究的意图。课文四个部分的逻辑顺序,符合人们由浅入深认识事物的规律,也易于读者理解把握文章内容。

4. 说教学的重点难点确立及处理:

(1) 重点:从"现象与理论"的联系角度来学习自主筛选信息,理解文章所阐述的事理。体会本文说明语言的两个不同特点。

教学重点的处理:引导学生自主筛选文章的主要信息,次要信息,这些信息有助于我们更好地理解现象与理论之间的联系。理解物候和物候学的概念。通过朗读教学体会作者说明语言的生动性和准确性。

(2) 难点:初步感知事理说明文说明"事理"这一基本特点。

教学难点的处理:通过梳理文章内容,自主归纳分析课文的说明内容,教师点拨,体会课文说明的事理。

二、说学情

1. 说学生的知识经验:学生在八年级上册的第四单元,已经学习了事物说明文,对说明文的文体知识有一定的积累。

2. 说学生的技能态度:初读这篇课文,学生可能会感到知识纷至沓来,还有科学术语,难以应付。考虑八年级的学生思维发展阶段特点,有一定的学习难度。

3. 说学生的特点风格:本学段的学生自主学习能力较弱。学生的朗读能力发展较好。

三、说教法与手段

1. 说教法:运用朗读赏析法;默读批注法;研读探究法等。

设计依据:通过多种阅读方式,反复地阅读,批注赏析语段,感受说明语言的特点。教师要给时间让学生自己多次阅读,用合作学习的方式提取概括文章的信息。引导自主学习,批注赏析说明语言的特点。

2. 说教学手段:运用课件及板书。

设计依据:多媒体辅助教学,创设朗读情境;板书演示文章的内容结构。以上教学手段的运用,帮助学生把握文章的内容,理解要说明的事理。

四、说教学过程(略)

五、说教学效果的预测

1. 通过本课时学习,能够把握事理类说明文的阅读方法。

2. 通过朗读，比较不同语段，体会说明语言的两个不同特点。

3. 本课涉及地理学、生物学、气象学等科的知识，跨学科学习，激发学生的学习兴趣。

六、说板书设计

大自然的语言

竺可桢

说明对象
↓ ↘ 物候观测对农业生产的意义
自然现象→ 物候 ← 决定物候现象来临的四个因素
↑
物候学←物候学研究的意义←呼吁人们重视物候学研究

设计意图：板书内容是在学生提取课文主要信息时，教师在黑板上按内容概括的先后顺序逐步概要写出，作者的写作意图在课堂小结时写出。板书内容体现了课文文本的知识结构及主旨。

（一）说课的基本内容

语文说课究竟要说些什么？这是所有说课教师最为关心的问题。说课的内容非常丰富，但基本包括以下五个方面：

1. 说教材

说教材是语文说课最基本的内容，即说"教什么，学什么"的问题。其包含的内容有：

（1）说教材的主要内容、地位和作用

即说出所授课题的题材类别、主要内容、在教材体系中的地位及其背景材料，说清本教学内容对学生语文素养的提高有什么重要作用，对学生将来的学习会产生什么样的影响等。

（2）说课程标准对该课题的特殊要求

课程标准是教学的依据，也是说课的依托。因此，说课必须说明课程标准对这类课题的教学要求，以及该课题如何体现课程标准的要求。

（3）说教学目标、重点、难点

教学目标是教学的出发点和归宿，也是检查教学效果的标准和尺度，要求说得正确、具体。正确是指要依据新课标及教材的要求来说，要结合课题在教材体系中所占的位置来说；具体是指在知识和能力、过程和方法、情感态度和价值观等方面，明确规定出具体指标，便于在教学实践中实施和课后检查，切忌把教学目标说得空洞抽象。还要依据教学目标说清本课题的教学重点是什么,根据学生的实际情况说清教学难点是什么,以及怎样突出重点,突破难点。具体的重点难点可以在目标中选择,也可另外确定。

(4)说自己对教材的灵活处理和独到见解

即说清对教材的灵活处理,也就是说清对教材所作的删减、增加、修改、顺序的调整及重点的选择,并且说清这样处理的依据,此为说教材的重点。说课要说出如何依据教学目标要求、教材特点和学生实际水平,确定哪些内容需要概括,哪些内容需要解释发挥,哪里该详,哪里该略,以及这样处理的理由等。教材处理巧妙得当,就等于成功了一半。

2. 说课型设计

语文课型一般分为三种:阅读课、作文课、口语交际课。其中,阅读课又分为讲读课、自读课。说课时可以根据文章特点和学生实际情况,说出自己的课型设计。

3. 说教学方法

说教学方法涉及教法的选择和学法的指导,包括技能训练和习惯培养。

(1)说教法

语文说课要明确说明本课题准备选用什么样的教学方法以及选用这些教学方法的理论依据。选择教法应该做到"一法为主,多法配合"。还要说清教具及其他辅助手段的使用目的和所起的作用,说清通过什么方式,提出哪些促进学生积极思维的问题,学生可能有什么样的思维结果,教师采取哪些应对措施等。

(2)说学法

语文说课除了要说清教师的教法外,还要明确说出在教学过程中侧重指导学生应掌握的学习方法,说出根据学生的年龄特点和认知规律,为保证学生进行有效、有趣地学习所创设的教学环境、气氛和条件等,以确保学生动脑、动手、动口。

教法与学法有着密不可分的辩证关系,教为学服务,教法由学法决定,亦即陶行知先生所说的"教的法子要根据学的法子"。因此,说教法和说学法要紧密结合,不应孤立地说教法和学法。但具体说课时,二者可分先后说,也可合在一起说。

4. 说教学程序

一般的教学程序如下:

(1)导入

导入是一节课的开始。一个好的导入对整堂课来说是成功的一半,可以激发学生的学习兴趣,使接下来的教学程序能够顺利进行。教师可以根据教材的特点、学生的实际状况以及教学环境来设计自己的导入。导入的类型也是多样化的,可以用一两句话导入,也可以通过一个相关事件或故事导入,或者可以用多媒体课件导入。但要注意,导入设计不能过于烦琐、花哨,不要浪费正常教学时间,影响教学任务的完成。

(2) 切入

切入就是选择从哪里开讲。这个开讲点就是一个切口,它并不固定在某一处,而是由教师艺术性的选取和设计。它通常是一篇课文或课题的关键或细节,能够牵一发而动全身。说课时一般可以考虑从标题、背景、细节、关键、插图等几个方面选择一个合适的切口。

(3) 教学进程

教学进程就是如何具体实施自己的教学设想。说教学进程就是要以语文教学论中关于教学组织形式和教学环节等方面的科学理论为依据,阐明课堂教学过程中各步骤的安排及依据,具体来说就是要说清教学程序的总体框架及各环节所担负的任务、所采用的方法、所需要的时间等,特别要说清突出教学重点、突破教学难点的教学步骤以及学情依据。有的语文说课者还会说明本课题的教学类型、课堂教学模式及依据。

5. 说板书及作业设计

这属于教学程序的组成部分和重要内容,可以融合在"教学程序"中说,必要时也可以列出来单独说。

(1) 说板书设计

要说清板书设计的构思及其与教学内容的逻辑关系。比如说,是利用多媒体演示板书还是使用黑板出示板书,何时板书,如何使用彩色粉笔,设计什么样的主板书,主板书配以什么样的副板书,如何将讲课内容系统而有重点地分条列出来,等等。当然,独具特色或是艺术性强的板书设计才值得去说,平淡无奇的板书则可以略去不说。

(2) 说作业设计

作业是巩固知识、形成技能的重要手段,也是反馈和检验教师教学效果的重要方式。一份好的作业设计可以充分体现教师教学的创造性。

如果教师根据教学需要自行设计作业,那么说课时可对作业内容、设计目的、作业作用以及怎样处理等等予以详细说明。如果是课前说课,说清以上五个方面就可以了,如果是课后说课,往往还要说说另一项内容——效果。

联系案例 10-1 来看,王艳老师说课的思路非常清晰:说教材(包括教材的地位及作用、教学目标、教材编写思路及结构特点、教学重难点的确立及处理)—说学情—说教法与手段—说教学过程—说教学效果的预测—说板书设计。教者遵循单元教学和单篇教学目标,引导学生自主归纳分析文章的说明内容,体会文章说明的事理,既把握了事理说明文的特点,又调动了学生的探究热情,自然能带来不错的教学效果。

(二) 说课的要求

以上是说课的主要内容,此外,说课还应达到以下几点要求:

1. 具有创新意识和个性特点

说课者应勇于实践,不断进取,敢于创新。虽然教学有法,但不应拘泥成法。说课要因时、地、人的不同,创造出有效、实用、有特色的说课方式来,切忌一成不变地照搬他人,人云亦云。根据教学情况的不同,对教材宏观的整体把握及微观处理上应有所不同。

2. 具有可操作性

说课是为了提高语文课堂教学效率、优化课堂教学而"说",是对教学活动的思想、过程、方法、手段的根本指导。因此,如果一节课,认识透彻,设计新颖,但脱离学生的实际,"说"的内容不能在教学过程中实行,那么,这样的说课将失去任何意义。

3. 具有预见性

说课过程中,说课者把抽象的教学设想形象化、直观化、具体化,并努力把它放进具体授课中去印证。这样可以促使说课者对具体实施中可能出现的种种情况作大略的预测。要尽可能预见到可能出现的有利或不利因素,预见到教学中可能发生的问题,预先想到相应的对策,作几种不同的设想,以便在课堂上能因势利导,随机应变。

第三节　观课与评课

观课、评课是教研活动的重要形式,是教师应具备的教学技能。观课、评课过程是教师在互动中获取经验、自我提高的过程,是教师进行教学诊断、研究课堂教学、互相激励发展、提高业务能力、不断反思,并在不断总结中走上专业化成长道路的有效途径。

一、观课

> **信息栏 10-3**
>
> ### 观课与听课
>
> "观课"与"听课"比较,"听"指向声音,"听"的对象是师生在教学活动中的有声语言往来,是为了认识真实的课堂,听课者往往坐在后面。而"观"不仅要用耳朵听,更强调用多种感官(包括一定的观察工具)收集课堂信息,因为在多种感官中,"眼睛是心灵的窗户",透过眼睛的观察,除了语言和行动,课堂的情境与故事、师生的状态与精神都将成为感受的对象。更重要的是,"观课"追求用心灵感受课堂,体悟课堂,从大处看,从关键看,而不拘泥于偶然个别现象。
>
> 【资料来源】陈大伟著:《怎样观课议课》,四川教育出版社 2006 年版,第 13 页。

在传统的课例研究中,"听课"是最常见的一种研究方式。随着教育教学的发展,人们开始提出了"观课"这一概念,因为相对于单纯的"听"课,课堂"观"察所蕴涵的意义更为深刻。"观课"和"听课"虽然只有一字之差,但它体现了课例研究观的根本性转变。"观课"是对一堂课所生成的教学现象及规律的观察和研究,其目的在于积累经验,捕捉优秀的教学案例,发掘有效的教学方式方法,从而促进教学质量的不断提高。

观课是语文教师日常教学工作中经常进行的一项教研活动,不论是有工作经验的教师还是刚毕业的师范生,都会有许多观课机会。观课虽然不需要像上课那样精心策划,却也不是件容易的事。若要真正地从观课中汲取营养,发现别人的优点和不足,反思自己的教学,则要从几个方面下功夫:

(一) 明确观课目的

无论是观何种类型的课,在观课前都应确定具体的目的,否则,就可能得不到有效、真实的观课信息。

每次观课都要有明确的主旨,有了明确的主旨,观课就目的明确,就有了比较集中的关注点。从课型上来说,诸如:

实习课——关注教师的基本素养、教学常规

研讨课——关注问题价值、问题的思考和解决

示范课——关注课堂教学的示范引领作用

检查课——关注课堂教学的态度、常规环节、效果

评优课——关注课堂教学是否达到了最优化的效果

从具体研究的问题来看,各种观课活动都会有不同的侧重点、不同的主题,如阅读教学中如何解决费时低效的问题,如何进行长文短教、浅文深教等等,作文教学中如何让学生把话写具体、写生动等等。

(二) 做好观课前的准备

要想观课取得成功,必须做好一系列的准备工作,主要有:

1. 熟悉教材内容

学生在上课前要预习课文,同样,教师在观课前也应了解教材,并认真思考上课的内容,想想哪些是重点,哪些是难点,以便观课时有的放矢,重点突出,观课后取长补短,比较提高。

2. 了解教师情况

不管是否要打分,每一位观课者都在不自觉地对上课者进行高低评判,而在评判中给上课者定位的高低则往往直接影响着评判的标准。同一位执教者,因其是新教师或是老教师,评判的标准则会大相径庭,因为心理定式往往会影响分析判断的正确性,很有必要在事先了解一下教师的文化程度、教龄年限、所任职务、教学风格等。

3. 了解学生情况

深入地掌握学生情况,也能在很大程度上防止评判的失误,要清楚班级的类型、特点、水平、学生对教材的了解程度、预习状况。某些内容倒过去上与顺过来教,学生的接受情况同样也是有区别的;来自农村中学的与来自城镇学校的学生,学习习惯自然也有差异。

(三) 做好观课中的观察与记录

观课时,要根据不同的目的和要求,有所侧重地将观、听、记、思的内容有机、灵活地结合起来,做好观课中的观察与记录。如教师讲授和学生发言时,就要以听为主,兼顾观察;教师在板书和学生在演练时,就应以看为主,兼顾其他;学生在练习时,就应以思考为主等。

观课中首先应认真观察师生双方的课堂行为,具体包括:

1. 学生学习状态的观察

观察学生的表情和情绪、课堂准备、板演及完成课堂作业情况等。学生在课堂上做些什么?从事什么学习任务,投入的程度和成功的程度如何?学生对学习投入的时间是多少?在其他方面投入的时间是多少?学生怎样回答问题、提出问

题、讨论问题？学习能力超常的和学习能力不适的学生的表现如何？学生怎样在小组中学习，他们从事哪种任务，谁来决定，是否相互协作？

2. 教师教学状态的观察

观察教师上课的教态、教具和教学手段、时间分配、教学板书等。教师是怎样创设情境的？是怎样组织教学的？怎样引入新课，怎样结束新课，布置作业，怎样启发引导学生？教师的评价行为怎样？结果怎样？教师采取了什么样的策略？运用了哪些课程资源？

3. 师生交往情况的观察

课堂上发生了哪种互动？课堂决策如何进行？是由教师决策，学生决策，还是由双方进行决策？在小组学习时，教师是怎样与各组保持联系的？

观课中另外一项重要任务就是及时做好观课记录。俗话说，好记性不如烂笔头，观课时所观、所听和所想都是要记录的主要内容。第一，要记录观课的执教者、班级、日期、节次、课题；第二，要记录教学的主要过程，包括教学目标的达成、教学的环节、课堂结构设计、教法和教学手段的选择、教学重难点的处理方法及效果、教师的重点提问、师生双向活动、时间安排、板书要点、教学中的失误等；第三，要记录本节课在教学思想、情感渗透、教学内容处理、教学方法改革等方面值得思考的要点；第四，要记录学生在课堂上的活动情况、典型发言、学习状态等；第五，要记录对这堂课的简要分析、自己的感悟、不同意见、欣赏之处等。

（四）做好观课后的整理与反思

观课后，观察者和被观察者需要对课堂观察采集的信息，进行回顾、整理，得出有效的数据，总结感受或体会，反思自己的教学行为，在进行理性分析的基础上，归纳、总结出一些做法，提出一些改进的意见和要求等，作为今后教学改进的参照，形成"观察—反思—改进"的活动链条，促使这种课例研究方式更好地促进教师自我的专业发展。

观后反思包括教学观念、教学行为、教学效果的反思等。教学观念的反思是运用新的教育教学理论来反思和检验已有观念的合理性和局限性，对原有的教学理念进行质疑，挖掘隐藏在教学行为背后的理念方面的种种问题。教学行为的反思是对自己的教学实践进行理性思考，不仅对教学观念、动机水平、情绪状态等心理因素进行反思，还从教师角色地位、教学知识内容、教学活动组织与开展过程、教学方法、教学材料等方面进行思考、质疑或评价教学的有效性，并自觉地根据反思的结果矫正教学中的不足之处。教学效果的反思是讲课后对教学成败和学生的学习效果进行反思，总结成功的经验，分析失败的原因，寻找解决的办法。教师需要反思是否达到预期目标,没有达到的话,分析原因,提供改进的方案;哪些地方与设计的教学过程不一样,学生提出了哪些没有想到的问题,为什么会提出这些问题;课中有哪些突发的灵感、印象最深的讨论、学生独特的想法;学生的潜能、个性、困难怎样,有哪些需要进一步思考和研讨的问题。

二、评课

评课是一项十分有研究价值的课改研究课题,也是一种具有艺术性的说服能力。科学化的评课对提高课堂教学质量、提升教师教育教学素养,进一步加强和深化课堂教学改革有着很强的现实意义。

(一) 评课及其功能

评课,顾名思义,指评课教师在随堂观课后对授课教师某堂课的教学行为和结果进行一系列评价的教学研究和交流活动。开展评课活动主要有以下四点作用:

1. 教学评价作用

教师教学水平高低,关键是看课堂教学,因为课堂教学是提高教学质量的主渠道,评课是评价教师教学的重要形式。课堂教学是教师教学水平高低的窗口,评课就是对教师课堂教学效果和教师教学素质的整体评价。

2. 教学激励作用

既然教学评课具有评价作用,故此,授课教师对于评课非常重视。如教师为准备好一节公开课,要经过长时间的准备,反复推敲教学内容,斟酌选择教学方法,有效地激励了教师认真钻研教材和教法。

3. 教学指导作用

教学评课具有有效的指导作用,教学评课少则几人,多则几百人,集中大家的智慧,围绕一堂课展开讨论,从教学内容到教学环节,从教师到学生,从教法到学法,涉猎面广而内容相对集中,讨论深刻,这对执教师必然有较好的指导和启迪作用。

4. 教学切磋作用

教学评课是一种汇集同行专家交流研究的教学研究形式,评课过程中各抒己见,互相交流,执教教师与评课教师、评课教师与评课教师之间共同切磋交流,探讨最佳教学方案,通过互相启发获得新知。

(二) 评课的内容与标准

在语文教研活动中,观课、评课的着力点应该放在"体现素质教育精神,转变教师教学行为和学生学习方式"为核心的教育理念上。评课应从传统的"以教评教"的方式中解放出来,把"评教"和"评学"结合起来,"以学评教",以"评学"为重点,实现由"评教"向"评学"的转变。不过由于评价理念与角度的不同,评价标准也各有差异。表格10-1为南京市鼓楼区原语文教研员孙和平老师设计的评课表,该表既突出学生的学,又突出教师的教,简洁明了,便于操作,具有一定的代表性。

表 10-1 语文课堂教学评课表

开课人　　　　开课时间　　年　月　日　午　节　　　　　　班级
课题

评价项目	具体要求	分值	优	良	中	得分	备注
教学内容和方法(40%)	教学目的明确,重点突出。	10分	10	8	6		
	教材处理新颖有创意。	10分	10	8	6		
	教学的量、度安排科学有序。	10分	10	8	6		
	方法有效,媒体使用得当。	10分	10	8	6		
学生活动和效果(40%)	学生读书、思考时间充分。	10分	10	8	6		
	全体学生参与。信息交流多向,师生思维共振,感情共鸣。	10分	10	8	6		
	学生的思维有深度,呈现出发展的趋向。	10分	10	8	6		
	课堂学习气氛浓,效果好。	10分	10	8	6		
教师仪态和基本功(20%)	教态亲切、自然。	6分	6	5	4		
	教学用普通话,语言流畅。	7分	7	5	4		
	板书设计美观,书写工整。	7分	7	5	4		
总体评价						总得分	
						评课人	

具体地讲,我们在评课时可以从以下两个方面进行评价:

1. 评教师教学行为

在课堂上,无论是学习状况,还是知识形态,都与教师的教学行为息息相关。依据教师课堂教学行为评定的指导思想,以及课堂教学的共性特征,一堂课教师教学行为的评定应突出以下几个方面:

(1) 评教学理念。看教师是否以学生的发展为本,既重视知识能力目标的落实,又重视过程和方法,以及情感、态度、价值观的培养;教者是否能把课堂的注意中心从自己的思想或教案转移到全班学生的思维上去,是否对每一个学生的发展负责,既注重面向全体学生,又兼顾学生的差异,做到因材施教,正确评价学生,激发学生的积极性;是否倡导教学民主,对学生尊重与信任,热情与宽容,激发学生的好奇心,赞赏学生的独特性与创造性,等等。

(2) 评教学过程。看教师的教学步骤是否清晰,是否明确一节课的教学主线,并且所设计的环节都围绕着这条教学主线来进行,是否能够随时关注到学生的变化,并能够随着学生的变化而调整教学策略,推进教学发展的过程,以及学生是否体验与默识教师的教学机智,并潜移默化地生成自己的见识。

(3) 评教师素质。看教师教学的基本功如何,是否专业知识扎实,有较强的学科基本功,有较深的解读教材的能力,能够较好地把握教材的风格特点,教学中无科学性错误;是否有较强的教学机智、课堂调控能力,灵活地处理课堂上出现的各种问题;是否能敏锐捕捉教学过程中的各种信息,灵活果断地采取恰当有效的策略与措施,管理学生的行为;是否教态自然,仪表端庄,举止大方,为人师表;是否语言规范准确,生动简练,语速、语调适当,思路清晰,表达流畅;是否板书简要,详略得当,布局合理,书写工整,字迹规范,板面新颖。

2. 评学生学习行为

任何课堂教学的效果都必须通过调控学生的学习状态实现。教师评课,可以从考查学生的学习行为方式的角度入手。具体而言,评学生学习行为的角度有:

(1) 评参与方式。看学习方式是否多样,如独立学习、集体讨论、小组学习、动手操作等。看合作学习的形式,看教师适时指导下生生之间的实质性交流情况;看探究活动的过程,即学生个体或小组积极探究、发现、交流的行动表现与过程。看学生的学习方式是否体现"学生是学习的主人,教师是学习的组织者、引导者与合作者"的理念。

(2) 评学习品质、效果。看学生是否善于倾听,理解他人的发言,并能及时抓住要点;学生是否具有较强的发现探索能力和创新生成能力等。看学生是否达成基础目标、综合能力发展目标和情感态度价值观目标,是否学会、会学、好学和善学等。

案例 10-2

钟东明对余映潮《假如生活欺骗了你》课堂教学的评点[①]

【总评】这是一节别出心裁、精巧优美的现代诗文教学示范课。老师亲切从容的教态、简洁精致的课堂评点、收放自如的教学艺术、活跃有序的课堂氛围无不

---

① 余映潮、钟东明:《〈假如生活欺骗了你〉课堂实录与评点》,《中学语文》2007年第1期。

给人以启发,给观课者留下难以磨灭的印象。简述如下:(1)明晰的板块思路,三个板块各有学习训练的侧重,又相互关联,整体推进,共同达成诗歌学习的总目标。在操作上,层次井然,每个层次进展一目了然。(2)教材把握深入精巧。一首家喻户晓的现代短诗,教学设计者都从不同角度挖掘出可供教与学的资源,每一个环节的进展总让人感到时有启发、别有洞天。教师精心着意又不见痕迹的自然引导,让人感受到语文教学引人入胜的魅力。(3)教师精妙的点评让课堂精彩毕现。学生的多次参与,教师从不单纯地作廉价的肯定和称赞,而是把少而精的点评化作与学生交流的一部分。时而巧妙地汇总,时而智慧地点拨,时而幽默地称许,时而自然地迁移,教师的评与学生的答成为不可分割的一个整体。(4)学生充分地活动。优秀的教师从不把课堂当作个人秀的场所,即便是大规模的示范课,余老师仍然把学生当作课堂的主角,本堂课学生阅读积极、活动充分、训练到位,必当学有所获。本次示范课让我们切实看到了一位优秀语文教学专家的教学功力和教学魅力。

联系案例10-2来看,在余映潮老师的这堂课上,学生阅读积极、活动充分、训练到位,必当学有所获。余老师指出,优秀的老师从不把课堂当作个人秀的场所,即便是大规模的示范课,余老师仍然把学生当作课堂的主角。案例10-2的总评从课的整体设计、教材的把握、课堂的点评、学生的活动等多方面展开,分析全面而重点突出。

(三)评课的方法与技巧

评课效果如何,是个方法和技巧问题。方法得当、巧妙,效果就好,否则,就会失去评课的意义,起不到应有的作用。在评课的方法技巧上应该注意:

1. 抓住主要矛盾

评课切忌面面俱到,平均用力,主次不分。无论是好的方面还是欠缺的方面,都应抓住主要矛盾,对主要问题要进行详细评析,多加分析,讲透道理,次要的点到为止,切忌在琐碎问题上吹毛求疵。观课时抓不住课堂教学中的要害问题,总是对教学中出现的偶发性错误或细小之处抓住不放,是一种舍本逐末的做法,不但不利于教师提高教学水平,反而会严重地伤害教师的自尊心。评课要因"课"而异,课的性质不同,评课的侧重点也不同。应根据上课教师探讨的目的和课型,基于观课的目的和要解决的主要问题进行评论。常规性的课,可抓住课堂教学的基本标准展开评课;专题研讨课,可把评课的侧重点放在所进行的专题研究方面;观摩课,则可把侧重点定在充分挖掘优点、欣赏评析方面。

2. 采用恰当形式

评课要根据其范围、规模、任务等不同情况,采用不同形式。对于检查评估性观课、指导帮助性观课、经验总结性观课应采用单独形式评课,即以观课者与执教者单独交换意见的形式进行。这种形式,灵活机动,可随时进行,并能中肯地研究解决在公开场合不易解决的问题。对于观摩示范性、经验推广性、研究探讨性的群体观课活动,应采用集体公开形式评课,通过集体讨论、评议,对所示课例进行分析评论,形成对课堂教学的共同评价,以达到推广经验的目的。

3. 坚持激励原则

任何形式的评课都必须坚持激励性原则,确定平等地位,采取对话方式,营造一种平等的学术氛围。评课者应把自己放在与执教者同等的位置上,以学术探讨、研究、商量的态度,进行民主、平等的交流和对话。要充分尊重授课者的劳动,先肯定成绩,再指出需要改进的方面,不可以用简单的二元对立是非观去评价教师的授课情况。对参与观课的其他教师,通过评课也要建立适当的激励机制,可使用这几种激励方法:目标激励,给教师提出一个教学研究的目标;榜样激励,为教师树立一个教学典型;信息激励,为教师提供教改信息。

4. 注意对象差异

评课要因"人"而异,注意执教者的年龄、性别、素养等差异。对新教师,要注重培养,持扶持态度,评课的侧重点放在常规教学的指导上;对骨干教师,应在充分挖掘优点的同时,全面深入地提出存在的问题,为其今后的发展指明方向,使他更加成熟起来。对性格谦逊的老师,可推心置腹、促膝谈心;对性格直爽的教师,可直截了当,从各个角度与其认真交流;对待性格固执的教师应谨慎提出意见。对素养好的教师,可提出新的目标,以求不断进取,形成个人的教学风格;对素养一般的教师,要注意鼓励、鞭策,使其充满信心,迎头赶上;对素养较差的教师,要诚恳地帮助他们认识到教学中的不足,促使他们苦练基本功,提高自身素质。

5. 讲究说话技巧

评课的语气要平和,避免用说教的口吻。对执教者存在的问题,评课者切忌冷嘲热讽,提法宜委婉含蓄。提出教学建议时,尽量使用商量的语气,这样的评课才容易使执教者和观课者都乐于接受。

做一学

1. 在明确说课的概念、内容、注意事项以及说课者素养的基础上,分组进行说课实践活动。同学之间可以对这些说课给出自己的评价,在共同讨论中提高自己的说课能力。

2. 观课、评课是实践性很强的语文教研活动,有条件的话,可以在学校老师的组织下去中学观课、评课,并形成自己的反思。

本 章 小 结

　　作为语文教师,对教研活动应该具有一份自觉、一种事业的追求。语文教师要熟悉新形势下教研活动的特点、功能、内容、形式和要求,有意识地追求和探索,学会运用教育科学理论指导教育实践活动,并在教育实践活动中,加深对教育科学理论的理解,提高运用能力。建立以说课、观课、评课为核心内容的教研活动机制,是深化课程改革,贯彻落实素质教育精神的基本要求,不仅有利于教师个人教学水平的提高,对加强教风和学风建设,培养优良的校园文化和学校品牌也有强大的促进作用。说课、观课、评课是教研活动的核心内容,是教育领导部门、教研部门与广大语文教师平等对话的窗口,是广大教师同伴互助、专业成长的有效途径,是广大教师面向未来、展示风采、涵泳理论的工作平台,也是语文教学工作的重要组成部分。

资源链接:

　　1.《用心做教研——一线教师最需要的教研策略》,王福强主编,吉林大学出版社 2010 年版。

　　2. 中学语文教学网站(http://www.zxywjxzz.cn),中学语文教学杂志社主办。

第十一章

规划专业发展

> **学习目标**
> - 了解语文教师的多元角色和语文教师的专业素养,明确语文教师专业发展的一般途径。
> - 明确语文教师教育科研的重要意义,能运用多种研究方法开展教育科研。
> - 明确校本课程的特点和要求,尝试开发语文校本课程。

规划并促进教师的专业发展不仅是现代教育发展的迫切需要,也是世界各国提高教育质量的共同战略,在我国 21 世纪的科教兴国战略中更是不可或缺的一环。由于语文教师专业的独特性和基础性,语文教师的专业发展又有着自身的特点。本章主要论述在规划和促进语文教师专业发展过程中,语文教师的角色定位、语文教育科研以及语文校本课程等问题。

第一节 明确专业发展目标

韩愈《师说》篇说:"师者,所以传道受业解惑也。"一般人往往认为,教师专业的职能就在于此。实际上,教师专业不等于就是教学专业。教师是以教育为专业,从事的是教育活动,而不仅仅是教学活动,教学只是教育活动的一部分,是实现教育目的的一种手段。教师是集众多角色于一身的特殊职业,其影响和作用主要体现在教师的人文素养、教育思想、学科水准、教学风格、人格特征、举止言行等多个方面。教师要明确教师专业的成长目标和自己的角色定位。随着社会的发展,语文教师的角色也在不断地更新和变化,新的时代呼唤新的角色。

一、认同教师专业角色

(一) 教师专业发展的内涵

20世纪80年代以来,教师专业发展成为教师专业化研究的方向和主题。教师专业发展指的是教师为了不断地追求自身专业的发展,主动学习、接受新知识,增长、更新专业能力的过程。教师只有通过不断地学习与探究来拓展其专业能力,提高专业水平,才会达到专业成熟的境界。

教师专业发展的一个基本内涵在于,教师是专业人员,承载着教育的根本意义和价值。传统观念认为,学者即良师,只要有知识有学问就可以做教师,而没有意识到一个合格的教师即使有知识有学问,还要有与教师职业相应的品格和技能,有对教育规律和儿童成长规律的深刻认识,有不断思考和改革教育工作的意识和能力,要在学生的成长中求发展。

教师专业能力是教师专业发展的一项重要内容。教师专业能力结构由德、能、体、心四要素组成。德,即师德;能,即专业效能,专业效能取决于教育专业素养、学科专业水准和人文素养;体,即身体素质;心,即心理素质。因此,教师专业能力结构由师德、教育专业素养、学科专业素养、人文素养、身心素质这五项一级指标构成。教师专业能力的高低取决于这五项素质指标的发展水平及其统整的效应。

信息栏11-1

教师专业化

1966年,国际劳工组织和联合国教科文组织首次将教师认定为一种职业。1987年成立的"美国国家专业教学标准委员会"还专门编制了《美国国家教师专业教学标准》。1998年,英国教育与就业部颁布了新的教师教育专业性认可标准"教师教育课程要求"。2001年启动的新课程改革,中国政府正式提出了教师专业化要求。教育部原部长袁贵仁指出:"教师专业化的基本含义是:第一,教师专业既包括学科专业性,也包括教育专业性;第二,国家有教师教育的专门机构、专门教育内容和措施;第三,国家有对教师资格和教师教育机构的认定制度和管理制度;第四,教师专业发展是一个持续不断的过程。"

【资料来源】 魏本亚著:《语文教育研究方法论》,高等教育出版社2008年版,第14页。

(二) 语文教师的多元角色

新时期的语文教师已经不是一个单一的角色,他(她)是个角色丛,承担着多重职能。

1. 学生学习的引导者

语文教师首先是学生语文学习的引导者。语文教学,主要弊病之一就在于教师传授得太多,知识与考点讲解得过多。事实上,教师讲过不等于学生学过,学生学过不等于学生学会,学生学会不等于学生会学,而"以学生发展为本"的理念要求我们的教学要达到"学生会学"的境界。因此,在课堂教学中,语文教师要切实改变传统的角色,引导学生进行各类活动,具体包括积累知识,感受形象,探求未知,训练智能,品味文字,质疑文本,调动想象,创造生活等等。教师不是知识的代言人,他(她)是指路人,指点着学生养成个性化的语文生活方式。因此从这个意义上讲,他(她)是高尚的引导者,是学生学习语文的精神牧师。

2. 学生学习的合作者

学会合作是教师的生存之道,更是教师的发展之道。师生之间的合作关系不只是知识传递的关系,它还是有着共同话题的对话关系。在师生对话过程中,教师不应再以僵硬的教条去限制学生,以教师的权威去压制课堂,而是把课堂看成师生有限生命的交融。当教师以民主的精神、开放的态度、合作的方式、宽松的环境进行课堂管理,使课堂教学真正成为激发学生的生命活力,促进学生心灵成长的土壤时,"课堂教学对他们而言,就不只是为学生成长所作的付出,不只是别人交付任务的完成,它同时也是自己生命价值的体现和自身发展的组成"。[①] 于是,学生便从与教师的合作中焕发了热情,激起了勇气,寻得了力量,他的漫长人生就有了一个良好的开端。语文课堂上,文本的细读,话语的品析,学法的汇兑,"微言"后的"大义",人物形象的感悟,经验的交流,均离不开师生之间的合作。一味搞单边的讲授,语文的生命与活力将荡然无存。

3. 学生发展的激励者

新课标评价理念要求语文教师从关注"人"的发展着眼,重视课程评价的教育发展功能,从而促进教师成为学生发展的激励者。语文教师对学生的评价不能同法官裁断那样超然于对象的情感之外,而应与之共同介入,以心灵拥抱心灵,以激情点燃激情。就情感取向而言,应以肯定和表扬为主,对于学生虽不成熟却经过自己大脑思索的独特判断,尤要珍视其中建设性和创新性的价值意蕴,摒弃求全责备;就语言运用而言,要多用寄寓真切期待的鼓励语,使学生为满足教师心灵期

[①] 叶澜主编《"新基础教育"探索性研究报告集》,上海三联书店,1999,第 226 页。

待而努力发挥出潜在的智慧和情感能量。从学生个体的成长过程着眼,既不忽视其当前在语文知识、能力乃至个性形成中的缺陷,更要关注其发展的潜力和可能的进步。众所周知,语文学习具有显著的内隐性特征,从对优质言语作品的鉴赏和玩味到对语感素质的积淀和言语能力的升华,需要极为漫长的心理同化和顺应过程,其细微的进步当需语文教师以博大的情怀去精心发现和呵护,并以对明天的信心去保护其成长所必备的和谐健康的氛围。

4. 语文教育的创新者

苏霍姆林斯基在《给教师的建议》中说过:"如果你想让教师的劳动能够给教师带来乐趣,使天天上课不至于变成一种单调乏味的义务,那你就应当引导每一位教师走上从事研究这条幸福的道路上来。"事实上,苏霍姆林斯基既是一位擅长管理的校长,也是一位善于反思的语文教师,更是一位以给他人带来快乐,最终实现自己快乐的教育家。身为语文教师,我们要向这位大师学习,善于发掘自身的创新潜能,包括诉诸文字,对我们教学工作的每个环节进行回望,总结利弊得失,不断超越自己。新课程的出现,使语文教育情境中的问题增多并变得复杂,"教师要成为教育的创新者"这一要求在新课程背景下尤为重要。

二、语文教师的专业素养

(一)以奉献精神为主体的高尚师德修养

语文教育是荟萃人文价值的教育,是蕴含民族精神的教育,更是叩击学生心灵的母语教育。在语文教育过程中,除了发展学生读写听说的能力,更有情感的熏陶、志趣的陶冶、审美的培育。所有的这一切均离不开教师的言传身教,离不开教师的人格影响,离不开教师的潜移默化。语文教师必须具有以奉献精神为主体的高尚师德修养,时刻树立"以学生为本"的现代教育理念,致力于使学生在各方面确有所得,努力促进学生的成长,方能体现语文教育的内在旨趣。

(二)更新知识结构,具备三个功底

为适应教师专业成长的要求,语文教师必须具备三个功底。首先,教师应有扎实的专业知识功底,不断地建构知识结构,系统地掌握基础理论,了解该学科最新成就及发展趋势。其次,教师还要学习一些与语文学科相关的知识,以使自己的教学能够触类旁通,举一反三。最后,教师还应有广博的社会知识功底,教师能运用这些知识,引导学生通过学习课文辩证地了解社会,了解人生,激励学生为社会发展和民族进步作出自己的贡献。

（三）提高教育能力，提升教育专业水平

教师只有具备了一定的教育能力，才能开展有效教学，顺利履行自己的责任和义务。作为语文教师要结合自身的语文教学实践，加强教育学、教育心理学等教育理论知识的学习，研习《基础教育课程改革纲要》，研究《语文课程标准》，研究《国家中长期教育改革和发展规划纲要（2010—2020年）》，努力用全新的语文教育理念来指导自己的教育实践，改进教学行为，为学生创设宽松和谐的教学氛围，为学生的个性发展提供自由的空间，使自己的教育教学充满人性的高度，不断提升专业水平。

（四）坚持终身学习，不断研究反思

语文教师的教育生命能否实现蜕变，关键在于教师的专业素质能否适应新的要求。广大语文教师必须树立终身学习的态度，保持开放的心态，把学校也视为自己学习的场所，静下心来读书思考，把认识运用到教学实践中去，并动起笔来写作，把实践变成进一步的认识。只有在实践中不断学习、思考，不断研究、反思，对自己的知识与经验进行重组，才能适应不断变化的课程改革要求。教师不应以昨天的经验来禁锢自己，而要用明天的标准来规范自己，紧跟时代，孜孜以求，与时俱进。

三、语文教师专业发展的一般阶程

案例 11-1

一个"不合格教师"的人生轨迹[①]

我是一名学历不合格的教师。1948年初中毕业，仅读了三个月的高中，就因故辍学；1949年参加教育工作后，也从未接受过任何形式的学历培训，直至退休，我的"最后学历"仍然是初中毕业。……

1951年，一个偶然的机会，竟使我这个才初中毕业的20岁"大孩子"阴差阳错地成了一名中学美术教师，1952年以后又由于一个偶然的机会成了专职语文教师。那时的我，对语文教学可谓一窍不通，语文知识的储备也远远不够。但我仗着自以为还有点国文"底子"，尽管身无"金刚钻"，却满怀信心地揽下了这桩"瓷器活"。我想，读书自学既然能使我学好国文，肯定也能帮助我的学生学好语文。于是，"怎样教会学生读书自学"成了我的语文教学的"主攻方向"。这实在是一次因为无知所以无畏的选择，绝不是因为有什么"超前意识"，只是凭我独特的"学历"，

---

① 钱梦龙：《一个"不合格教师"的人生轨迹》，《中学语文教学》2008年第2期。

觉得语文只有这样教才不致误人子弟。

……1956年我被评为优秀教师,开始执教高中语文,并担任了学校语文教研组长,这更坚定了我"鼓励学生读书自学"的信念。那时自然不会想到,教学起步时认定的这个方向,会成为我语文教学上毕生的追求。

……

回视自己历时半个多世纪的人生轨迹,充满了戏剧性:少年时代是"差生",从教后是"不合格教师",中间又几经政治风雨,坎坷颠踬,但我竟然没有虚度此生,老来回忆,尚能差堪自慰。这靠的是什么?我的回答是:认定了目标以后,就要以恋人般的痴情,宗教信徒般的虔诚,革命志士般百折不挠的意志,不离不弃、无怨无悔地紧追不舍。

(一) 打基础,夯实语文教师专业能力结构

前已说过,教师专业能力结构由师德、教育专业素养、学科专业水准、人文素养、身心素质这五项一级指标构成。教师专业能力的高低取决于这五项素质指标的发展水平及其统整的效应。其中,"教育专业素养"和"学科专业水准"这两项指标具有专门性、不可替代性和发展性特征,是教师专业能力结构中的核心指标。作为一个高等师范院校汉语言文学专业毕业的学生,从理论上来说,"教育专业素养"和"学科专业水准"等方面的理性知识,应该说是具备的。但考查我国教师培养过程可以发现,在校师范生对教育专业知识一般并不重视,支撑师范生教育实习中教育教学行为的不是他们所学的教育理论知识,教育理论课程学习与教育实习的关联很低甚至存在断裂,一个教师的教育实践能力大多是在毕业后的教育经历中自发地形成的。而学科专业知识,如语言学、文学、文艺学、写作学等,并不是照搬到中学课堂就是好课。作为母语教育的语文学科不是一个知识体系,真正知悉语文,还应该知悉母语和母语学习的特点,了解语文学习的全部目的要求,洞察自己和学生母语学习的实际情况。单纯的语文知识教学,根本不符合语文教学的要求,失去了语文学习的意义。因此,一个中文系毕业的中学语文教师,实际上仍有夯实教师专业能力结构的问题。案例11-1表明,钱梦龙老师虽然只是初中毕业,未接受过专业培训,教师专业能力结构是有所欠缺的,用他自己的话说,是"不合格",能当上教师是一个有着时代特点的特例。但我们了解到,他初中阶段读书甚多,《唐诗三百首》能全部背诵,并学写过古诗;读过《古文观止》及一些比较专门的文集;在课内国文学习上"发明"了一种独得之秘的学习策略,有着"读书自学"的体验,并坚信这种体验也能帮助学生学好语文,这无疑有助于完成母语教学的任务。至于全面的"教育专业素养"和"学科专业水准"的理性知识,相信他自会在工作实践中不断充实,并

化为自己的血肉。

(二) 明方向,选准语文教师专业成长之路

教师专业发展一般被认为是有计划的、持续促使教师专业知识、专业技能由低级到高级不断发展的过程,它是教师在与儿童和青少年相处中形成教育智慧的过程。这一过程既不能脱离母语学习的特点,又不能脱离教学双方的生活实际。

结合许多成功的案例来看,不同的教师从自己的实际出发,确立了不同的发展方向。如有的主攻"情境教学",有的主攻"点拨教学"等。钱梦龙由于"一个偶然的机会",使他这个才初中毕业的"大孩子"成了专职语文教师,困难自然很多,但他又想,"读书自学既然能使我学好国文,肯定也能帮助我的学生学好语文",于是,"怎样教会学生读书自学"成了他的语文教学的"主攻方向",个人独特的"学历"在这里发挥了作用。如在备课时首先考虑的不是怎样"讲"文章,而是自己怎样"读"文章;所谓"教","也不是把自己已经认识了的东西全盘端给学生,而是着重介绍自己读文章的思路、方法和心得,然后鼓励学生自己到阅读中去理解、品味";他自己课外好"舞文弄墨",学生在他的"言传身教"下,也喜欢写写东西,翻翻课外读物。他的"鼓励学生读书自学"的信念越来越坚定,正是这个方向,成为他语文教学上毕生的追求。

(三) 树理念,进入语文教育的自由王国

在语文教师专业发展之路中,教师应不断地反思自己的教育实践,及时加以调整;达到了一定的地步之时,教师更应有意识地从理论上加以总结,形成自觉的意识,进入语文教育的自由王国。钱梦龙从20世纪70年代末和80年代初开始,"比较自觉地提炼自己的教学理念",他经过反思和总结,明确地认识到学生是"阅读的主体",同时又"离不开教师必要的指导",因而,师生之间"自然形成一个教师'导'、学生'读'的互动过程,这一互动的过程就是阅读训练"。于是,他把这种认识提炼为一句简明的话——"学生为主体,教师为主导,训练为主线"。与"三主"作为语文教学的基本理念相应,他又从操作层面上提出了"三式"——自读式、教读式、复读式,使"三主"得到落实和保证。这样,"三主"与"三式"就共同构成一个相对独立的"语文导读法"的教学体系,迅速得到学术界的认可,远远地走在了一代语文教师的前列。

在语文教师专业发展的路途中,正如钱梦龙所说的那样,"认定了目标以后,就要以恋人般的痴情,宗教信徒般的虔诚,革命志士般百折不挠的意志,不离不弃、无怨无悔地紧追不舍",这应该是每一个语文教师的"人生箴言"。

第二节　进行语文教育科研

在语文教育改革的过程中,语文教师的教育科研能力日益引起人们的关注。早在 80 年前,陶行知就提出了好的先生"他必是一方面指导学生,一方面研究学问"的观点,认为教师要不断"研究新的学问,求新的进步"。有专家指出:一个不具备教育科研能力的教师最终将被时代淘汰,只有善于创新、进行创造性研究的教师才能迈向现代化与未来。

一、语文教育科研的内容

所谓语文教育科研,就是研究与语文学科教师、学生、课程、教学、教育环境、教育历史、教育现状、教育未来相关的各种问题,特别是语文课程与教学问题。

语文教育科研比较复杂,其研究类型多种多样。根据不同的标准,我们可以把语文教育科研分成不同的类型。基于语文教育的目的,语文教育研究可以划分为语文教育基础性研究与语文教育应用性研究。基于语文教育科研的手段,可以将其分为语文教育定性研究与语文教育定量研究。基于语文教育研究的范围,可以将其分为语文教育宏观研究、语文教育中观研究及语文教育微观研究。基于语文教育研究的性质,可以将其分为语文教育描述性研究、语文教育解释性研究以及语文教育探索性研究。基于语文教育科研的思维取向,则可以将其分为语文教育事实性研究、语文教育规律性研究、语文教育价值性研究和语文教育规范性研究。

对语文教育进行研究,有利于提高语文教育质量以及指导语文教育改革,有利于语文教育理论体系的构建,增强语文教育的科学性。

二、语文教育科研的方法

语文教师从事科学研究的方法很多,如观察法、实验法、文献研究法、比较研究法、行动研究法、经验总结法、个案研究法等。下面着重介绍三种语文教育科研中常用的方法。

(一)文献研究法

文献研究法就是对文献进行查阅、分析、整理并力图找寻事物本质属性的一种研究方法。语文文献研究法就是通过查阅、分析、整理有关语文教育的文献资料,以了解语文教育的有关研究成果、研究动态,从而探求语文教育规律的研究方法。

语文教育文献研究的一般程序为:

1. 确定研究问题

和其他学科研究一样,确定研究的问题是语文教育文献研究的第一步,因为确定问题事实上对于语文教育研究者而言就是"发现"一个问题。在这一环节,考量问题是否值得研究至关重要。

2. 搜集文献资料

由于语文教育文献研究的一切行为活动都是基于文献进行的,因此文献本身的质量和数量就显得非常重要,我们必须尽力做到全面准确地搜集真实可靠的文献资料。

3. 评价文献资料

所谓评价文献资料,就是对文献资料价值意义的评估。它包括外在评价与内在评价。外在评价指向文献资料的有效性,它是确定文献资料效度的工具,所要回答的问题是文献资料是否真实可靠。内在评价指向文献资料内容的意义,它主要指向文献资料本身。

4. 解释文献资料

这一环节就是对已经搜集并经过评价的文献资料进行研究分析,从中发现规律,提取结论,回答课题提出的问题。

5. 形成研究结论

这是文献资料研究的最后一步,即作出与研究问题相关的结论,这在很大程度上来自于对文献中得来的信息的逻辑分析与数理分析。从最后的呈现结果来看,这一步就是对第四个环节的书面陈述与总结。

(二) 比较研究法

语文教育科学的比较研究是对某类语文教育现象在不同时期、不同地点、不同情况下的不同表现进行比较分析,以揭示语文教育的普遍规律及其特殊表现,从而得出符合客观实际的结论。运用比较研究,其基本步骤是:

1. 明确比较目的,选定比较主题

这是进行比较研究的前提。其基本含义是:第一,根据研究课题确定比较的内容,限定比较的范围,从而明确比较目标。第二,按比较主题统一比较标准,比较标准要求既有可比较性又有稳定性。这是比较的依据和基础。

2. 广泛搜集、整理资料

通过查阅文献、调查、实验等多种方法,尽可能客观地搜集所要研究的与教育现象有关的资料。

3. 对材料的比较分析

这是比较研究的重要环节,从初步分析到深入分析,要对搜集的资料进行解释、分析和评析。分析时要注意事物间的因果性和全面性。

4. 作出比较结论

最后要通过理论与实践论证所得的结论。

(三) 行动研究法

行动研究是指教师面对语文教育中的实际问题所采取的一种"行动"与"研究"相结合的方法。行动研究面向语文教育情境，重视对教育问题的现场研究，重视个案的价值，追求"在行动中研究"和"在研究中行动"的统一。

行动研究的过程可归纳为以下五个步骤：

1. 确定问题

从学校实际工作出发，提出语文教育方面亟待解决的问题和如何改进的初步设想，明确研究目的和意义。

2. 制订计划

首先要制订系统的总体计划，包括研究的目标内容、途径方法、管理评价等，还要制订具体的行动计划，安排好活动的先后顺序等。

3. 行动实施

按计划所制订的措施采取行动，组织活动。要注意活动资料的收集和整理，注重实际效果和问题的解决。

4. 分析评价

对研究所获得的数据进行系统的科学处理，及时对研究的成果进行分析和评价。

5. 完成研究报告

报告的内容应该包括研究背景、理论依据、目标内容、实践操作、效果结论及思考与建议等。

信息栏 11-2

教育领域对行动研究法的引进

将行动研究法引入教育研究领域并推广运用的是前哥伦比亚大学师范学院院长柯瑞(S.M.Corey)。在1953年出版的《改进学校实践的行动研究》中，他将行动研究法引入教育行政管理、课程、教学等各个方面，详细介绍了行动研究法的理论基础、特点、实施原则、程序和注意事项。埃里奥特和埃德蒙于1973年至1976年间在英国主持了《福德教师计划》，通过行动研究把教育理论和教学实践结合起来，推动了教育行动研究的发展。我国语文教育研究者从 20 世纪 80 年代开始提倡行动研究并将之引进语文教育领域。
【资料来源】 徐林祥主编：《语文教育研究方法》，华东师范大学出版社 2010 年版，213 页。

三、语文教育科研的基本程序

(一) 选择课题

任何科学研究都始于问题，没有问题就没有必要进行科学研究。选题是科学研究之始，而且是甚为关键的一步。其水平是衡量研究者研究能力的重要标志，其过程本身也是提高研究者研究能力、走向专业化的重要步骤。

1. 选题的原则

(1) 科学性原则

科学性是选题最基本的原则。课题的科学性，首先表现在课题应以教育科学的基本原理为依据，使所选的课题有坚实的理论基础。没有一定的科学理论依据，选题必然具有较大的盲目性，因此，课题应纳入教育科学的某个理论体系中加以研究和处理，使课题研究基于一定的理论基础之上。课题的科学性，其次表现在课题要以一定的经验事实为依据，使课题具有客观的现实基础。实践是认识的源泉，认识来源于实践。科学研究作为一种特殊的认识世界的方式，其课题的产生也要基于人们的经验及经验赖以产生的客观事实。"上不着天，下不着地"的研究课题是无法进行研究的。课题的科学性还表现在所选的课题应具体、明确。课题研究的对象、研究的范围、研究的内容乃至研究的方法应尽量在课题设计中明确体现出来，不能空泛、笼统、模糊。否则就可能因为课题具体、明确欠佳，缺乏应用的针对性，导致研究无从下手。

(2) 价值性原则

科研课题的价值可以分为应用价值和理论价值。对广大中学语文教师来说，选择科研课题主要应体现为应用价值，他们的研究范式更多的应是教学研究，而非学术研究。课题的应用价值是指课题满足教育实践及社会发展需要的程度，其价值主要体现为：解决了教育改革中亟待解决的问题；直接为教育工作原则、内容、方法提供了依据等方面。这类课题的选择往往与解决实际问题密切相关，其研究对教育实践乃至社会实践均有直接的指导意义，因操作性强，研究结果往往成为实践活动的依据。

(3) 创新性原则

选题的创新性原则,是指所选研究课题必须具有新意,有独创性和突破性。选择前人没有研究或研究极少的课题,自是创新,但老生常谈的问题也可以做出创新性的成果。选题的创造性不在于问题本身的新旧,重要的是研究者自身是否把握了课题的本质内容,找到问题之症结所在,如何做出创造性的突破。新视角、新方法、新途径一样体现创新性,许多有创新性的教育新思想和新观点,往往是来源于研究设计、研究方法或研究技术等方面的创新。创新并非一定要另外开垦一片无人问津的"处女地",而是要善于把继承和创新结合起来。科学研究总是在前人已得出的科学发现的基础上进行探索,站在前人已有高度向更高的科学高峰攀登。

2. 选题的途径

(1) 总结经验,发现课题

在语文教育实践中,从古至今,积累了许多成功的教学经验。如果联系当前的语文教学现状,或从前人的经验中得到启发,或对他人的成果加以借鉴,或对自己的经验加以总结,都能够把成功的经验上升为理论课题来进一步实验研究,通过研究,揭示语文教育的基本规律。例如有的教师从古人的"不愤不启,不悱不发"中得到启示,确立了"启发式问题教学模式"研究课题;有的教师上课时经常组织学生表演,发现学生的学习兴趣大增,于是提出了"情境表演与语文学习兴趣培养"这一课题。

(2) 调查研究,归纳课题

调查研究是教育科研的基本方法,也是教育科研选题的重要途径。张志公说:"所谓真正科学的教育研究,就是要真正地实实在在地调查客观实际;要运用调查的材料进行科学的分析。"[①]在教学中发现问题和难点之后,通过调查研究,分析原因,找出对策,从理论的角度加以概括,也就形成了相应的课题。例如,校本课程推行的过程中,许多教师发现校本课程的实施,往往会影响到考试或升学,顾虑重重,缺少真正的动力。后来,人们发现,如果选题得当,不仅不会影响考试,甚至能带动复习,带动考试,提出了"我与乡土文化"这类课题来研究,从而打消了大家的顾虑,调动了大家的热情和兴趣。其实,在教学实践中,有大量值得探讨的问题,只要勤于思考,有一双善于发现的眼睛,就可以从中发现有创意的课题。

(3) 关注热点,选择课题

在不同的历史阶段,教育理论和教育实践中都会产生许多新问题,引起大家

[①] 张志公:《当前语文教改需要着重探讨的几个问题与——〈语文学习〉编者的谈话》,《语文学习》1987 年第 3 期。

的关注、讨论。如果我们始终关注教育发展的形势,关注教育改革的动向,那么就会发现,迫切需要我们去研究探索的课题就会信手拈来、唾手可得,因此,我们就可以从自身实际出发,选择自己感兴趣的课题去深入探讨。在语文教育中,热点问题尤其多,如新时期课堂教学的"多动症"问题,媒体课件使用的有效性问题,教学模式的单一化问题,以及中考与高考评价的实效性问题等都成为眼下讨论的热点话题,也都是摆在广大语文教育工作者面前亟待解决的问题,对这些课题进行深入研究,具有很强的现实意义。

其实,课题选择的途径还有很多,如从有关部门发布的课题指南中觅得课题,从语文教育的史料中发现课题,从个人兴趣特长中确立课题等。

(二) 掌握资料

掌握资料是教师进行科学研究的一个重要环节,掌握资料包括三个方面的内容:

1. 搜集资料

搜集资料要"广"。要借助文件、图书、报刊、网络等渠道广泛地占有资料,了解本课题的研究现状和研究价值;要采取"拿来主义"的原则,占有各类对自己的课题具有参考作用和利用价值的材料,包括文本的、图片的、音像的。

搜集资料要"真"。在资料的搜集上不能走捷径、抄近路,图省事,要坚持资料的"原始性",千方百计地发掘和掌握第一手研究资料,摘录的资料、事实、数据要原原本本,不添不漏,标点都不能错。

搜集资料要"勤"。要勤阅读,勤翻查,勤摘抄,勤记录,不仅要搜集前人的研究资料,还要重视搜集和积累自己的实验研究和实践经验。

2. 筛选资料

筛选资料要"严"。搜集来的材料还要经过一番去粗取精、去伪存真的挑选,使之为我所用。所以,要学会对材料进行鉴别和分析,严格对可利用的材料进行过滤、比较,筛选出那些经得起时间考验和实践推敲的材料。

筛选材料要"精"。筛选材料要突出有效性的原则,力求精益求精,真正挑选出那些最有典型意义、对研究课题最有用的资料。

3. 运用资料

运用资料要"准"。"准"包括两方面要求:一是摘录别人的材料要准确无误,不能随意改造;引用具体的数据要确凿可靠,不能随意改动。二是援引别人的意思要正确全面,不能断章取义,更不能曲解别人的意思。

运用资料要"优"。经过筛选后的材料也不能"捡到篮里便是菜",还要根据具体的研究需要来使用。有时,同一个观点可使用的材料很多,这就要求我们"择优录取",尽可能把那些更新鲜、更恰当、更有时效性的材料运用到我们的研究中。

(三) 研究实践

课题确定以后,关键是具体的教育行动和实践了。教师要在占有材料的基础上,结合自己的思考形成新的假设,然后通过调查、分析、思考、实践进行论证,最终概括总结出带有普遍意义的规律,提出具有推广意义的做法。在研究和实践过程中,要注意以下三点:

1. 从实际出发

其一,要深入实际,坚持客观性。不能坐而论道,闭门造车,要走向实际,脚踏实地,要让事实说话,用实践印证。其二,要拓宽视野,坚持立体性。不能把目光仅仅局限于课题本身,要从更宽广的角度进行实践和研究,并善于借鉴"他山之石"。其三,要立足需要,坚持应用性。多在一些"实"的问题上"做文章",不搞"虚"的东西。

2. 尊重客观规律

语文教育研究既要继承既有的成果和经验,但又不能墨守陈规,应结合新形势,联系新情况,提出合乎规律的观点和意见。语文教育科研不能人云亦云,趋时趋势,而应养成科学思维的方式,从实际出发,用理论关照实践,用实践验证理论。既要把握"点"上的研究,又要注重"面"上的情况,增强研究的广度、信度和深度。

3. 注重实效

一线语文教师的教育科研与专家的教育科研不同,基础研究、理论建构通常不是中学教师所擅长的。中学语文教师的教育研究更加注重实效,它所研究的问题应立足于本校、本班、本人的具体教育实践。研究过程中,应做到具体问题具体分析,学会思考,学会判断,不搞"一刀切",避免绝对化和片面化。

(四) 撰写论文

案例 11-2

工作并思考着——我的语文教育科研之路(节选)[①]

最后,我还要谈谈教育科研成果的表述方式,即论著的写作。写论文写书不等于搞科研,但实事求是的教育科研最后的成果必然要通过写作来表达。然而现在相当多的科研论文,越来越"高深":名词术语的堆砌、时髦理论的复述、宏大体系的构建——让人在读不懂的同时感到自卑。其实,我们读读卢梭、读读马卡连

[①] 李镇西:《工作并思考着——我的语文教育科研之路》,《中学语文教学》2003 年第 5 期。

柯、读读叶圣陶、读读阿莫纳什维利……这些大教育家的教育名著无不平易朴素,而且在平易朴素中蕴涵着真正的深刻。他们给我的启示是:小说、散文、诗歌、随笔、日记等等都是可以用来表达教育科研成果的!因为语文属于人文学科,其科研方式包括成果体现都不能完全套用理科模式,它更多是开放的而不是封闭的,是实践的而不是理论的,是形象的而不是抽象的,是感悟的而不是实证的……所以,我写《爱心与教育》《走进心灵》《从批判走向建设》《风中芦苇在思索》等教育著作时,更多的是用教育手记或随笔的形式表达自己的实践和思考。这些书受到广大同行的好评,让我再次明白:规范的学术论文只是教育科研表达的一种形式,除此之外,教育科研还完全可以更自然、更朴素、更诗意地表达!

1. 教育论文的特点

这里的"教育论文"既是承接上文的"教育"科研而言,也是针对语文"教育"这样的定位而言。语文教育论文的特点一般包括:

(1) 学理性

教育论文是科研成果的载体,是科学研究形成的产品。它侧重于对教育经验、教育现象进行抽象、概括的叙述或论证,其内容是系统性的、专门化的,因而,这种文体必须具有一定的学理性。学理性首先体现在语言的表述上,那种口语化的、纯经验的描述,还不是真正的教育论文。此外,它还体现在论述的过程上,教育论文的立论应超越经验思辨的层面,论述有理有据,体现出学术的规范性和理智性。

(2) 科学性

教育科研的任务是要揭示教育发展的客观规律,探求客观真理,建立和丰富教育理论。这就要求研究者尊重客观事实,不能带个人偏见,不能主观臆断或凭空说教。在立论上,应从实际出发,从中引出切合实际的结论;在表述上要准确、明白、全面,无懈可击。如果失去了科学性,也就不能称其为教育论文。

(3) 创造性

教育论文要求作者有自己的独到见解。要能在对教育领域的现象进行观察、调查、分析研究的基础上,发现别人没有发现或没有涉及的新问题;能对别人研究过的问题采取新的角度或方法,提出具有理论意义或实用价值的新观点、新结论;能在综合前人研究结果或经验的基础上加工提炼,开掘新意,从而提出新思想、新方法。

2. 教育论文的类型

从不同的角度看,语文教育论文可以分为不同的类型。

根据论文内容的不同,可分为创新性论文、商榷性论文、补说性论文。

根据论文形式的不同,可分为专题论文、教育随笔、调查报告、实验报告、案例分析。

根据科研角度的不同,可分为经验型论文、研讨型论文、评述型论文、学术型论文。

3. 教育论文的撰写要求

一篇规范的学术论文有其写作的格式标准,它包含标题、摘要、关键词、正文、参考文献、英文翻译等。中学语文教师的论文写作讲求规范,但也不必刻意遵守规范。比如,李镇西老师在案例11-2中就提出,语文教师可以适当地进行自由式表达,不必过分在乎形式。但这里仍然要注意以下两点:

第一,立论、推论和表述的科学性。在写作中,提出论点,运用概念,进行推论,都应该充分注意是否科学、严谨,任何夸大其词的表述都会降低论文的质量。

第二,论点、论据和论述的逻辑性。一篇好的论文,必须论点明确,论据确凿,论述严密,形成三者间的逻辑统一。①

论文撰写完毕,通常可以选择期刊进行投稿。语文期刊种类很多,在论文写作过程中,我们可以结合这些期刊的用稿特点进行撰稿,应注意行文的贴切性与针对性,包括选题的角度、选材的特点、论证的方式、语言的组织等等。

第三节 开发语文校本课程

上一节主要介绍了语文教师如何进行教育科研,但长期以来总有教育理论与教学实际脱节的现象,理论不能够很好地应用到教学实践中,人们也一直在试图填补教育理论与教育实践之间的鸿沟。新课程实施以来,要求课程体系在坚持基础性的同时,体现选择性、开放性、综合化和现代化的特点,教育理论与实践之间的矛盾更加凸显,很多问题无法在抽象的理论层面得到解决,于是,校本课程应运而生。

一、语文校本课程的含义及特点

(一) 语文校本课程的含义

语文校本课程,是一个以学校为本,以发展学生的言语经验、全面提高学生语文素养为目的,重构国家语文课程的动态过程;是在课程标准既定的课程目标和

---

① 朱绍禹:《中学语文课程与教学论》,高等教育出版社,2005,第4页。

课程内容指导下，根据学校的性质、特点和条件，在分析学校以及学生言语经验发展需要的基础上，充分利用学校及周边环境提供的语文课程资源，由学校成员自觉、自主、独立或与校外专家合作，并在学校内部开展的，旨在满足本校学生言语经验发展需要的课程开发活动。这是一种对国家语文课程持续的、积极的、动态的改进行动，即在国家课程的框架内"做自己的事"。它主要从四个方面入手：一是把国家的语文课程目标与学校的具体教育教学相结合，使其适应社会、学校、学生三方的发展需要；二是对作为内容载体的语文教材内容进行选择、改造，构建适合学校和学生发展需要的语文课程内容具体形态；三是依据语文课程标准提供的教学建议，灵活选用具体的语文教育教学方法，使其适合学生个体的学习方式和言语经验发展阶段；四是依照语文课程目标和评价建议，构建具体多样化的语文课程评价体系。

信息栏 11-3

反拨国家课程的校本课程

20世纪60年代的新课程运动失败之后，人们开始意识到国家课程潜在的缺点，非集权制的校本课程开发模式随之得到了重视，于是就有了1973年7月在爱尔兰阿尔斯特大学召开的校本课程开发国际研讨会。自此，校本课程开始进入了一个"自觉发展期"，出现了校本课程开发运动。20世纪70年代初中期，大多数欧洲经济合作与发展组织成员国都有下放教育决策权的倾向。20世纪70年代末至80年代，校本课程开发成为课程开发的一股强大思潮，达到了它的全盛时期。

【资料来源】倪文锦主编：《初中语文新课程教学法》，高等教育出版社2003年版，第376页。

（二）语文校本课程的特点

语文校本课程具有如下特点：

1. 实用性

语文校本课程的开发从贴近学生的资源出发，规避了教科书某些选文的距离感，规避了某些人物的疏远感，从培养学生的语文个性出发，自然更能拨动他们的心弦，更能触发他们的情思，也更能调动他们的兴致。伴随着语文学习的价值追求有两种，一是对外在价值的追求，二是对内在价值的追求，语文校本课程的学习，不仅能满足学生的外在价值诉求，更能满足学生的内在价值诉求。学生通过学习自己所喜欢的知识,接触形象可感的人与事、景与物,自然是乐此不疲,乐而忘返。

2. 趣味性

趣味性的东西犹如一块磁石,能发出强有力的滋力波,产生巨大的吸引力,语文校本课程的设置在趣味性方面有着广阔的天地。首先,语文自身就是情感型学科,嬉笑怒骂皆成章,侃山侃海皆有文。作为校本课程在选择趣味性强的材料上,有着得天独厚的条件和空间,语文教师有着较大的自主权与开发权。当然,这种趣味性必须是健康的,不能是低级与庸俗的。另一方面,这种趣味性还必须依年龄段的不同而有着层次上的区别。比如,神话传说、寓言童话比较适合初中学生的口味,而笑林幽默、诗联广告等小食精品以及经典名著、科幻怪诞等文学大餐,则更适合高中学生的口味。作为校本课程完全可以满足学生的趣味性要求。

3. 实践性

校本课程的实用性又决定着学生的实践活动,一门课程的知识只有化为学生的运用能力,才是有效的课程。因此,校本课程的编写就要在实践性上考虑周全。例如编写《奇联妙对》,一方面要向学生传授对联的相关知识,介绍奇联妙对产生的特定背景(如特定的时空、特定的人事、特定的情境)以及为联者的广博见识,奇巧才智;另一方面,也是更重要的一点,即让学生能将对对子的知识运用到社会生活中去,如会写春联、会写婚联、寿联、贺联、唁联等。因此开设这门课程,每节课都应提供实践的机会,如老师出上联,让大家对下联,而内容都可以围绕当今的社会生活。

4. 研究性

由于校本课程内容范围的专一性,即分门别类,这就为开展研究性学习带来方便,至少在研究性课题上提供了许多可供选择的范围。例如当今社会广告举目可见,大有铺天盖地之势,那么对广告词的文字价值,就完全可以作为一个研究性课题指导学生去探究。又如现代流行歌词,也是一个绝好的探究课题,可以借此探究了解现代人内心的情感奥秘。再如学习对联,也大有探究文章可做,寺院楹联,名胜古迹的摩崖联语的艺术鉴赏,春联内容的时代性演化比较等等,都是促进学生研究能力提高的实践机会。

二、开发语文校本课程的原则

开发语文校本课程应该坚持以下三个原则:

(一) 体现地方特色

语文校本课程具有地域性特征,语文校本课程的开发主张从实践出发,开设一些像地方或社区历史、地方或社区地理、地方或社区经济、地方或社区文化传统等课程,课程内容的设计也应充分挖掘地方特有的课程资源,并形成体系。比如,作为全国著名旅游城市的杭州,具有丰富的人文旅游资源,无数名人在此留下足迹。杭州的中学语文教研组可以开设"杭州旅游文学"这门校本课程。例如组织学生成立课题组,从图书馆、网络上、实地搜集有关西湖、钱塘江的诗词、匾额、名联。像杨万里《秋山》、林升《题临安邸》、范成大《寄题西湖并送净慈显老三绝》、苏轼《饮湖上初晴后雨》、潘阆《酒泉子·长忆观潮》、白居易《忆江南》等等名诗名词。还有亭台楼阁上起画龙点睛作用的匾额文字,如岳王庙"还我河山",黄龙洞"有龙则灵",北山寿星寺"江湖伟观"等。还有寓意深远的楹联,有韬光寺"楼观沧海日,门对浙江潮",飞来峰冷泉亭"泉自几时冷起?峰从何处飞来"等等,不一而足。学生在搜集、研究这些诗词名联的过程中,不仅提高了文学修养,而且增强了学习探究能力。这种能力对他们的一生都具有重要的作用。

(二)体现学科特色

语文校本课程作为校本课程的一个部分,应具有自己的学科特色。我们要分析语文学科所拥有的资源及优势,寻找合适的切入点,本着为我所用、实效有用的原则,对课程资源积极筛选、加工、整合,充分挖掘各种资源的深层价值和学科价值,重点从语文的角度切入,截取有语文味的材料作为研究对象,从而使语文校本课程保持本色。江苏省锡山高级中学开发的《语文阅览》校本课程,就很具有语文学科特色。再比如安庆市第二中学积极发掘安庆独具特色的乡土教育教学资源,开发并实施了高中语文校本课程《文学史上的安庆名人》。学校已开发出《古诗词鉴赏》《高中实用语法与修辞》《文学与其他学科的亲缘关系》《我与经典同行》《文明礼仪伴我行》《病句医院》《安庆名山与文化》《文人逸闻与文学趣味》《走近纳兰性德》《文学史上的安庆名人》等异彩纷呈的高中语文校本课程。

(三)加强语文与社会生活的联系

语文校本课程的开发,应加强语文知识与社会生活实际的联系,特别关注与人类发展、社会进步密切相关的重大问题,努力克服当前语文学科教学脱离社会现实、脱离生活实际的倾向。上海建平中学开发的语文校本课程就很好地将语文与生活实际紧密联系起来,深受学生欢迎,收到了优良的教学效果。同时,该校注意开发、调动、利用校外社区"大语文"资源,为课程的顺利进行提供了便利条件。

三、开发语文校本课程的途径

综合起来看,语文教师可以从以下几个方面来开发语文校本课程。

(一) 充分发挥教师自身的优势

语文校本课程的开发者主要是语文教师。实践证明,只有充分挖掘教师的特长,把教师的兴趣、特长转化成语文课程资源的宝贵财富,并付诸教学实践,才能实现它最大的价值。苏州市第三中学语文组挖掘自身学校的优势,群策群力,摸索出一条"新老互补,外聘引进"的开发策略,取得了良好的效果。其他学校可以根据自身特点,从实际出发,摸索出适合自身特点的模式来。

(二) 发动学生搜集校本课程资源

语文教师在顺应学生兴趣要求确立校本课程的课题之后,要发动学生从生活中、课外阅读中、亲身游历中去寻找、搜集校本课程资源,这样更能提高他们的学习积极性,进而增强获取成果后的自我满足感。实际上,这也是一种探究性学习的过程。例如,2019年,济南市高新区雅文中学初一、初二年级曾组织学生开展"济南文学"校本课程活动。七、八年级四个学期共设置10个活动,分为校外活动和校内活动两大类,其中校外活动有"带上文学地图游济南""参观济南惨案纪念堂""古村踏青""省博寻宝"等七个活动,一般要求学生利用假期和周末时间自行活动,完成实践作业。校内活动有"济南文学朗诵会""我爱济南演讲比赛""话剧展演《大儒伏生》"三个活动,这些活动由"济南文学"初中语文校本课程任课教师负责组织安排,实践场所为学校各功能教室和礼堂。该校本课程的组织与实施锻炼了学生的朗诵能力、活动组织能力,丰富了校园文化生活,推动了书香校园建设。[①]

(三) 优化整合校内外语文课程资源

为了充分、有效地开发语文课程资源,语文教研组应该运用集体智慧把校内外语文课程资源进行优化整合。语文教师可以把文学、历史、地理、政治等关联学科综合起来,协调这些科目中的相关问题,融合成一门"大语文课程"。例如:江苏省锡山高级中学语文教师尝试着把"从《阿Q正传》看辛亥革命的不彻底性"的作业布置给学生,要求学生请教历史教师。同样,政治课的论述题也要像语文议论文的章法那样来论述,而议论文的写作又多得益于哲学思辨。

(四) 利用各种媒体和网络资源

现代社会是一个传媒的社会,各种各样的媒体(包括电影电视、报纸杂志、网络等)是无穷无尽的资源,如果利用得好,会成为语文校本课程取之不尽、用之不

[①] 昊广娟:《"济南文学"初中语文校本课程开发与实施探索》,硕士学位论文,山东师范大学,2020,第33-35页。

竭的丰富资源。上海市建平中学西校几年来一直利用中央电视台的名牌栏目"东方时空",该校以此为载体开发建设的语文校本课程产生了很大的反响。该校聘任专任教师转录央视的"东方时空",经过筛选、剪辑,然后再播放,为学生搭建了一个提高语文素养与内化的平台。"东方时空"填补了学校语文校本视听教材的空白,既是贴近学生的校本作文教材,也是跨学科的语文校本实验教材。

做上学

1. 深入一所初中或高中学校,选择该校语文组青年教师和经验丰富的老教师各一名,就"你如何认识语文教师的专业发展"进行访谈,访谈稿可以围绕本章第一节进行设计。访谈结束后,结合自己的思考拟订一份自我专业发展的规划表。

2. 语文校本课程开发应突出语文课程资源的地区与学校特色,请从自然、社会或人文角度出发,举出一个本地可供开发的独具特色的语文校本课程资源,并简单申述理由,后在班级内进行交流。

3. 你认为语文教师专业发展过程中有哪些问题值得研究?有适合你自己研究的吗?请你对问题作出分析,提出假设,并通过社交媒体平台的方式与一线教师进行交流,后转化为自己的研究课题。

本 章 小 结

随着教师专业化时代的到来,"语文教师"已被赋予了新的内涵,他(她)既是学生学习的引导者,学生学习的合作者,又是学生发展的激励者,语文教育的创新者。语文教师应以高尚的师德修养勉励自己,要不断更新知识结构,不断提升教育教学水平。语文教师要对自己的专业发展进行整体规划与精心设计,要在自我研修与反思中逐步提高专业素养。语文教育科研是实现教育生命蜕变的必由之路。语文教师从事科学研究的方法很多。语文教师应学会从课堂教学中发现问题,学会如何利用现有资料,并据此确立自己的假设,尤其是要提出创造性的观点,最终形成自己的成果,并更好地指导具体的教育实践。语文校本课程是对国家课程、地方课程的有力补充,语文校本课程贴近学校,贴近学生的个性化需求,因而更能激发学生的探究热情和实践潜能。语文教师要集思广益,充分发挥学生的聪明才智,整合各种校本课程资源,沟通语文与生活、与社会的联系,进而开发出多姿多彩的语文校本课程。

资源链接：

1. 《怎样成为一名优秀语文教师》，张彬福著，华东师范大学出版社2011年版。
2. 新教育(http://www.eduol.cn)，新教育研究院主办。

教学做合一：

1. 以小组为单位，以课外阅读或课外写作为论题，在老师的帮助下，利用"中国知网"收集相关研究成果，完成一篇研究综述（即对现有成果进行梳理）。不少于3 000字。

2. 深入一所师范高校的实验基地学校，并参加该校语文组的教研活动，后对教研活动的特点及成效进行分析。若该校已经实施自己的校本课程，请与语文教研组长或备课组长就该校校本课程的实施现状作些交流。

3. 结合学期教学见习活动，总结观课与说课活动中的体验或感悟，并对照现代语文教师专业发展的要求，反思自己身上存在哪些不足，谈谈自己今后在专业发展方面的打算。

参考文献

一、著作类

［1］中华人民共和国教育部.义务教育语文课程标准(2022年版)[S].北京：北京师范大学出版社,2022：1-4,31,36,52-55.

［2］叶圣陶.叶圣陶教育文集：第3卷[M].北京：人民教育出版社,1994：506.

［3］肖培东.语文：深深浅浅之间[M].武汉：长江文艺出版社,2020：77-89.

［4］魏本亚,尹逊才.十位名师教《老王》[M].上海：上海教育出版社,2014：203-207.

［5］陶行知.陶行知全集：第1卷[M].长沙：湖南教育出版社,1984：91.

［6］张孔义.新课程：中学语文实用教学85法[M].广州：广东教育出版社,2004：54.

［7］高长梅.课堂素质教育教学案例全书[M].北京：长城出版社.1999：725.

［8］林崇德.我的心理学观——聚焦思维结构的智力理论[M].北京：商务印书馆,2008：50.

［9］余映潮.余映潮中学语文散文名篇教学实录及评点[M].武汉：长江文艺出版社,2017：278-280.

［10］董菊初.叶圣陶语文教育思想概论[M].北京：开明出版社,1998：281.

［11］陶行知.陶行知全集：第3卷[M].成都：四川教育出版社,1991：526.

［12］王艳.《大自然的语言》(第一课时)说课稿[C].新教育时代教育学术成果汇编(2).天津：天津电子出版社有限公司,2019：38＋41.

［13］叶澜."新基础教育"探索性研究报告集[M].上海：上海三联书店,1999：226.

［14］朱绍禹.中学语文课程与教学论[M].北京：高等教育出版社,2005：4.

二、期刊类

［1］郑玉财.一个美国语文探究学习案例[J].语文建设,2007,(2)：37-39.

［2］袁爱国.立体的读：让每一个孩子成为精灵——《都市精灵》教学设计[J].中学语文教学,2010,(8)：51-53.

［3］邓玲."中学语文五程序单元教学模式"的实践探索[J].中学语文教学,2018,(10)：81-83.

［4］余映潮,钟东明.《假如生活欺骗了你》课堂实录与评点[J].中学语文,2007,(1)：61-64.

［5］侯器.利用网络资源开展语文教学例谈[J].教育信息化,2006,(1)：71-73.

［6］钟昌华.《天上的街市》问题导学教学设计[J].语文教学与研究,2017,(26)：127.

[7]王节."学案导学"模式在初中语文课堂教学中的设计与运用——以《女娲造人》的教学为例[J].现代语文(教学研究版),2010,(12):60-62.

[8]邓彤.《锦瑟》教学实录[J].山东教育,2008,(32):52-53.

[9]曾发根.初中语文情境教学策略例谈[J].语文教学通讯,2011,(17):58.

[10]张岚,冯晓云.《归去来兮辞 并序》课例赏鉴[J].语文教学通讯,2011,(1):62-65.

[11]王君.苦弱个体的艰难抗争——《丑小鸭》课堂实录[J].语文教学通讯·D刊(学术刊),2011,(5):19-25.

[12]唐江澎.《白发的期盼》教学实录[J].中学语文教学,2007,(1):30-34.

[13]余映潮,汪中苏.《律诗二首》教学实录与点评[J].黑龙江教育(中学版),2004,(29):26-28.

[14]董一菲,高薇,董亚君.《涉江采芙蓉》课堂实录[J].云南教育(中学教师),2018,(1):43-47.

[15]罗雅方.没用的课后练习题[J].语文建设,2002,(10):28-29.

[16]简士文.有趣味的语文复习课[J].中学语文教学,2000,(3):55-56.

[17]汤立宏,卢卫宁.试卷讲评课如何体现新课程教育改革的理念——对三节中学期中试卷讲评课的教学反思[J].中小学教师培训,2006,(9):39-41.

[18]赖红武.高中语文学分认定方案[J].广东教育,2006,(3):29.

[19]黄厚江.《老王》教学实录及反思[J].语文教学通讯,2012,(25):20-26.

[20]王俊英.北京市初中语文阅读教学质量调查[J].教育科学研究,2001,(2):32-37+46.

[21]张卫民.《陋室铭》教学设计案例及教学反思[J].语文建设,2018,(24):33-35+56.

[22]钱梦龙.一个"不合格教师"的人生轨迹[J].中学语文教学,2008,(2):75-77.

[23]张志公.当前语文教改需要着重探讨的几个问题——与《语文学习》编者的谈话[J].语文学习,1987,(3):2-4.

[24]李镇西.工作并思考着——我的语文教育科研之路[J].中学语文教学,2003,(5):3-4.

[25]陈小强.语文校本课程的研究和开发[J].广东教育(教研版),2007,(4):37-38.

三、学位论文类

[1]杲广娟."济南文学"初中语文校本课程开发与实施探索[D].山东师范大学,2020:33-35.

后　记

　　传统语文教学论教材的编写多取课程内在的逻辑取向，这种取向最大的弊病就是与学生的认知与情感脱节，与学生的经验与实践脱节。本教材意在改变这种状况，试图选择学生学习的心理取向，突出学生的主体特性，并将课程内部的"近距离"知识渗透于其间。这不仅是我们的一种理念的转向，也是一种实践的探索。

　　本书由贡如云主编。其具体分工为：前言、第一章、第四章、第十一章由贡如云撰写。第二章、第九章、第十章由李志兵撰写。第三章、第八章由蔡肇基撰写。第五章、第六章、第七章由诸定国撰写。纪嫣然、蒋涵、阮莹莹、张洁等对部分内容作了删改，并帮助搜集了教学案例。最后由贡如云对全书统改定稿。

　　在编写过程中，杜文渊编辑给予了大量指导与帮助。河海大学出版社对著作的完成与出版给予了大力的支持。此外我们还吸收了许多中学语文教师的宝贵经验和案例，吸收了国内外许多专家学者的研究成果。在本书付梓之际，一并表示最诚挚的感谢！最后，谨以此教材求教于各位专家和读者！

贡如云

2024 年 3 月